高职高专旅游与酒店管理专业系列教材

U0367293

旅游学概论

（第2版）

丁勇义　杜　娟　主　编
李竹君　王　丽　副主编

清華大学出版社
北　京

内 容 简 介

本书为适应旅游业和高职教育发展的趋势，充分考虑了创新型应用人才培养目标的要求，针对职业教育院校的教育特点和实际需要，结合课程的特点而编写。本书设置了三篇共九章，每章附有翔实的最新资料或案例来介绍旅游的相关概念、旅游的历史、旅游活动的基本要素，以及旅游对经济、生态环境、文化、社会的影响，突出了理论知识的应用和实践技能的培养，实现了旅游概论教学理论与实践的一体化。

本书为校企合作教材，实用性强，可作为高职高专院校旅游管理、酒店管理专业教材，也可以作为各级旅游行业部门的从业人员培训、自学的参考用书。

图书在版编目(CIP)数据

旅游学概论 / 丁勇义，杜娟主编．—2 版．—北京：清华大学出版社，2022.8（2024.9 重印）
高职高专旅游与酒店管理专业系列教材
ISBN 978-7-302-61376-3

Ⅰ．①旅…　Ⅱ．①丁… ②杜…　Ⅲ．①旅游学－高等职业教育－教材　Ⅳ．① F590

中国版本图书馆 CIP 数据核字 (2022) 第 124630 号

责任编辑： 施　猛
封面设计： 周晓亮
版式设计： 方加青
责任校对： 马遥遥
责任印制： 杨　艳

出版发行： 清华大学出版社
网　　址： https://www.tup.com.cn, https://www.wqxuetang.com
地　　址： 北京清华大学学研大厦A座　　**邮　　编：** 100084
社 总 机： 010-83470000　　**邮　　购：** 010-62786544
投稿与读者服务： 010-62776969，c-service@tup.tsinghua.edu.cn
质 量 反 馈： 010-62772015，zhiliang@tup.tsinghua.edu.cn
印 装 者： 三河市龙大印装有限公司
经　　销： 全国新华书店
开　　本： 185mm×260mm　　**印　　张：** 16.75　　**字　　数：** 393千字
版　　次： 2015年7月第1版　2022年8月第2版　　**印　　次：** 2024年9月第3次印刷
定　　价： 55.00元

产品编号：090817-01

前言(第2版)

旅游学是旅游管理专业的核心课程，也是旅游管理专业一门重要的学科必修课程。与社会科学中其他学科一样，它以旅游发展的实践为基础，从旅游现象中，分析并总结旅游发展的逻辑性和合理性，及其内在的规律性，从而指导旅游发展的实践。

《旅游学概论》一书于2015年首版发行，同时被众多高校的旅游管理专业选定为教材，在学界和业界有较好的声誉。今年，本书根据旅游行业的发展形势进行了全面更新，内容与业界实际发展联系紧密。我们根据高等院校旅游专业的课程设置、教学目标，全面整合近六年旅游行业发展情况，强化了法治化、信息化和重视服务质量等方面的内容，以求适应旅游业的发展要求，满足旅游高等教育的需要。

本次修订，保留了原有的大框架，基础知识篇和现代旅游知识篇保持了基本知识的一致性，以案例更新为主，这与我国对旅游的理解保持一致。然而，当前旅游行业的发展现状与六年前相比要复杂很多。第一，游客对于旅游的品质要求提高了，旅游在经营模式、产品类型和营销手段等方面需要不断推陈出新，以增强旅游体验；第二，政治经济国际重大事件，如新型冠状病毒肺炎对旅游行业的冲击，面对当前的复杂形势，旅游市场风云变幻，还有很多规律需要摸索与总结；第三，旅游法规出台，民法典生效，各种法律法规保护各方权益，为旅游业蓬勃发展保驾护航。

本教材由黑龙江旅游职业技术学院丁勇义和宁波职业技术学院杜娟担任主编；黑龙江旅游职业技术学院李竹君、王丽担任副主编。丁勇义负责拟订、编写大纲并统稿。哈尔滨铁道国际旅行社有限责任公司文创中心经理刘博颖担任主审。具体编写分工如下：第一章、第九章由丁勇义进行修订；第二章、第三章、第六章由李竹君进行修订；第四章、第五章、第八章由杜娟进行修订；第七章由王丽进行修订。

在编写过程中，编者参考和吸收了部分专家和学者的研究成果，在此一并表示衷心的感谢。由于编者水平有限，书中难免存在不足之处，恳请广大读者批评指正。

反馈邮箱：wkservice@vip.163.com。

编　者

2022年3月

前言(第1版)

随着我国旅游业的迅猛发展，中国已成为世界旅游大国。据世界旅游组织预测，到2020年中国将成为世界第一大旅游客源国和第四大旅游目的地国，因此，旅游市场对于旅游专业人才的需求量呈现逐年增长的态势，高等职业院校作为培养旅游行业从业人员的重要基地，在旅游行业专业人才的输送方面起到了至关重要的作用。而旅游专业教材编写的滞后，在一定程度上影响了旅游专业高职教育的发展，阻碍人才的培养。本教材的编写，坚持以教育部文件为指导思想，由教学一线的教师和旅游企业管理者共同完成。作为旅游管理专业课改教材，本教材具有以下特点。

1. 先进性

根据国务院《关于加快发展现代职业教育的决定》的文件精神，高职院校以培养高等技术人才为根本任务，即课程内容应紧密联系旅游企业的发展现状，实施动态更新，保证将前沿的知识和技能传授给学生，实现课程内容与职业标准对接、教学过程与生产过程对接。本教材以此为依据，每章以旅游的自身性质和特点为主线，穿插介绍旅游业的最新概况，让学生对世界范围的旅游业发展有一个清楚的认识。

2. 实用性

每章以主题为中心，将相关的知识组织到一起，使内容更贴近生活，更容易理解，有利于学生在活动中学习，在学习中实践。例如，每章都有知识目标、能力目标和素质目标，使学生明确学习的目的，并能够及时感知自己在能力上的提高；每章由案例导入，激发学生的学习兴趣；每章以复习思考与练习题收尾，将专业理论和操作技能有机结合起来，便于学生复习和训练。本书完整的内容体系、实用的教学内容，在有效地传授学生知识技能的同时，也能帮助学生提高实际操作能力，全面培养和提高学生的综合素质。

3. 针对性

本书的编写严格依据高职学生的特点，遵循“从实际出发、学以致用”的基本原则，突显旅游行业相关知识的实用性和前瞻性，以实用性为基础，以案例教学为特色，突出实践教学环节，通过大量的案例分析和实践技能操作训练等内容，着力培养学生独立分析问题、解决问题的能力，确保培养内容与就业市场的需求达到无缝对接。在结构编排上，注重结构的层次性和逻辑性，力争做到线索清晰；在文字表述上，图文并茂，使理论知识的讲述深入浅出、通俗易懂。

4. 参与性

黑龙江蓝太阳国际商务旅行社为国内旅游十强企业、哈尔滨十佳旅行社、黑龙江旅游高等院校实训基地，其总经理曲华为高级经济师、高级导游员、黑龙江旅游职业技术学院的客座教授。本教材由曲华总经理深度参与编写，其将自身多年从事旅游业的实践实验融入教学之中；其余作者都有高职高专课程“旅游学概论”的教学经历，而且均为“双师型”教师，教学经验丰富，理论知识完备。校企合作、强强联合，更加彰显了教材的实用性。

本教材由黑龙江旅游职业技术学院丁勇义和黑龙江省建筑职业技术学院李玥瑾担任主编；黑龙江中医药大学焦丁宁老师和黑龙江旅游职业技术学院刘丹丹担任副主编；黑龙江蓝太阳国际商务旅行社总经理曲华担任主审。丁勇义负责拟订、编写大纲并统稿。具体编写分工如下：第一章、第二章、第六章由丁勇义编写，第三章、第四章、第五章由李玥瑾编写，第七章由刘丹丹编写，第八章、第九章由焦丁宁编写。

本书在编写过程中，参考和吸收了部分专家和学者的研究成果，在此一并表示衷心的感谢。由于编者水平有限，书中难免有不足之处，恳请广大读者批评指正。反馈邮箱：wkservice@vip.163.com。

编 者

2015年3月

目 录

基础知识篇

现代旅游知识篇

现代旅游关联知识问题篇

基础知识篇

第一章
旅游

知识目标

1. 了解旅游的含义。
2. 理解旅游活动的类型和特点。
3. 掌握旅游的基本属性。

能力目标

1. 掌握旅游与旅行、游览的区别与联系。
2. 通过学习，使学生对旅游产生新的认识，为将来从业奠定基础。

素质目标

1. 激发学生热爱祖国大好河山的美好情感，培养学生的审美意识。
2. 使学生学会运用历史唯物主义观分析旅游现象。

案例导入

请看下面两则材料。

A. 坐落在松花江畔的哈尔滨素有“东方小巴黎”的美誉，位于松花江北岸的太阳岛景区更是国家首批5A级旅游景区。小丽考上了该景区内的黑龙江旅游职业技术学院，她在学校学习期间，利用业余时间游览了美丽的太阳岛，留下了珍贵的回忆。

B. 小强暑假慕名来到第六届世界互联网大会所在地浙江乌镇。乌镇完整地保存着晚清和民国时期水乡古镇的风貌和格局，是我国十大古镇之一。景区游玩一天，小强参观了茅盾故居和皮影戏馆等景点，带着留恋与不舍匆匆离开。

小丽、小强两人都认为自己的这一经历属于旅游，那么他们两人到底谁说得对呢？让我们带着疑问走进课程吧！

第一节 旅游的概念

旅游是旅游学科中的基本概念，是架构旅游学科的基本点和出发点，如果不能科学地界定，旅游学科体系则难以完善。随着旅游业的迅猛发展，旅游的内涵和外延在发生变化，学者们对旅游定义的认识也在不断发展完善。对于究竟什么是旅游这样一个似乎简单的问题，迄今仍无一个公认的明确答案。

一、旅游的定义

旅游是一项古老的社会活动，已经有几千年的历史，而“旅游”一词的产生一定比旅游活动的产生要晚，其最终产生的时间至今众说纷纭。

（一）“旅游”一词的来源

旅游（tour）一词来源于拉丁语的“tornare”和希腊语的“tornos”，其含义是“车床或圆圈，围绕一个中心点或轴的运动”。这个含义在现代英语中演变为“顺序”。词根tour与后缀-ism（意义为“一个行动或过程；以及特定行为或特性”）连在一起，构成tourism，指按照圆形轨迹的移动，可见旅游指一种往复的行程，指离开后再回到起点的活动；词根tour与后缀-ist连在一起，构成tourist，即指完成这个行程的人，也就被称为“旅游者”。

“旅游”从字义上很好理解。“旅”是旅行，外出，即为了实现某一目的而在空间上从甲地到乙地的行进过程；“游”是外出游览、观光、娱乐，即为达到这些目的所进行的旅行，两者合起来即为旅游。旅游不同于旅行，旅行偏重于“行”，而旅游不仅有“行”，还有“观光”“娱乐”的含义，是旅行和游览的统一体。

在我国，“旅游”一词最早出现在南北朝沈约的《悲哉行》中：“旅游媚年春，年春媚游人。徐光旦垂彩，和露晓凝津。时嘤起稚叶，蕙气动初蘋。一朝阻旧国，万里隔良辰。”唐朝贾岛也有诗曰：“世难那堪恨旅游，龙钟更是对穷秋。故园千里数行泪，邻杵一声终夜愁。月到寒窗空皓晶，风翻落叶更飕飗。此心不向常人说，倚识平津万户侯。”有人统计，“旅游”这个词在《全唐诗》里就出现了22次，著名诗人高适、韦应物、白居易、张籍等都在作品中用过这个词。而沈约、白居易等人，他们作品中的“旅游”都含有游览、观光的意思。

随着世界的发展，到19世纪初期，旅行在很多方面已经开始具有现代意义上旅游的特点。到19世纪中叶，无论是国内还是国际旅游都有了新的突破性发展。到20世纪初，随着科技的发展，旅游活动便广泛地开展起来，许多国内外学者或旅游机构将旅游活动及旅游业作为研究的对象。他们对旅游内涵和外延的不同理解，对旅游学科的发展起到了促进作用。

（二）对旅游概念的各种解释

国内外学者对于旅游的概念及其内含和外延的理解各有不同，但相关研究探讨一直在持续，下面是各方面对于旅游的定义。

1. 词典中对旅游的定义

（1）旅游一词最早出现在1811年英国出版的《牛津词典》中，解释为，离家远行，又回到家里，在此期间参观、游览一个或几个地方。这只是旅游字面的含义，没有揭示其本质。

（2）1927年，德国以蒙根·罗德为代表出版的《国家科学词典》中对旅游进行了定义。从狭义上将其理解为那些暂时离开自己的住地，为了满足生活和文化的需要，或各种各样的愿望，而作为经济和文化商品的消费者逗留在异地的人的交往。值得注意的是，这个定义强调了旅游是一种社会交往活动。

（3）《韦伯斯特大学词典》中对旅游的解释是："以娱乐为目的的旅行；为旅游者提供旅程和服务的行业。"

（4）2002年，我国商务印书馆出版的《现代汉语词典》中，对旅游的解释是："旅行和游览。"

（5）《中国百科大词典》对旅游的定义是，旅游是人们观赏自然风景和人文景观的旅行游览活动，包括人们旅行游览、观赏风物、增长知识、锻炼身体、度假疗养、消遣娱乐、探索猎奇、考察研究、宗教朝觐、购物留念、品尝佳肴以及探亲访友等暂时性移居活动。从经济学角度看，旅游是一种新型的高级消费形式。

2. 研究机构和旅游组织对旅游的定义

（1）美国参议院领导的一个研究小组在其《（美国）国家旅游政策研究报告》中提出，旅游是人们出于日常上班工作以外的任何原因，离开其居家所在的地区，到其他某个或某些地方旅行的行动和（逗留）活动。此定义指出了旅游的原因不能是工作、赚钱等因素，强调了闲暇时间的概念；从"旅行的行动"强调了旅游活动的综合性。总体上，此定义强调了消遣型旅游的特征，但没有排斥商务性旅游。

（2）联合国官方旅行机构国际联合会（AIGTO）认为，旅游是指到一个国家（或地区）访问，停留时间超过24小时的短期旅客，其目的属于下列两项之一：①悠逸（包括娱乐、度假、保健、研究、宗教、体育运动）；②业务、出使、开会等。这个定义强调的是旅游活动的暂时性、异地性和消遣性，同时也强调了公务旅游、商务旅游和探亲访友等。此定义主要在时间、内容上给出了较具体的界定，强调"停留时间超过24小时"主要是出于方便统计和技术性的需要，但排斥了当日往返的旅游活动。

（3）1991年6月，世界旅游组织（World Tourism Organization，WTO）在加拿大的渥太华召开的国际旅行与旅游统计大会上对旅游的定义为：旅游是人们出于休闲、商务或其他目的，短期（不超过一年）离开自己的惯常环境，前往他乡的旅行活动以及在该地的停留访问活动。这个定义强调的是"惯常环境"，主要排除的是在居住地以内的旅行、在住所与工作场所之间频繁或长期的旅行、定期的社区旅行；"不超过一年"则排除了长久的移民活动。它重点强调了旅游活动的暂时性、异地性和非就业性，但更倾向于技术性需要，主要是为调查和统计提供方便。

（4）中国原国家旅游局对旅游的定义为，旅游是指人们为了休闲、商务和其他目的，离开他们惯常的环境，到某些地方去以及在某些地方停留，但停留时间不超过一年。这个定义强调了三个方面：①指出离开“惯常环境”的旅行距离；②指出停留时间“不超过一年”；③指出旅游目的是“休闲、商务或其他”。

3. 国内外学者对于旅游的定义

20世纪初，旅游学科才逐步形成和确立，而“旅游”的定义却一直未达成一致，这一直困扰着国内外学者。至今，这一问题在旅游学术界还争论不休。不同学者对旅游的认识和研究的出发点与侧重点不同，其得出的结论自然也不同。国内外学者关于旅游的定义如表1-1所示。

表1-1 国内外学者关于旅游的定义（19世纪80年代后）

序号	学者	定义	特点
1	克里斯·瑞安（英国C. Ryan，1991）	将旅游（tourism）定义为一门学问，即关于为那些离开家逗留而引起的接待及支持性服务的需求和供给以及相关的消费组合模式、收入创造、就业方面的研究	该定义强调旅游是一门学问，指出旅游活动中研究支持性服务的相关方面
2	克里斯·库珀（英国C. Cooper，1993）	将旅游分别从需求和供给两个方面定义。从需求的角度定义，旅游是人们为了休闲、商务和其他目的，离开自己惯常居住的环境，连续不超过一年的旅行和逗留活动；从供给的角度定义，旅游即为旅游业，也就是为满足旅游者需求和愿望的所有的企业、组织机构和设施构成的行业	该定义强调从需求和供给两方面考虑，指出旅游是离开自己惯常居住地，以休闲、商务等为目的，连续逗留不超过一年的活动（从需求角度）；也将旅游称为旅游业（供给角度）
3	查德威克（美国R. Chadwick，1994）	旅游包含以下三个主要的概念：人的移动；某个经济或产业部门；由人际关系、人的需求和满足人的需求而提供的服务所组成的互相影响的巨大系统	该定义强调旅游由三个概念组成，指出该活动提供服务的三个方面是互相影响的巨大系统
4	斯蒂芬·威廉斯（英国Stephen Williams，1998）	旅游是一个综合的概念，不仅是离开惯常居住地，在目的地做短暂停留的行为本身，还包括这类活动的组织和实施过程，以及满足旅游需求的设施和服务	该定义强调旅游的综合性，指出该活动具有暂时性和综合性的特点。
5	芬内尔（加拿大David A. Fennell，1999）	旅游是一个互相关联的系统，这个系统包括旅游者和为旅游者提供的相关服务（设施、景点、交通和住宿）	该定义强调旅游是相互关联的系统，指出这个系统包括旅游者和为旅游者提供的相关服务（设施、景点、交通和住宿）
6	戈尔德耐和里奇（美国C. R. Goeldner&J. R. Brent Ritchie，2005）	旅游是在吸引和接待旅游和访客过程中，由游客、旅游企业、当地政府、当地居民相互作用而产生的现象与关系的总和	该定义强调旅游是相互作用而产生的现象与关系的总和，指出旅游过程中，游客、旅游企业、当地政府、当地居民之间产生相互作用

（续表）

序号	学者	定义	特点
7	于光远（中国，1985）	旅游是现代社会中居民的一种短期的特殊的生活方式，这种生活方式具有异地性、业余性和享受性的特点	该定义强调旅游是一种生活方式，指出旅游的异地性、业余性和享受性
8	谢彦君（中国，2004）	旅游是个人以前往异地寻求愉悦为主要目的而度过的一种具有社会、休闲和消费属性的短暂经历	该定义强调旅游是一种体验，指出旅游是一种享受异地愉悦和体验的短暂经历

（三）综合定义

关于“旅游”的定义，众说纷纭，上面列举了一些具有代表性的，归纳起来，旅游的定义大体可以分为两类：一类是依据惯例，从理论抽象角度给出的概念性定义（conceptual definition）；另一类是为满足统计工作的需要，对旅游边界进行划定的技术性定义（technical definition）。所谓“概念性定义”就是为了明确一个现象的根本特征，使之与其他相似却不相同的现象相区别而提供的一种理论框架，用以确定旅游的基本特点以及将它与其他类似的或相关的，但又不同的活动区别开来，是对该现象在理论上的高度抽象和概括，如上面列举的学者们的定义。“技术性定义”又称“实物定义”，其主要特征是在定义中采用了将一些可量化或者可借以区别限定的标准，将旅游活动与其他活动有效地加以区别，它所涵盖的范围更广泛，如国际联合会（AIGTO）给旅游下的定义。

上述定义，虽然是从各自不同的研究对象出发得出的结论，但其仍具有下列共同点：首先，人们外出旅游的主要目的是获得审美和愉悦的体验。其次，旅游的异地性特征，即旅游活动的前提是人们必须离开自己的惯常居住地前往异地。最后，旅游的暂时性特点，即旅游者只是在目的地暂时停留，不会永久居住。因此，本书认为，旅游是指人们前往异地以寻求审美和愉悦为主要目的而离开自己的惯常居住地暂时逗留，以及由此而引起的现象和关系的总和。这些目的包括观光、休闲、娱乐、度假、保健、工业、农业、宗教、体育及公务等。

二、相关概念间的关系

旅游是合成词，旅是旅行，游是游览。下面我们就分析一下旅行、游览、旅游三者之间的区别与联系。

1. 旅行

旅行是指人们在空间上从一个地方到另一个地方的行进过程，也包括到异地进行游览参观活动的过程。旅行的目的广泛，包括就业、商贸、求学、迁居（移民）或其他具有明确功利目的的所必要的旅程。

2. 游览

游览是一种边走边看，既具有“步移景异”功能，又是动与静相结合的活动形式。游览既可以在人们的惯常居住地进行，也可以在异地进行。

3. 旅游

旅游是一种排除功利目的的旅行和游览相结合，以获得精神愉悦感受的消遣性、娱乐性的社会活动。

旅行是旅游凭借的手段或前提，只有不受功利约束而进行悠然自得的游览参观等活动才是旅游的内容。由此可见，只有旅行而没有游览，不构成旅游；而不以旅行为前提的游览，也不是旅游。只有旅行和游览相结合，才能构成完整意义的旅游。这就是旅行、游览、旅游三者之间的区别与联系。

第二节 旅游活动的类型和特点

一、旅游活动的构成要素

旅游活动作为人类的一种生活方式和一种社会文化现象已有悠久的历史。因此，旅游活动也就具备了它的发展特点和构成要素。

（一）“三要素”论

旅游活动由三个基本要素构成，旅游活动的主体——旅游者，旅游活动的客体——旅游资源，旅游活动的媒体——旅游业，三者缺一不可，三者共同构成旅游活动。

1. 旅游活动的主体——旅游者

旅游者，从字面上理解，就是游客，即从事旅游活动的人们。旅游者就是暂时离开惯常居住地，通过游览、消遣等活动，以获得精神上的愉悦感受为主要目的的人。

旅游者作为旅游活动的主体，是旅游资源开发的首要考虑因素，也是旅游业得以生存和发展的基础。没有了主体，也就没有了旅游活动，旅游资源开发便失去了市场价值和针对目标，旅游业也就成了无源之水和无本之木。

2. 旅游活动的客体——旅游资源

旅游活动的客体是旅游资源。旅游资源指旅游活动的目标，即旅游吸引物。只有旅游活动的目标对旅游者产生吸引力，使其活动有了具体指向，才有了具体的旅游行为。

旅游者具备了足够用以支付的资金、时间及健康的身体后，选择某地或某国出游，因为那里有吸引他们的环境，可能是自然因素，可能是人文因素，也可能是其他社会现象等，旅游者必须身临其境地体验这些旅游资源，才能获得真正的精神满足。事实证明，旅游资源是一个国家或一个地区招徕客源、开拓市场、发展旅游业的物质基础和前提条件，也是旅游业赖以生存的物质基础。

3. 旅游活动的媒体——旅游业

旅游业是旅游活动的媒介或媒体。旅游业是指为旅游活动的主体旅游者与旅游活动的客体旅游资源之间的有机联系提供服务条件的中介。也就是说，在旅游者（主体）和旅游资源（客体）之间，必须要有能实现旅游活动的物质条件（旅馆、交通等）和与之适应的旅游服务（核心是旅行社）作为依托和媒介，其重要作用如同化学反应中的催化剂一样。

由于人们生活日趋富裕，对旅游的要求也相应提高，他们不仅要求住宿、交通必须有保证，还要求整个旅游过程更加方便、舒适、安全，旅游业作为中介物就应运而生了。它专门从事旅游活动的组织安排，在旅游者与旅游资源之间架起了桥梁，起着媒介作用。既为旅游者办理住宿和交通的预订、安排和联络等服务性工作，保证旅游者在旅游全过程中的安全，还向旅游者提供旅游点的各种情报信息，指导旅游线路和旅游方法。因此，旅游业已成为推动旅游活动普及的一种重要媒介，它使旅游由原来只为少数达官显贵、豪门富贾所享的“专利品”，发展成为社会性的、大众化的娱乐活动。

由此可以看出，旅游活动的三要素是相互联系、相互依赖、相互制约的，它们共同构成了旅游活动的统一体，其中一个要素的发生变化都将引起其他要素的变化。

（二）“六要素”论

“六要素”指旅游活动开展所涉及的内容构成中的吃、住、行、游、娱、购六大要素。旅游六要素是旅游活动最低层次的需要，也是旅游活动能够顺利开展的最基本的保证。离开六要素，旅游活动就无法进行下去。

1. 吃

吃是指旅游餐饮，即通过向旅游者提供餐饮，补充旅游者在旅游途中体力消耗所需的营养及水分，满足生理上的物质需要，同时也有助于旅游者品味、领略异国异地的饮食文化及风土人情，获得精神文化方面的享受。

旅游在外，品尝当地名菜、名点，无疑是一种“饮食文化”上的享受。我国有川菜、鲁菜、苏菜、粤菜、闽菜、浙菜、湘菜、徽菜八大菜系；中国地方特色小吃有北京小吃、天津小吃、上海小吃、广东小吃、陕西小吃、四川小吃、武汉小吃、福建沙县小吃等等。

2. 住

住是旅游活动中重要的环节，如果休息不好，游客就没有精力和体力游览，旅游活动就无法顺利完成。

随着旅游业的发展，旅游设施也在不断完善，不断满足不同旅游者的需求。有装修得富丽堂皇的星级酒店，其特点是舒适、安全、卫生，实行人性化管理；有适合年轻人住宿的“青年旅社”，其特点是舒适、价格低廉；还有目前备受青睐的民宿酒店或客栈，其特点是以地方民俗特点为主题，让顾客获得富有个性化的文化感受，是年轻人的首选，并且价格亲民。

3. 行

行是六要素中非常重要的辅助条件，是旅游者到达旅游目的地的空间位移，是实现旅游活动不可缺少的内容。选择游览目的地，该地一定要“进得去，出得来，散得开”。

随着智慧旅游的不断发展，为游客出行提供了信息和便利，游客可以通过手机查看某个景区，可以立体化和形象化地查看景区，等于说把手机变成了一个智慧旅游的电子导游图，一步一步地引导游客在线浏览，如果他觉得这个景区真的不错，就有想去一游的冲动，旅游者还可以通过手机查询所到景区乘坐的交通工具、客流情况等，避免游客拥挤，影响对景区的深度体验。

随着交通工具的多样化发展，可供旅游者选择的交通工具越来越多，乘坐飞机可以节省时间，可居高临下俯瞰大地；以公路、水运、铁路方式出行，可以观赏沿途风光。乘坐特色的交通工具，可以感受地方的特色和民族文化，如在冬季观赏冰雪大世界时，就可以在冰上坐狗拉雪橇，为旅游活动增添乐趣。

4. 游

游是旅游者出游的主要目的，是旅游活动的核心要素，包括观赏、旅游、休息和娱乐等一系列旅游现象。随着全域智慧旅游的发展，实现了景点景区内外一体化，即形成了“一平台·多载体·全触点”的全域旅游智慧化系统建设体系。智慧旅游为游客提供景区内的观光线路导览、主要景区点的文字和语音讲解，提供景区周边旅游资讯的查询，实现智能导航、路线规划等功能。全域智慧旅游改变了景区资源有限、销售渠道单一的局面，逐渐杜绝了扰乱旅游市场的现象。

5. 购

购物也是旅游的一项内容。各地有各地的特产，每个地方都会根据自身的特点来推广一些旅游产品。异地他乡购物是旅游的乐趣之一，所购之物一方面可以馈赠亲友，另一方面可以作为纪念。旅游购物是旅游活动过程中的附属行为，也是旅游创收的重要环节之一。

随着经济的发展，旅游者购物也逐渐成为消费的热点，旅游者能否买到称心如意的商品对其旅游满意度至关重要，因此，旅游接待地一定要积极开发当地的特色产品。文旅融合新时代，文化和旅游的交融更加紧密，文化和旅游相互促进为旅游商品发展创造了良好的条件。文化具有较强辐射、影响和传播能力，文化可以带来商品的增值，通过文化资源的挖掘利用，开发出新的旅游商品，进而提升旅游商品的档次。文创产品往往凝聚着丰富的文化内涵，以满足人们对品位、意味、风尚、情趣等精神层面的需求。在2019年4月，第14届中国义乌文化产品交易博览会上，浙江省公布了该省100项优秀非遗旅游商品，涉及雕刻塑造、金属加工、器具制作、纺染织绣、漆器装饰、剪纸刻绘、编织扎制、陶瓷烧造、文房制作、家具建筑、食品制作、制茶酿造、中药炮制13类，包含了衣食住行的各个方面，有“琴棋书画诗酒花”，也有“柴米油盐酱醋茶”。非遗成为旅游商品，进一步促进文化和旅游融合发展，丰富了旅游商品的内涵，扩大了旅游商品的范畴，进一步传播和弘扬了优秀传统文化，使非遗与游客更加亲近，更加贴近市场。

6. 娱

娱乐是指旅游者在异地旅游过程中，寻求精神愉悦、身体放松、内心满足和个性发展的旅游活动。

旅游活动中增加娱乐活动，可以缓解旅游者游览的疲劳。目前，娱乐活动类型多样，有弘扬地方民族文化的，如西双版纳的泼水节；有大型的主题公园、游乐园，如上海迪士尼乐园；还有利用高科技声、光、电手段演绎的大型的舞台剧、演艺秀。娱乐活动在旅游活动中还有很大的发展空间，现在很多古镇引入戏剧节的活动，娱乐活动内容丰富，吸引大量旅游者前去观光，为旅游业增加收入。

知识链接1-1

荷花展旅游六要素——吃住行游购娱一应俱全

正在古猗园举行的“绿地·海域观园”首届上海荷花展，为游古猗园、赏荷花的市民、游客考虑周到，针对旅游六大要素，开展贴心服务。

（1）吃。老字号“上海古猗园餐厅”就在古猗园南门外西侧约30米，荷花展期间，这里是人气最旺之处，点上一笼南翔小笼包，叫上两三道清爽小菜，配上古猗园特色的竹叶茶，那叫一个“舒服”。荷花展期间，餐厅大厨们还从洪泽湖买来最鲜美的藕节、藕带、莲心、荷叶等等，反复琢磨，不断改进，推出了22道创意荷花菜肴，道道都有“荷”元素；又结合夏令吃客追求清爽、素雅的“味蕾”，推出可单点也可做成荷花宴的销售策略，客人的餐桌上随处都是荷花展上养颜、营养又美味的佳肴。

（2）住。古猗园周边有实惠的经济型酒店，也有星级酒店，还有朴实的农家乐和乡村度假村等。

（3）行。地处嘉定区南翔镇的古猗园，距离市区非常近，又紧挨着地铁11号线，从市区前往古猗园，不论是自驾、公交还是地铁，都十分方便。

（4）游。除了观荷、赏荷，首届荷花展期间的古猗园，还有五大旅游特色：明代建筑、猗猗绿竹、幽静曲水、花石小路、楹联诗词。

（5）购。荷花展专为游客设计了众多旅游纪念品，以小、巧、特取胜，将古猗园之精华汇聚于小巧玲珑的方寸天地中。荷花展期间，古猗园南门售品部将成为荷花展纪念品展示、销售中心，苏州刺绣，嘉定竹刻，景德镇瓷器，荷花折扇，荷花书签及缸栽荷花、睡莲、碗莲等都有售。

（6）娱。荷花展安排了丰富多彩的文化、娱乐活动，供市民游客在赏荷之余随意选择，包括以“品荷之韵味、赏莲之雅趣”为主题，重点在5个厅堂内推出的荷花顾绣展、荷花绣片展、荷花青花瓷器展、荷花书画展、荷花插花等文化展示活动；开展荷花摄影大赛、名家现场书画写生、“雅荷游学”青少年科普夏令营、荷花科普游园会等参与性强的活动。

资料来源：http://xmwb.xinmin.cn/xmwb/html/2013-07/02/content_34_2.htm.

（三）“新六要素”论

随着现代旅游业的快速发展，旅游活动的要素在物质层面和精神层面上发生了显著变化，构成了旅游活动的“新六要素”，即资源、环境、文化、科技、余暇、金钱。

1. 资源

旅游资源是旅游业发展的前提，是旅游业的基础，是吸引旅游者的重要因素，没有旅游资源就没有人类的旅游活动。

旅游资源是旅游业产生、生存、发展的关键，它与旅游产业是“皮与毛”的关系，旅游资源孕育和维持着旅游业的全部生命，是人类旅游活动、旅游经济的主要源泉。近年来，随着我国旅游业的持续快速发展，广大群众对旅游产品和服务的需求越来越广泛。全域智慧旅游将分散的旅游资源进行打包重组，农旅融合、工旅融合、文旅融合、商旅融合、交旅融合、教旅融合等，都是今后旅游产业的融合方向。需要指出的是，旅游产业要和众多产业进行融合，但产业融合也不是一个生硬地强加的过程，而是一个相互配合相互渗透的过程。传统产业不是放弃自身的职能，而是在自身职能的基础上将旅游要素糅合到产业发展中去，重新整合资源，更好地促进自身发展，同时促进旅游业发展。由此可以看出，旅游资源的开发一定要合理，以求持续不断地满足旅游者的需求。

2. 环境

旅游活动与环境休戚相关，旅游环境是旅游活动的基础，旅游环境是以旅游者为中心的、涉及旅游目的地和旅游依托地的，并由自然生态环境和人文生态环境构成的复合环境系统。

构建大格局的全域智慧旅游，能真正激发各相关单位和个人的积极性，强化区域联动和部门合作，推进“旅游+”融合发展，推进景区间与行业间的合作，聚焦环境卫生和市容管理，要进一步理顺市、区、街道和社区的管理体制，优化城市环境和市场秩序，破解景区交通拥堵节点，促进城市建设，提升城市形象，还能更好地推进景区更新和当地人居的旅游开发模式。

3. 文化

文化是人类在社会历史中及自身发展过程中所创造的物质财富和精神财富的总和，文化是旅游活动的灵魂。文化的基本构成一般认为有三个层面，即物质文化、制度文化和精神文化。

旅游活动正是对人的精神和文化的高层次需求及满足。发展全域智慧旅游，要丰富拓展旅游文化内涵，充分挖掘、塑造景区文化，有计划地、系统地打造一批人文景观与实体景点。如三国文化、红色文化、丝绸文化、春节文化、陶瓷文化、非物质遗产文化等。

4. 科技

科技旅游是指以科学技术为支撑，以各种科技资源为吸引物，以满足旅游者增长知识、开阔视野、丰富阅历、休闲娱乐等旅游需求为目的，融参观、考察、学习、娱乐、购物等活动于一体的一种专项旅游。

伴随着大数据在行业中的深入交融，旅游业迎来了数据化的快时代变革，以大数据、云计算、物联网等为代表的电子信息技术正大力推动着国内旅游产业的智慧化升级，旅游行业智慧化，是“全域旅游”建设的核心。“全域旅游”的发展必然需要依托大数据进行决策。只有有效利用好大数据，并调整优化旅游产品结构，才能让全域旅游建设健康发展，加快旅游业成为万亿产业的步伐。

5. 余暇

人们余暇时间的增多是产生旅游需求的必要条件，旅游活动必须花费一定的时间，没有时间就不能形成旅游活动。

我国关于年节及纪念日放假做了三次修订，1999年9月18日《国务院关于修改〈全国年节及纪念日放假办法〉的决定》第一次修订、2007年12月14日《国务院关于修改〈全国年节及纪念日放假办法〉的决定》第二次修订、2013年12月11日《国务院关于修改〈全国年节及纪念日放假办法〉的决定》第三次修订。我国自1995年开始实行五天工作日。2008年起，国家法定节假日总天数增加1天，即由10天增加到11天，并且允许周末上移下错，与法定节假日形成连休，这为人们外出旅游创造了时间条件。

6. 金钱

货币是社会发展的产物。它的出现，便利了实物交换，促进了物资流通，繁荣了市场经济，对旅游活动有着不可忽视的作用。

当人们拥有可自由支配的收入才有可能具备产生旅游需求的经济条件。因为旅游活动是一种经济活动，人们的旅游活动需要有一定的经济能力作支撑，特别是现代旅游涉及面广、活动范围大、旅游周期变化快、旅游危机增多，具备较强的经济能力是旅游活动得以实现的重要保证。

知识链接1-2

2019，红色旅游“红”出新高度

2019年，作为文旅市场中鲜艳的亮色，红色旅游市场“红”出了新高度，供给层面呈现了新特点，国家层面的统筹促进和地方政府的创新作为，为红色旅游发展环境的优化和发展质量的提升提供了制度保障，有效推进了红色旅游的提质升级。“我和我的祖国，一刻也不能分割，无论我走到哪里，都流出一首赞歌……”2019年正值中华人民共和国成立70周年，这首《我和我的祖国》成为人们传唱率最高的歌曲之一。而在群情激昂的爱国情怀下，全国红色旅游景区点成为人们热衷前往的旅游目的地。

2019年，习近平总书记沿着中国革命的征程砥砺初心，从江西于都红军长征集结出发地到河南新县鄂豫皖苏区首府革命博物馆，从甘肃高台西路军纪念碑到北京香山革命纪念地，习近平总书记走到哪里，游客们的脚步就跟到哪里。每次总书记离开后，当地都会迅速掀起红色旅游“高潮”。“跟着总书记，来场不一样的初心之旅”成为2019年红色旅游市场的流行语。

“共和国是红色的，不能淡化这个颜色。”2019年，以党建和爱国情怀为底色的红色旅游“红”出了新高度，在“七一”等关键节点及暑期、国庆等假期表现得尤为突出。

资料来源：https://www.cacta.cn/dsj/HTML/20200110090105.html.

二、旅游活动的基本类型

随着当代社会经济的发展，世界各地参与旅游活动的人越来越多，旅游活动的地域范围越来越广，并深入社会、经济、政治、科学、文化、民族、宗教等各个领域，旅游活动的类型也多种多样。因此，无论是在旅游理论研究方面，还是在旅游业的经营方面，都需要对人们的旅游活动进行必要的类型划分，以便根据需要去分析和认识不同类型旅游活动的特点。下面就按照统计需要和一般惯例，对旅游进行分类。

（一）按旅游者游览的地理范围划分

按旅游者浏览的地理范围，可将旅游分为国内游、国际游、太空游三种类型。

1. 国内游

国内游包括地方性旅游、区域性旅游、全国性旅游。2019年国内旅游基本情况如表1-2所示。

表1-2 2019年国内旅游基本情况

旅游居民	全年国内游客/亿人次	比上年增长	国内旅游收入/万亿元	增长
全国居民	60.06	8.4%	5.73	11.7%
城镇居民	44.71	8.5%	4.75	11.6%
农村居民	15.35	8.1	0.97	12.1%

资料来源：http://travel.people.com.cn/n1/2020/0310/c41570-31626156.html.

2. 国际游

国际游根据不同的分法可分为不同类型。

根据旅游者流向，国际游分为入境旅游和出境旅游。

根据国际旅游范围，国际游分为跨国旅游、洲际旅游、全球旅游。

根据停留时间，国际游分为过夜的国际旅游和不过夜的国际一日游。

国际旅游分类如图1-1所示。

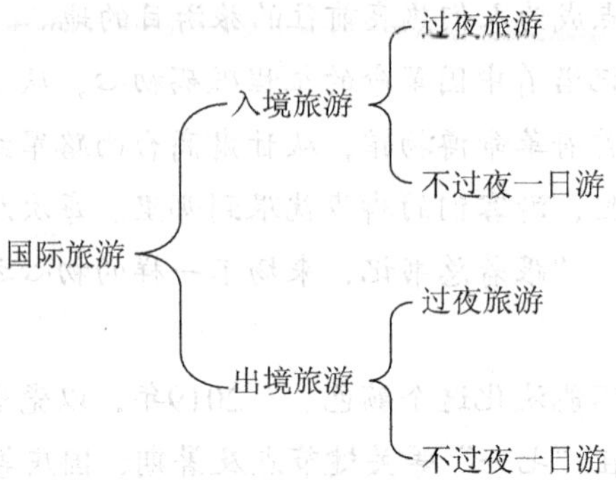

图1-1 国际旅游分类

我国对内地与我国港、澳、台地区之间旅游性质的界定，按国际旅游的界定标准执行。内地居民去我国港、澳、台地区旅游及这些地区的居民回内地旅游，按理说都不应算作国际旅游，因为我们是一个国家，但是目前我国港、澳、台地区实行高度自制，因此，我国港、澳、台同胞来内地旅游仍需办理入境手续，显然，此类旅游仍应看做出入境旅游。

3. 太空游

太空，显然是所有旅游目的地中最高远的一个。专家表示，未来的太空旅游将呈大众化、项目多样化、多家公司竞争、完善安全法规四大趋势。发展太空旅游业，不仅仅是让普通平民体验太空生活，了解航天事业的重要性和优越性，也让他们尽自己的有限能力参与其中。太空旅游至少有4种途径，即飞机的抛物线飞行、接近太空的高空飞行、亚轨道飞行和轨道飞行。

阅读资料1-1

太空旅游，走下神坛

太空，显然是所有旅游目的地中最高远的一个。如今，它也从有钱人专属变得越来越接地气。

2020年5月31日凌晨03：22，SpaceX公司的航天器龙飞船（Crew Dragon）载着两位资深宇航员，从美国肯尼迪航天中心飞往国际空间站。作为人类历史上首次商业载人航天项目，人们群情激昂地认为，SpaceX的成功将带动新的航天时代到来，其中就包括太空旅行。

消失了八年之久的高空气球舱“旅行者号”项目创始人泰伯·麦克卡勒姆（Taber MacCallum）和简·波因特（Jane Poynter），最近就正式复出，成立了一家名为Space Perspective的太空旅游公司，打算让乘客和科学家乘坐由高空气球和密封舱构成的“海王星飞船”，体验“平流层一日游”。

太空旅游，并不是什么新鲜主意。只不过很长时间以来，它都代表了比南北极、深海等小众目的地更高奢的享受，价格不菲，只有富翁们有实力消受；需要长期的训练来保障身体素质，以便适应太空环境。怎么看都是花钱找罪受的赔本买卖。而Space Perspective高空气球项目，让太空旅游开始走平民路线。

资料来源：https://www.cdstm.cn/theme/khsj/khzx/khcb/202009/t20200901_1033473.html.

（二）按照旅游活动的动机（目的）和内容划分

按旅游性质和人们出游的目的划分，旅游活动可分为六大类：一是休闲、娱乐、度假类；二是探亲、访友类；三是商务、专业访问类；四是健康医疗类；五是宗教朝圣类；六是其他类。

1. 休闲、娱乐、度假类

这一类旅游活动有观光旅游、度假旅游、娱乐旅游等。

（1）观光旅游。观光旅游包括访名胜古迹、自然风光，寻根旅游，观重大建设成就等。观光旅游产品主要有自然风光、“外国村”或“外国城”、“旅游村”或“时代村”、国家公园、主题公园、野生动物园、海洋公园等。

（2）度假旅游。度假旅游包括休闲度假、疗养康体度假、运动度假、观光度假、专业度假（艺术、文学、科学）等类型。度假旅游产品主要有海滨旅游、山地旅游、温泉旅游、乡村旅游、野营旅游等。

（3）娱乐旅游。旅游娱乐是指旅游的人在旅游活动和过程中所观赏到以及参与过的文娱活动，其活动地点包括专门性娱乐场所、辅助性娱乐设施。娱乐旅游产品主要有大剧院、大舞台这些专门性娱乐场所；酒店提供的辅助性娱乐设施，歌舞厅、健身房、桑那浴、美容美发中心；保龄球、桌球、壁球、游泳池、网球场、野营、疗养、海水浴、沙滩浴、冲浪、潜水等专项特色娱乐活动项目。

阅读资料1-2

来瑷珲汽车营地打个卡

“躺在星空帐篷中，看着天空中的云彩，完全置身于大自然，太惬意了。”秋高气爽，黑龙江省黑河市爱辉区的中国瑷珲国际汽车营地开营便吸引了大批自驾游爱好者前来打卡。

在黑河市召开的第三届全省旅游产业发展大会上，黑龙江省交通投资集团打造的中国瑷珲国际汽车营地尤为亮眼。该营地距离黑河市区约15千米，距离瑷珲古城约12.5千米，地理位置优越，交通便利，自然环境优美，独具特色。营地总面积约21万平方米，投资1.75亿元，集合了汽车营地、帐篷露营、星空木屋、沿江慢行步道、体育休闲、特色住宿、舌尖美食、会务团建八大主题元素，提供旅居康养、生态度假、亲子研学、赛事活动、文化交流、跨境自驾、寒地试车七大服务。

2020年，黑龙江省交通运输厅重点推进交旅融合项目“醉美龙江331边防路”建设，第一个启动的交旅融合设施建设项目就是中国瑷珲国际汽车营地。营地的规划设计紧密围绕“醉美331边防路”项目整体战略构想，按照高标准设计、高质量建设、高效率营销、高水平运营的原则，打造龙江寒地旅游鲜明特色、彰显龙江交旅发展优势的一流自驾车房车营地。

2020年9月1日，由黑龙江省交通投资集团主办的全域旅游租车项目在中国瑷珲国际汽车营地、哈尔滨等地同步启动，逐步补齐省内汽车租赁行业异地还车业务覆盖不全的短板，推动全省汽车租赁行业网络化布局发展，满足广大客户个性化、高品质、多样化的出行服务需求，服务快速增长的自驾游。

黑龙江省交通投资集团峰悦投资公司党委副书记苏建华介绍，“醉美龙江331边防路”项目建设，落实了东北地区“五大安全”发展定位，开启了龙江交旅融合全域发展新纪元，推动了旅游产业优化升级，促进了边疆地区稳定发展，加快了旅游强省战略落地实施。

下一步，黑龙江省交通投资集团将发挥交通领域产业集群优势，聚焦原始生态、智慧交旅和异域人文等核心元素，积极探索交旅融合新经济、新业态、新模式，加快启动实施项目建设、招商运营、资源导入和产业孵化，共同打造有态度、有温度、有深度的龙江旅游超级IP，助力提振沿边地区产业经济活力。

资料来源：http://www.mot.gov.cn/tupianxinwen/202009/t20200908_3461869.html.

2. 探亲、访友类

这是一种以探亲、访友为主要目的的旅游活动，产品主要有寻根问祖、重大节日亲人相聚、婚丧嫁娶等活动。

3. 商务、专业访问类

这是一种以展览、会议、谈判、考察、科技文化交流、政治访问等为主要目的的旅游活动，产品主要有商务旅游、公务旅游、会议旅游、修学旅游、考察旅游、专项旅游等。

4. 健康医疗类

健康医疗类旅游是将旅游和健康医疗服务结合起来的一种旅游形式。产品主要有体育旅游、保健旅游、生态旅游等。

5. 宗教朝圣类

宗教朝圣类旅游主要是指宗教界人士进行的以朝圣、传经布道为主要目的的旅游活动，产品主要有包括宗教民俗旅游、宗教节日旅游、宗教庙会旅游和民间宗教旅游等。

6. 其他类

其他类旅游活动是指上述五类没有包括的其他旅游活动，例如探险旅游等。

（三）按旅行距离划分

根据旅游者行程距离，旅游活动可分为远程旅游和近程旅游。

（四）按旅游者消费水平划分

根据旅游者消费水平，旅游活动可分为豪华型旅游、标准型旅游、经济型旅游。

（五）按旅游接待的人数划分

根据参加一次旅游活动的人数，旅游活动可分为团体旅游和散客旅游、自助旅游、互助旅游等。

1. 团体旅游

团体旅游是由旅行社或旅游中介机构将购买同一旅游路线或旅游项目的10名以上（含10名）游客组成旅游团队进行集体活动的旅游形式。团体旅游一般以包价形式出现，具有方便、舒适、相对安全、价格便宜等优点；缺点是游客的自由度小。

2. 散客旅游

散客旅游是由旅行社为游客提供一项或多项旅游服务，优点是预定期短、规模小、要求多、变化大、自由度高；缺点是费用较高。

3. 自助旅游

自助旅游是指人们不经过旅行社，自由安排旅游行程，按个人意愿进行活动的旅游形式，例如背包旅游。自助旅游的特点是自由、灵活、丰俭由人。

4. 互助旅游

互助旅游是网络催生的一种旅游模式，是以自主、平等、互助为指导思想的一种交友旅游活动，属经济型旅游（没有中间商）。互助游就是交朋友去旅游，它使网络上的人际关系走向现实世界，强调旅行不该只是“我路过”，而应该是“我体验”。

互助旅游将成为今后人们主选的旅游模式之一，是科技时代带给人们的现代社交观念与快乐生活的新方式。

（六）按旅游费用的来源划分

根据旅游费用来源，旅游活动可分为自费旅游、公费旅游、社会旅游、奖励旅游等。

（七） 按旅行方式划分

根据旅行方式，旅游活动可分为徒步旅行、汽车旅行、自行车旅行、飞机旅行、骑马旅行等。

（八） 按年龄和身份划分

根据旅游者年龄和身份，旅游活动可分为青少年旅游、中老年旅游、学生度假旅游、新婚蜜月旅游等。

三、不同旅游活动类型的比较

旅游者除了在出行距离、国籍、饮食习惯、语言方面存在不同以外，还在其他方面存在一定的差异。

（一）国际旅游与国内旅游

国际旅游和国内旅游除了概念上的差别，还有以下差异，如表1-3所示。

表1-3 国际旅游与国内旅游比较

项目	国内旅游		国际旅游
根本区别	没有跨越国界		跨越国界
分类	地方性旅游	国内过夜游	入境旅游
	区域性旅游		
	全国性旅游	国内一日游	出境旅游（出国旅游）
旅途距离	较短		较长
逗留时间	较短		较长
费用支出	较低		较高
障碍	一般无障碍		语言、礼仪、生活习惯有障碍
便利程度	简单		手续繁杂
参加人数	较多		较少
经济作用	财富在国家内部转移，不创汇		增加接待国外汇收入
发展战略	优先发展		适度发展

（二）远程旅游和近程旅游

远程旅游和近程旅游在消费金额、便利程度、交通、时间方面都存在差异，如表1-4所示。

表1-4 远程旅游和近程旅游比较

项目	近程旅游	远程旅游
消费金额	较少	较多
便利程度	一般无障碍	大多有障碍
交通情况	便利	相对不便
逗留时间	较短	较长

（三）团体旅游和散客旅游

团体旅游和散客旅游除组织形式不同外，还具有以下差异，如表1-5所示。

表1-5 团体旅游和散客旅游比较

项目	团体旅游	散客旅游
定义	一定数量的有着共同或相似目的的人们组织起来，以集体方式进行的旅游活动	相对于团体旅游而言，主要是指个人、家庭及10人以下的自行结伴旅游
组团人数	10人以上，包括10人	10人以下
优点	对旅游者而言方便、舒适、相对安全、价格便宜	参与的人数少，具有明显的分散性和随意性，活动自由空间度大，即自由灵活，自主性和选择性强，可自己安排旅游日程、线路、节目
缺点	旅游者个人的活动受到预订计划安排和集体统一行动的限制，缺乏灵活性和个人的自主性，即游客的自由空间度小	散客旅游的费用通常会比同样行程、内容和服务等级的团体旅游要高，且安全保障相对不足
发展趋势	相对散客旅游发展趋势缓慢	自1980年以来，有迅速发展的趋势

（四）按旅游内容划分的旅游

观光旅游、度假旅游、文化旅游、宗教旅游、商务旅游、生态旅游、购物旅游、特种旅游除定义不同，还存在一定的差异。

综上所述，依据不同的划分标准，可以将旅游划分为多种不同类型，每种类型不是孤立存在的，它们之间也相互联系和相互交叉。可以说，划分旅游类型对全面认识旅游业和研究旅游业的发展具有重要的指导意义。

知识链接1-3

在苏州游览享受“山水林泉之乐”，美哉！

通过短短的苏州之行，感到山水如画，心旷神怡，使人尽享自然之美，收获甚丰。苏州，地处长江三角洲，地理位置优越，气候湿润，交通便利，旧时官宦名绅退休后多到苏州择地造园、颐养天年，如今苏州以众多精雅的园林闻名天下，不愧是中国著名的历史文化名城。

据说，最盛时期，苏州的私家园林和庭院达到280余处，至今保存完好并仍开放的还有始建于宋代的沧浪亭、网师园，元代的狮子林，明代的拙政园、艺圃，清代的留园、耦园、怡园、曲园、听枫园等。其中，拙政园、留园、网师园、环秀山庄因其精美卓绝的造园艺术和个性鲜明的艺术特点，于1997年被联合国教科文组织列为“世界文化遗产”。

苏州园林是城市中充满自然意趣的“城市山林”，我们身居闹市的人一进入园林，便可享受到大自然的“山水林泉之乐”。在这个浓缩的“自然界”，“一勺代水，一拳代山”，园内的四季晨昏变化和春秋草木枯荣，使人们可以“不出城郭而获山林之怡，身居闹市而有林泉之乐”。美哉！美哉！

我们体会到，苏州园林是文化意蕴深厚的“文人写意山水园”。古代的造园者都有很高的文化修养，能诗善画，造园时多以画为本，以诗为题，通过凿池堆山、栽花种树，创造出具有诗情画意的景观，被称为“无声的诗，立体的画”。在园林中游赏，犹如在品诗，又如在赏画，是一种美的享受，使人惬意横流！

资料来源：http://www.zhuna.cn/zhishi/395828.html.

四、旅游活动的特点

改革开放以来，随着我国经济的持续快速发展和居民收入水平的快速提高，旅游作为一种时尚，为广大民众所喜爱和追求，越来越多的百姓参与到旅行、教育、文化娱乐等领域。旅游成为人们日常生活必不可少的重要组成部分。旅游活动同其他事物一样，有其自身的特点。

（一）审美性

旅游是一项综合性的审美实践活动。它集自然美、艺术美、社会美、生活美之大成，融文物、古迹、建筑、绘画、雕塑、书法、篆刻、音乐、舞蹈、园林、庙宇、服饰、烹饪、民情、风尚为一体，涉及阴柔、阳刚、秀美、崇高、绚丽、疏野、浓郁、飘逸、明快、悲壮、轻松等一切审美形态，可满足人们从生理到精神等不同层次的各种审美需求。因此，旅游从本质上说，是一种审美活动，离开了审美，就谈不上什么旅游。例如，目前的商务旅游、会议旅游等都将目的地选择在风景名胜区，目的是在优美的环境中去获得放松。

（二）异地性

旅游是人的一种异地性活动，是人们离开自己的常住地到异地访问和停留所经历的特殊生活过程。随着社会经济的发展和人们消费理念的变化，特别是在进入旅游市场大众化和旅游发展全域化阶段之后，广大人民群众对美好生活的需求日益增长，旅游已经成为人们美好生活需求的异地化实现方式。旅游消费过程从原来以景点观光为主转变为在目的地滞留进行生活体验。游客开始由景区走向社区，由专门的旅游服务场所扩展到目的地所有空间，包括目的地的旅游资源环境、旅游空间环境、旅游安全环境和旅游社会环境等。

（三）流动性

旅游的异地性决定了旅游的流动性。因为旅游者为了实现旅游的目的，首先必须能够从自己的常住地转移到异地景区，然后从一个景区向另一个景区转移，这就产生了人员的流动，也就是旅行。只有流动（旅行），游览才能获得更广阔的空间形式，所以旅游必须以人员的流动为前提。

（四）暂时性

旅游的暂时性是指旅游仅是发生在异地的一种短期行为。旅游者离开常住地一段时间又会返回常住地。世界旅游组织也根据游客在目的地的停留时间长短将旅游划分为过夜（24小时）游、不过夜游（短程旅游）、不超过一年游等。总体来讲，旅游活动具有暂时性，长期居住的（如移民）就不属于旅游。

（五）综合性

在旅游业逐渐成为国家支柱产业的今天，旅游业将向着智能化，定制化，跨界结合的方向发展。全域智慧旅游十分重视游客的旅游体验，通过整合地区所有行业优势资源，使旅游者在旅游活动中能得到多方位的不同需求。另外，旅游活动涉及政治、经济、社会、环境、文化等多层面，并在不同程度上对其有所反应，从而使旅游活动成为多种现象的综合体现。例如，海南是全国首个全域旅游创建省，基本形成了“日月同辉满天星，全省处处是美景”的全域旅游发展新格局，完成了旅游与资本、旅游与技术、旅游与居民生活、旅游与城镇化发展、旅游与城市功能完善的旅游开发模式。

第三节　旅游的基本属性

随着社会经济的发展，人们的收入水平在不断提高，余暇时间在逐渐增多。当物质需要得到满足之后，人们开始追求更高层次的精神需要，旅游活动正是满足人们精神需要的一种活动。它是现代社会生活的一种高消费形态，也是人类积极健康的社会交往活动，并随着社会经济发展而发展的一种综合性社会活动。它涉及社会、经济、政治、文化等诸多方面。因此，全面研究旅游的基本属性对认识和了解旅游的发展规律具有重要意义。

一、旅游的消费属性

人的活动涉及两个领域：生产领域和消费领域。生产领域内人们从事生产活动，继而获得成果；而消费领域是对生产领域的成果的耗用。

旅游活动过程同样包括两种消费：一种是对于旅游企业来说，为了满足旅游者的需求，就需要消费生产资料，创造出旅游产品，满足旅游者的需求；另一种是旅游者基本的生理需求消费（吃、住）和追求审美体验的高层次的消费，即旅游者要向旅游企业支付以往积蓄的货币，才能享受到所需要的旅游产品和服务。所以说，旅游活动消费是无处不在的。

二、旅游的休闲属性

从旅游目的看，旅游正从传统的开阔眼界、增长见识向放松身心、陶冶生活情趣等转变。旅游者可以借助各种能够怡情悦性的活动实现审美体验。旅游者在旅游活动中，无生活、工作、人际交往等压力，身心可得到完全放松。

从时间上看，旅游是发生于自由时间内的行为。旅游者可以利用假期旅游，从紧张的学习、工作生活中解脱出来，因而，近年来，以儿童为对象的夏令营、以家庭为基本单元的旅游活动异常火爆。旅游还是人们打发时间的一种积极手段，通过旅游，人们可以远离喧嚣、嘈杂的都市生活，挣脱琐事的羁绊，到具有医疗功能或保健功能的环境质量优越的地域休闲度假，从而获得身心的愉悦。

三、旅游的社会属性

生活在现实社会中的人，必然生活在一定社会关系中。这种复杂的社会关系就决定了人的本质，决定了人的社会属性。

旅游的主体——旅游者，在不同的社会条件下，审美意识和旅游需求都受时代的影响，具有时代的特征。

旅游客体——旅游资源，总是随着社会的发展而不断变化，旅游设施、设备的提供也反映了某一历史时期的社会现象。因此，旅游活动在不同时期的发展过程中，无不打上社会的印记，具有社会属性。

四、旅游的文化属性

古人云："读万卷书，行万里路。"说明旅游具有开阔视野、增长见闻的作用。在旅游过程中，自身的体验和感悟是任何其他途径获得所无法替代的。旅游者在旅游活动中会享受到有形或无形的文化熏陶，带给不同的人不同的感受、体验，赋予了文化内涵。文化与旅游资源的整合，是满足旅游者的需求、提高其生活质量的必然选择，也是旅游向深层次发展的必然。

文化兴则国运兴，文化强则民族强。大力挖掘并充分利用中华优秀传统文化资源，与旅游产品进行深度融合，推出一大批文化旅游深度融合的产品，将是"十四五"文化旅游发展规划的重要任务之一。通过文化与红色旅游、遗产旅游、乡村旅游、工业旅游相结合，可以极大地提升旅游产品内涵。

复习思考与练习题

一、判断题

1. 旅游是从旅行中孕育又是从旅行中分离出来的。（ ）
2. 我国是佛教的第一故乡。（ ）
3. 旅游的异地性是指人们离开自己的工作地到异地他乡旅游。（ ）
4. 以地理范围为划分标准可将旅游分为国内旅游和国际旅游。（ ）
5. 旅游既是一种经济现象，又是一种文化现象。（ ）

二、单选题

1. “旅游”一词在我国最早出现在（ ）一首诗中。

A. 《悲哉行》 B. 《全唐诗》 C. 《周易正义》 D. 《诗经》

2. 以下情况，属于旅游的是（ ）。

A. 从哈尔滨到广州定居 B. 去温州做生意

C. 去云南观光 D. 美国大使来中国居住了5年

3. 按旅游区域划分，旅游可分为国内旅游和（ ）。

A. 出境旅游 B. 入境旅游 C. 国际旅游 D. 洲际旅游

4. 北美洲游客到欧洲旅游的形式属于（ ）。

A. 洲际旅游 B. 跨国旅游 C. 环球旅游 D. 出境旅游

5. 来自五湖四海的哈尔滨工业大学在校同学，去侵华日军“731”部队参观的行为属于（ ）。

A. 旅行 B. 游玩 C. 游览 D. 旅游

三、多选题

1. 团体旅游适合（ ）。

A. 经常出来旅游的人和探险家 B. 单位的集体旅游

C. 老年旅游者 D. 第一次长距离旅游的旅游者

2. 旅游活动的“新六要素”是（ ）。

A. 旅游者、旅游资源 B. 资源、环境

C. 资金、科技 D. 文化、余暇

E. 旅游交通、资金

3. 旅游活动的三要素是（ ）。

A. 旅游者 B. 时间 C. 旅游资源 D. 旅游业

4. 旅游的基本属性是（ ）。

A. 消费属性 B. 社会属性 C. 休闲属性 D. 娱乐属性

5. 早期人类远途迁徙的主要原因有（ ）。

A. 气候的变化 B. 自然灾害

C. 采猎生存方式的流动性 D. 战争

四、名词解释

旅游　国际旅游　国内旅游

五、论述题

1. 试述旅游活动的基本属性。

2. 试述旅游活动的特点。

六、案例分析

暑假期间，王莉带团“华东五日游”；晓明听朋友说，合肥合柴1972是国内首个由监狱旧址改造的文创园，在不同展馆以不同的主题展示了多方面的发展与变迁，于是慕名而去；天天在本市新开业的湿地公园游玩了一整天。

讨论：

1. 结合案例，分析旅行、游览、旅游的区别与联系。

2. 王莉、晓明、天天的活动在本质上有什么不同？为什么？

七、实训拓展

实训目的及要求：使学生掌握旅游学科的概况和相关知识，为更好地学习本门课程奠定坚实的基础。

1. 分小组讨论：为什么很多学者对旅游有不同的定义？

2. 利用学到的相关知识，各小组派代表谈谈各自对不同学者、不同定义的看法。

3. 为游客提供个性化定制旅游服务，提升游客深度体验。各小组结合本区域实施的全域智慧旅游，谈谈如何为游客提供个性化定制服务的。

第二章 旅游简史

知识目标

1. 了解国内外旅游活动发展的历史。
2. 理解产业革命对近代旅游的影响。
3. 掌握托马斯·库克对近代旅游发展的贡献。
4. 掌握现代旅游发展的特点和原因。
5. 掌握我国旅游的发展历程。

能力目标

1. 掌握人类旅游活动发展的历史及其规律。
2. 学会用历史唯物主义观点辩证分析现代旅游的发展规律。

素质目标

1. 使学生树立旅游的人文观念。
2. 使学生初步掌握旅游专业知识，具备旅游从业人员的基本素质。

案例导入

18世纪中叶开始的产业革命将蒸汽机技术用于交通工具，从此人类有了机械动力的运载工具——火车和轮船。新式交通工具不仅速度快、运载量大，还具有票价相对低廉的优势。这使得远距离大规模的人员流动第一次成为可能。此外，产业革命也使社会财富极大增长，中产阶级人数日益增加，大量中产阶级加入旅游的行列。在最早建成铁路的英国，商人们开始利用包租火车的形式把大批游客运送到游览地。旅游需求逐渐形成社会化规模，越来越多的人需要有人代他们处理从启程到返家过程中的一应事务。这意味着为旅游者服务、为旅游者活动提供便利条件的活动已有可能逐渐从其他部门中分离出来，形成一个新行业——旅游业。

资料来源：https://wenda.so.com/q/1610783345212089.

第一节 近代旅游的产生

西方古代史是从人类诞生到1640年英国资产阶级革命开始以前，而中国古代史是从人类诞生到1840年的鸦片战争以前。不论是西方国家还是中国，这一时期人类都经历了原始社会、奴隶社会、封建社会等社会形态。旅游活动在当时并没有得到重视和发展，因为社会各个阶层都忙于在资本的河流中创造价值。

18世纪中叶开始的产业革命最终把人类推向近代旅游的新阶段。产业革命就是工业革命，所谓产业革命是指在18世纪下半叶以欧洲为中心，发端于英国的资本主义机器大生产方式替代封建的工场手工业生产方式的过程。

一、近代旅游产生的背景

产业革命实际上是一场生产技术的革命。18世纪60年代，在英国的资本主义生产中，大机器生产开始取代工场手工业生产，生产力得到了突飞猛进的发展。英国资产阶级表现出极强的进取精神，新技术、新发明被积极利用，生产的社会化程度大幅度提高，对近代旅游活动的产生和发展具有重大影响。

（一）产业革命的影响

1. 生产效率的提高，促进经济的发展

18世纪中叶到19世纪中叶，西方主要资本主义国家以机器生产代替手工操作，以英国为首的欧洲国家相继进行了工业革命，改善了生产关系，大大提高了生产力，使经济得到空前的发展。18世纪中期，英国商品越来越多地销往海外，手工工场的生产技术供应不足，为了提高产量，人们想方设法改进生产技术。在棉纺织部门，织布工哈格里夫斯发明了手摇纺纱机——珍妮机（见图2-1），它极大地提高了生产率。由此可见，产业革命提高了生产效率，丰富了物质产品，促进了经济发展。

图2-1　珍妮机

2. 加速了城市化进程，外出的人数增多

随着产业革命的深入，越来越多的农村人口迅速变为工业人口。人口流入，使城市人口越来越多，城市规模越来越大，极大地加速了城市化进程，促进了城乡之间人员的流动。

3. 人们工作性质的改变，促使人们强烈需要带薪假日

产业革命也改变了人们的工作性质，原先那种随农时变化而忙闲有致的多样性农业劳动，开始被单一、枯燥、高速度、高强度的大机器工业劳动所取代，致使人们在生活、工作中感到枯燥、紧张、乏味，产生强烈的带薪休假需求。

4. 生活环境的变化，促使人们旅游需求的产生

节奏紧张的城市生活，人口的高度集中，生活环境的拥挤、嘈杂，势必会给长期生活在此环境中的人造成心理压力。因此，人们会产生利用带薪假日离开城市生活、回归大自然、放松疲惫的身心、追求田园生活的心理需求，旅游动机由此产生。

5. 带来了阶级关系的新变化，扩大了外出旅游的队伍

在产业革命之前，只有地主阶级和封建贵族才有金钱和时间从事非经济目的的消遣旅游活动。产业革命后出现了资产阶级，扩大了外出旅游的队伍。更为重要的是，由于生产力的提高、经济的发展，工人的收入也在不断地提高，经过不懈的斗争，工人阶级加入旅游行列也成为现实。

（二）科学技术的进步为大众旅游创造条件

产业革命促进科学技术的发展，推动新式交通工具的产生，为大众外出旅游创造了便捷的条件。

1. 蒸汽动力轮船产生

世界上第一艘蒸汽机轮船是由美国发明家富尔顿制造的。在1802年春天，他在法国建造了第一艘蒸汽机轮船，停泊在塞纳河上。1803年，该轮船在法国的塞纳河试航成功，但当晚为暴风雨所毁。富尔顿没有因此止步，他又重建了一艘蒸汽机轮船，命名为“克莱蒙特”号（见图2-2）。该轮船船长45.72米，宽9.14米，船上装有蒸汽机。1807年，“克莱蒙特”号在美国哈德逊河上试航成功，它以每小时6.4千米速度航行91.4千米。从此，美国哈德逊河上开辟定期航船，标志着蒸汽机轮船正式投入使用。

图2-2　轮船“克莱蒙特”号

2. 铁路运输和火车的发明

图2-3　斯蒂芬森

产业革命带动了交通工具的革新。18世纪，英国近代著名的科学家瓦特发明了蒸汽机。蒸汽机的改进和应用，为交通运输提供了全新的动力，促成了新的交通工具的产生。19世纪早期，享有“铁路之父”之称的乔治·斯蒂芬森（见图2-3）在英国建造的斯托克顿至达灵顿的铁路正式投入运营。据有关资料表明，1830年，在英国利物浦和曼彻斯特之间修建的铁路于1839年开始运送旅客。当时，利物浦与曼彻斯特之间的火车每千米收费不足1便士，速度是30千米/时。铁路时代的到来，使人们逐渐抛弃了以马车为交通工具的旅行方式，这使一般劳动者能够用低廉价格和较少的时间去享受旅游的乐趣，从而使大规模、远距离的外出旅游活动逐步发展起来。

阅读资料2-1

1814年，斯蒂芬森研制了第一台蒸汽机车，它能以每小时6千米多的速度牵引8辆装有30吨煤的货车行进。经过不断改进，1825年，斯蒂芬森驾驶自己设计的机车，运载450名旅客，以每小时24千米的速度从达灵顿到斯托克顿。后来，各界人士请他修建利物浦至曼彻斯特的铁路。1829年，铁路建成后，英国曾举行过一次机车比赛，他的新机车“火箭号”则以时速58千米获胜。

资料来源：http://3y.uu456.com/bp-e77b85faf705cc17552709aa-2.html.

（三）食宿业大发展

产业革命促进生产力发展和社会经济水平提高的同时，旅馆、饭店也不断涌现。“客栈时期”旅店只能提供简单的食宿，到18世纪末，欧洲、北美的一些国家已成为工业化国家，旅店往往成为当时社会、政治与商业活动的中心，这大大促进了饭店业的迅速发展，使饭店业成功过渡到“大饭店时期”。1829年，在波士顿落成的特里蒙特（TREMONT）饭店被称为世界上第一座现代化大饭店，这座饭店是世界上第一座设有前厅的饭店，宾客不再在酒吧柜台上登记入住，服务员因经过正规训练，服务水平较高。这座举世闻名的饭店的落成，推动了世界各地饭店的建立，也预示着现代旅游饭店业的蓬勃发展。

二、近代旅游的开端

产业革命是生产技术领域的巨大革命，新的交通工具陆续出现，同时随着社会经济的发展，人们的收入不断增加。交通工具的进步、收入的增加为人们的空间移动提供了便利条件。当时由于人们没有外出旅游的经验，对异国他乡的情况及相关的手续办理大都不了解，语言交流及货币兑换也多有不便，这减弱了人们外出旅游的兴趣。具有前瞻性的英国人托马斯·库克率先根据人们的需要设立了相应的媒介组织机构，旅游业就这样诞生了。库克组织了一系列旅游活动，组建了旅游业务部门，对旅游接待工作进行了有益的探索，开创了近代旅游业的先河。

（一）托马斯·库克对旅游业的贡献

图2-4 托马斯·库克

1808年11月22日，托马斯·库克（见图2-4）出生于英格兰德比郡墨尔本镇，因家境贫寒，托马斯·库克10岁时不得不辍学就业。1828年，库克成为一名传教士，游历了英格兰的许多地方，对旅游产生兴趣，成为一位积极的禁酒工作者。

知识链接2-1

世界旅游业的创始人——（英）托马斯·库克

时间	贡献
1841年	组织世界上第一次团队火车旅行
1845年	创办世界上第一家旅行社
1845年	组织世界上第一次消遣观光团
1855年	组织世界上第一次国际旅游
1872年	组织世界上第一次环球旅行
1880年	成为世界上第一个旅游代理商

1. 组织世界上第一次团队火车旅行

1841年7月5日，托马斯·库克包租了一列火车，将多达570人的游行者从英国中部地区的莱斯特送往拉巴夫勒参加禁酒大会。这次旅程往返18千米，团体收费每人1先令。这次活动在旅游发展史上占有重要的地位，被公认为世界第一次商业性旅游活动，因此，他本人成为旅行社代理业务的创始人。这次团队火车旅行是人类第一次利用火车组织的团体旅游，是近代旅游活动的开端。

2. 创办世界上第一家旅行社

1845年，托马斯·库克首次出于商业营利目的，组织了350人参加旅游，这是一次真正意义上的团体消遣旅游。托马斯·库克为该活动编发的导游手册——《利物浦之行手册》，是世界上第一本旅游指南。1845年，正式创办了世界上第一个旅行社——托马斯·库克旅行社（即现今的通济隆旅行社），成为旅行代理业务的开端。

3. 参加世界博览会的旅游活动

1851年，托马斯·库克组织16.5万多人参观在伦敦水晶宫举行的第一次世界博览会。4年后，世界博览会在法国巴黎举行，托马斯·库克组织旅游者50余万人前往参观，在巴黎停留游览了4天，全程采用一次性报价，其中包括在巴黎的住宿及往返的费用，共计36先令，这次活动使旅游业第一次打破了国家界限，走向世界。到1864年为止，托马斯·库克组织旅游人数累计已突破100万。1872年，托马斯·库克亲任导游，组织了9位不同国籍的旅行者进行了为期222天的第一次环球旅行，这次环球旅行的成功受到世人的称颂，托马斯·库克及他的旅行社从此声名远扬，享誉欧美大陆。

4. 托马斯·库克父子公司的成立及发展

1864年，托马斯·库克父子成立公司，全面发展旅游行业，为其走向世界做了一系列的准备工作。1872年，托马斯·库克创办了最早的旅行支票，支票可在世界各大城市通行，这极大地方便了旅游者，也促进了旅游业的发展。旅行社还编印了世界最早的旅行杂志，曾被译成7国文字，再版达17次之多。1878年，托马斯·库克退休，其儿子接替其工作。到1890年，其公司在全球已有84个办事处，85个旅行社，雇员1714名，成为世界三大著名的旅行代理公司。接着，公司又在欧洲、美洲、澳大利亚与中东建立起了自己的系统。1880年，打开了印度大门，拓展了埃及市场，成为世界上第一个旅游代理商。

托马斯·库克是世界上最古老的旅游公司之一，近年来托马斯·库克的经营业绩始终在盈亏线上挣扎，资产负债率也达到极其危险的95%以上。2019年5月，Thomas Cook报告税前亏损达到创纪录的15亿英镑，并披露被审计机构注意到其复苏计划存在重大不确定性，随后Thomas Cook股价出现暴跌。如今，拥有178年历史的全球第一家旅行社托马斯·库克终于走到了破产保护这一步，这或许也意味着旅游业一个时代的结束。它在2019年9月宣布破产，当时使15万度假者滞留海外，之后由中国复星旅游文化集团收购。

阅读资料2-2

托马斯·库克与禁酒运动

进入19世纪后，由于英国不断从欧洲大陆进口以白兰地为主的外国酒，导致了其外汇的大量支出。为了改变这一状况，英国政府决定鼓励民间发展酿造业。此后不久，英国本国自己生产的杜松子酒开始大量投放市场。由于这种酒的价格相对比较便宜，很快便为人们所接受。特别是当时从事机器大工业劳动的工人，由于沉重的身心压力和生活折磨，无奈之下经常饮酒，杜松子酒的消费量也因此不断增加。杜松子酒虽然酒精含量不算很高，但毕竟属于烈性酒，所以政府通过本国酿酒业的发展控制酒类进口的目的虽然达到了，但酒饮消费大量增加，醉酒现象也越来越多，并逐渐发展成为当时的社会问题。

为了解决这一社会问题和控制事态的发展，当时的英国政府几经研究和寻找对策，于1830年出台了一项啤酒零售法案，扶持啤酒馆，希望以低度酒的销售来抑制烈性酒的消费。然而，在人们的啤酒饮用量大幅度增长的同时，烈性酒的消费量并未因此而减少。其中比较直观的原因是，面对这类新兴啤酒馆的竞争，那些长期以来一直经营烈性酒的酒馆并未消极和退缩。它们凭借自己长期的经营经验和雄厚的资金实力，不断通过更新店堂装潢和加大销售宣传的力度等手段，刺激人们对烈性酒的消费。据当时的有关记载，在该法案通过后的1830—1839年间，人们对烈性酒的消费量不但没有减少，反而增长了1/3。更大的问题在于，啤酒的酒精含量虽然较低，但饮用过量照样会令人喝醉。所以，醉酒乃至酗酒这一社会现象不但未能得到有效抑制，反而变得越来越严重。对于这一社会现象，著名作家狄更斯在其作品中有很多生动的描述。在政府对此无计可施，拿不出有效对策的情况下，民间掀起了禁酒运动的浪潮。

托马斯·库克出身贫寒，4岁丧父。迫于生计，托马斯·库克10岁时不得不辍学，到一个园艺种植者那里打工学徒，每周的工钱仅为6便士。该雇主死于嗜酒，之后，14岁的托马斯·库克被介绍到经营木器作坊的姨父那里打工学徒。不幸的是，他的这位姨父后来也是因嗜酒而亡。托马斯·库克18岁时，曾做过浸礼教派的传教士，该教派同样主张禁酒。进入壮年后，在当地浸礼教会主教的影响下，托马斯·库克于1833年元旦签署了远离烈性酒和加盟禁酒活动的个人誓言。1814年，托马斯·库克在社会活动方面兼任英国中部地区禁酒协会秘书长。该地区几个城市的禁酒协会经商议，决定在1841年7月5日这一天组织民众汇集到拉巴夫勒举办一次禁酒游行大会。当时，托马斯·库克全家定居在英国中部地区的莱斯特市。这便是他组织莱斯特市市民前往拉巴夫勒的原因。

（二）世界近代旅游业的发展

随着近代旅游业的发展，欧洲和世界其他国家各类旅游组织如雨后春笋般涌现。例如，1850年，美国运通公司兼营旅行代理业务，并在1891年开始发售“旅行支票”，打破国籍、货币的障碍，受到世界旅游者的欢迎；1893年，日本设立专为接待外宾的“嘉宾会”，1912年，改为日本观光局，1926年，正式定名为“东亚交通公社”；1927年，意大利建立旅行社；1929年，苏联成立国际旅行社。到了20世纪初期，美国的运通公司、比利时的铁路卧车公司成为与托马斯·库克父子旅行社齐名的世界三大旅行代理公司。

随着旅行社的发展壮大，旅游俱乐部成为当时旅游组织发展的代表。最早的是1857年在英国成立的观光俱乐部，而旅游俱乐部在欧洲大陆的代表则是1890年在法国和德国先后成立的观光俱乐部。

近代旅游的发展也促进了饭店业和酒店业的发展。随着近代旅游的发展，旅游活动的数量和人次不断增加，过去只为特权阶层提供服务的豪华饭店和普通的旅店都不能满足社会旅游活动的发展需要。由于近代工业革命带来了社会阶级划分的变革，出现了中产阶级，他们负担不起豪华饭店的费用，但也不满足于简陋的旅店，且又属于进行旅游活动频率较高的阶层。这就促进了一种新型的、以中产阶级服务为主的，既可以使客人感到舒适方便又追求经济利益的食宿服务机构——商业饭店的诞生。

第一家商业饭店于1908年开业，斯塔特勒（被后人誉为“饭店业开山鼻祖”）在美国纽约的布法罗建造了世界上第一家商业饭店。由于商业饭店有其自身的优势及其所面对的市场的不断壮大，因此，从20世纪初期开始，商业饭店得到了迅速发展，并真正成为一种行业。商业饭店既是适应旅游发展的需要而产生的，又反过来成为促进旅游发展的重要因素。

（三）世界近代旅游业发展的特点

近代旅游的兴起和旅游业的诞生，是人类旅游历史上一个里程碑，它标志着人类的旅游活动已初见“平民化”时代的曙光，并且旅游活动已成为国民经济中的一个新兴行业，其特点如下所述。

1. 旅游者阶层结构单一的现象有所改变

随着劳动生产率的提高、社会财富的急剧增加，参加旅游活动的阶层不只是帝王贵族和上层知识分子，还有企业家、商人、银行家、自由职业者、学者及官员等。近代旅游的主力军是资产阶级，一些中下层平民也加入旅游的队伍。由此可见，在近代，旅游者阶层结构不再单一。

2. 旅游活动内容单调的现象有所改变

近代旅游活动内容比古代旅游活动内容丰富。首先，以消遣为目的的旅游人数迅速递增，并且超过了商务旅游的人数；其次，随着消遣娱乐成分的增多，旅游景点附近建起了大量的旅游设施（游乐场、音乐厅、运动场、赌场等）。

3. 交通工具的进步，旅游空间的扩大

18世纪下半叶，世界上有了火车、轮船。交通工具的进步，大大拓展了人们的旅游空间，缩短了空间的距离，使跨国、跨洲旅游成为时尚，也增加了世界各国之间的联系。同时，随着饭店业的发展，特别是以中产阶级为主要服务对象的、已使游客感到舒适且追求经济利益的食宿环境大为改善。

古代的旅游几乎是以个人为单位的单独活动。到了近代，由于旅行社的兴起，出现了大量结伴同行的群体性旅游活动，即团体旅游活动。

4. 旅游活动成为经济活动

近代，随着旅游活动的繁荣，以营利为目的的旅游业应运而生。起初外出旅游需要旅游者自备的各种物质条件都可以通过商品交换得到满足，社会相关的旅游企业都逐渐参与到旅游活动中来，提供各种各样的旅游服务产品。

知识链接2-2

美国运通卡——全球旅行家的共同选择

美国运通卡（American Express）英文缩写为AMEX，是世界上较受欢迎的信用卡。成立于1850年的美国运通公司，最初的业务是提供快递服务。随着业务的不断发展，运通公司于1891年率先推出旅行支票，主要面向经常旅行的高端客户。可以说，运通公司服务于高端客户的历史长达百年，积累了丰富的服务经验和庞大的优质客户群体。

1966年，美国运通公司发行了第一张金卡，以满足逐渐成熟的消费者的更高需求。

1984年，美国运通公司在全球率先发行第一张白金卡，该卡只为获邀特选的会员而设，不接受外部申请。除积分计划和无忧消费主义以外，持卡人可享受周全的旅游服务优惠和休闲生活优惠，专人24小时的白金卡服务为会员妥善安排各项生活大小事宜。

美国运通公司凭借百余年的服务品质和不断创新的经营理念，保持着自己“富人卡”的形象。过去运通一直走独立发卡之路，从1996年才开始向其他金融和发卡机构开放网络，1997年成立环球网络服务部（GNS），允许合作伙伴发行美国运通卡。GNS已与全球90多个国家的80个合作伙伴建立了战略合作伙伴关系。在亚太区的17个国家拥有28个合作伙伴。

2020年6月13日，美国运通和连连数字科技有限公司的合资企业——连通（杭州）技术服务有限公司（以下简称“连通公司”）获得中国人民银行颁发的《银行卡清算业务许可证》。美国运通公司成为国内首家获得《银行卡清算业务许可证》的外卡组织。

资料来源：http://baike.baidu.com/.

第二节 现代旅游的发展

现代旅游是指第二次世界大战以后，特别是20世纪60年代以来迅速普及于世界各地的社会化大众旅游。第二次世界大战后，由于各国积极发展科技和经济，生产力水平和社会文明程度都有了惊人的发展，人们生活水平普遍提高，大众化的旅游活动蔓延全球，旅游意识深入人心，从而促进和加速了现代旅游活动的发展。

一、现代旅游发展的原因

随着第二次世界大战的结束，人们的旅游活动不仅迅速地恢复了原有的活力，还出现了前所未有的快速发展。旅游活动之所以出现如此快速的发展，主要有以下几个因素。

（一）政治因素

政治因素包括政治变化和国际局势的缓和，和平与发展成为世界两大主题，国际交流增多，各国政府对旅游高度重视与支持，其表现在以下两方面。

1. 战后世界局势的相对稳定，是现代旅游迅速发展的前提

第二次世界大战结束之后，各国都开始致力于本国的经济建设，医治战争创伤。虽然第二次世界大战后局部地区仍不时有战争发生，但是就整个世界的政治环境而言，和平与发展一直占据着主导地位。这一相对安定、和平的环境，为战后世界经济的增长和旅游活动的发展，提供了必要的前提和保证。局势稳定、科技和生产力发达的国家必然会成为发展现代旅游的主力军。

2. 各国政府对旅游的重视，大大推动旅游的发展

随着国际政治、经济、文化交流的开展，作为国际支付手段，外汇的作用日益显著。能够增加外汇收入的旅游业在国家创汇、平衡国际收支方面起到了重要作用，这已经为各国实践所证明。各国政府为了增加外汇收入，回笼货币，促进本国经济发展，保证旅游同其他行业协调发展，使旅游成为人人享有的权利，纷纷将旅游作为国家发展的一项重要内容。第一，许多国家对假日做了有利于旅游发展的政策性调整，甚至由国家、地方政府、工作单位对旅游者提供资助或补贴，组织国民外出旅游度假；第二，旅游可以增进各国之间的友好往来，传播文化，改变人们的传统观念和社会意识等；第三，在国民出国旅游问题上，很多国家调整或取消了出入境限制，简化了边境通关手续等。例如，2013年以前法国、德国个人签证必须由本人亲自到领事馆办理，2013年以后则可以请旅行社帮忙办理；荷兰、瑞士、意大利、法国、英国的团队签证原先要冻结5万元人民币，现在只要去银行打印个人流水账单证明有固定收入就可以。

由此可见，各国政府几乎都将大量的人力、财力、物力投入旅游产品开发、宣传与促销中，力求扩大旅游产品供给，提高外汇收入。

（二）经济因素

第二次世界大战以后，世界经济的迅猛发展为现代旅游业发展奠定了物质基础。具体表现在以下方面。

1. 世界经济迅速发展

据有关部门统计，以1979年的美元价值计算，1949年的全世界生产总值为25 000亿美元；到20世纪60年代末，则上升为年62 000亿美元。20世纪的最后20年，世界生产、创造的财富相当于此前人类生产、创造的财富总和。全球经济增长情况如表2-1所示。

表2-1　全球经济增长情况

时间	经济增长率
18世纪	0.5%
19世纪	1.0%
20世纪上半期	2.1%
20世纪下半期	3.4%

2. 众多国家的人均收入增加

20世纪60年代以来，几乎所有国家第二次世界大战后的经济增长速度超过了第二次世界大战前的增长速度。经济的发展使众多国家的人均收入迅速增加，尤其是1953—1973年，各国经济增长速度加快，例如，美国国内生产总值的年均增长率为3.5%，英国为3.0%，法国为5.2%，日本为9.8%。这些国家开始形成所谓的“富裕社会”，人们收入的增加和支付能力的提高对旅游活动的迅速发展及普及起到重要的刺激作用，全球国际旅游接待人数和收入统计如表2-2所示。

表2-2 全球国际旅游接待人数和收入统计

年份	国内旅游人次/亿人次	国内旅游收入/亿元	入境旅游人次/万人次	入境旅游收入/亿美元	出境旅游人次/万人次	旅游总收入/万亿元
2010	21.03	12 580	13 376	458.14	5739	1.57
2011	26.41	19 305	13 542	484.64	7052	2.25
2012	29.57	22 706	13 241	500.28	8318	2.59
2013	32.62	26 276	12 908	516.64	9819	2.95
2014	36.11	30 312	12 850	1053.8	10 728	3.37
2015	39.9	34 195	13 382	1136.5	10 728	4.13
2016	44.35	39 390	13 844	1200	12 203	4.69
2017	50.01	45 661	13 948	1234.17	13 051	5.4
2018	55.39	51 278	14 120	1271.03	14 972	5.97
2019	60.06	57 251	14 531	1313	15 463	6.63

注：表中数据来源于文化和旅游部《文化和旅游发展统计公报》。

（三）社会因素

社会因素包括人口结构的变化，城市化进程的加快，生活和工作方式的改变，以及对他国文化、生活方式的了解和兴趣的增加等，具体表现在以下几方面。

1. 第二次世界大战后世界人口迅速增加，旅游者的基数大幅增加

在第二次世界大战后初期，1950年全世界人口约25亿人，到20世纪60年代末，已增加到36亿人。在短短的20年间，世界人口增加了44%。当经济发展到一定程度，人口越多，旅游需求量就越大。世界人口基数的扩大成为大众旅游人数增加的基础。

2. 城市化进程普遍加快，增强了人们旅游的需要

第二次世界大战以后，几乎在所有的经济发达国家中，农村人口都在不断下降，城市人口急剧上升。1950年，世界城市人口在总人口中所占比重为28.6%，而到2018年，全球各类型国家的城镇人口比例差距较大。其中，高收入国家的城镇人口平均比例为81%，中高等收入国家的城镇人口比例平均为66%。中等收入国家的城镇人口比例平均是53%，中低等收入国家的城镇人口平均比例是41%，而低收入国家的城镇人口比例只有33%。比如新加坡、科威特是城市型国家，城镇人口占比100%。这些国家的城市居民，特别是劳动就业人员的身心承受着极大的压力。他们需要定期使自己疲惫的身体和紧张的神经得到放松，更加向往能使人耳目一新的异域环境，旅游便成了满足这些需求的选择，这也是自20世纪60年代开始，旅游度假迅速普及和持续发展的重要因素之一。世界人口城市化情况如图2-5所示。

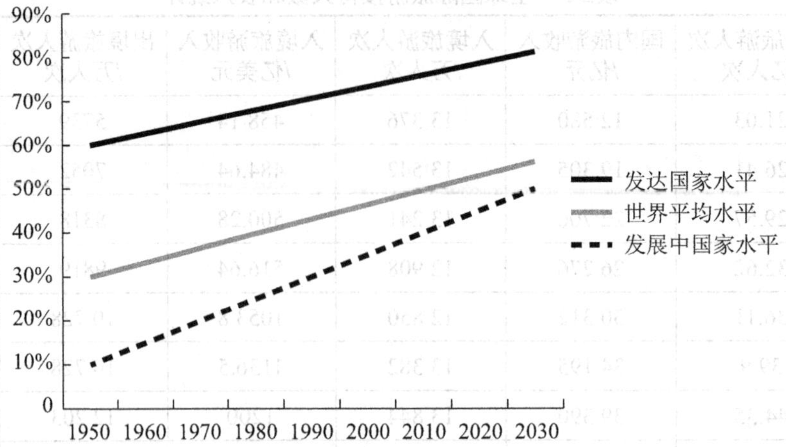

图2-5　世界人口城市化情况

3. 各国教育事业的不断发展，对旅游的发展起了重要的促进作用

第二次世界大战后，世界各国对教育高度重视，力争普及全民教育，人们的文化和审美素养得到了进一步的提高。随着大学毕业生的人数明显增多，素质的提高使得寻求精神愉悦的人越来越多，这些人对异国他乡的事物产生浓厚的兴趣，于是旅游便迅速发展起来。

4. 价值观念的转变，激发人们产生旅游的动机

经济的发展使人们的生活水平得到了提高，与此同时，人们的生活方式、消费观念也发生了改变，从追求物质生活的丰富转向对精神生活的享受，更多的人喜欢追求个性化的生活方式。他们把旅游看成实现自我价值的重要方面，这无疑会激发人们产生旅游动机。

5. 劳动者的带薪假期增加，为旅游提供了时间上的保证

随着科学技术的进步，各产业生产过程的自动化程度不断提高并且日益普及，生产效率不断提高，人们的工作时间不断缩短。加之通过劳动阶级争取自身利益的不懈斗争，人们的带薪假期得以实现，并且天数不断增加，人们的闲暇活动更加丰富。作为闲暇活动重要形式，外出旅游和度假有了时间上的保证，参加旅游活动的人数迅速增加，并且出游的距离和在外逗留的时间不断增加。

（四）技术因素

1. 交通运输工具的进步，大幅度缩短了时空距离

第二次世界大战后，虽然铁路和轮船在不少国家中仍为重要的旅行方式，但就世界范围内来讲，特别是在经济发达的工业化国家中，这些传统的旅行方式逐渐被汽车和飞机代替。在一些国家，拥有汽车的家庭越来越多。长途公共汽车运营网络也不断扩大和完善。汽车成为人们中、短途外出旅游的主要交通工具。这种旅行方式具有自由、方便、灵活等特点，自然缩短了人们旅行过程中所耗的时间。随着私人交通工具的普及，人们开始积极地改善公路状况。

到20世纪50年代，喷气式飞机开始用于民航（客机A380如图2-6所示）。因为飞机出行更安全、更舒适、更快速，这使得人们有机会在较短的时间内进行长距离旅行，特别是进行国际、洲际乃至环球旅游。同时，飞机票价格的降低，使更多的人有能力乘飞机外出，航空旅行因而成为人们的重要远距离旅行方式。火车、轮船等交通工具也在不断地改进技术，磁悬浮列车（见图2-7）和巨型豪华游轮（见图2-8）随之出现。交通运输业的发展及相关运输设施的配套，极大地推进了旅游活动在世界范围的发展。

图2-6 客机A380

图2-7 磁悬浮列车

图2-8 巨型豪华游轮

2. 现代信息技术的应用，极大方便了人们外出旅游

信息技术的发展及应用，使地球变得“越来越小”，地球因此被人们称为“地球村”。经济一体化、市场一体化成为世界发展的主流，经营者可以通过快速传递信息的电视、广播、互联网、手机等信息传递物质载体来宣传世界各地的自然美景、文物古迹、风土人情等，使人们对旅游目的地有所了解，从而吸引人们前去旅游。另外，食宿配套系统、计算机预订系统、银行结算系统等，都极大地方便了人们的外出旅游。

总之，在上述各方面因素的综合作用下，第二次世界大战后，旅游活动出现了令人瞩目的迅猛发展。到20世纪60年代，大众化旅游现象率先在西方经济发达国家中出现。

二、现代旅游发展的特点

随着经济的发展，人们的生活水平日益提高，旅游活动已成为人们生活中不可缺少的一部分。纵观旅游发展的全过程，现代旅游具有以下特点。

（一）旅游活动的普及性

现代旅游活动的普及性，是指旅游者范围已经扩展到普通的劳动大众，也可将其理解为大众性。与近代旅游相比，旅游活动主体的构成发生很大的变化。在第二次世界大战之前，旅游活动作为一种精神享受，其参与者主要以社会的上层人士、统治阶级为主，而对一般的工薪阶层来说，旅游是高消费的行为，较少参与。

第二次世界大战之后，随着世界经济高速增长，社会财富增加，普通劳动者的收入不断提高，有的还有带薪假期，加上社会提供的旅游条件，旅游成为一种各阶层人士都能参与的、广泛的、民众性的群体社会活动。

（二）旅游发展的广泛性

旅游发展的广泛性主要表现在旅游流动区间的格局和旅游业在世界各国发展的程度方面。近代旅游和旅游业首先在西方经济发达国家兴起。第二次世界大战以后，随着世界经济的普遍快速发展，人民生活水平不断提高，许多发展中国家的人民也逐渐有条件参与旅游活动。目前已有一百多个国家加入联合国的世界旅游组织，可以说，几乎世界上任何一个角落都留下了旅游者的足迹。像新几内亚、澳大利亚腹地乃至南极洲都有旅游探险者光顾。

（三）旅游增长的持续性

自20世纪50年代起，全世界旅游活动发展总的趋势是持续上升的，但第二次世界大战后世界经济的发展也经历了许多波澜起伏。例如，2020年初，为防控新冠疫情，我国政府号召人民居家隔离，减少出行，相关景区也在疫情爆发后纷纷关停，我国旅游行业受到了巨大的冲击。但随着疫情逐渐得到有效控制，文化和旅游部也及时发布了相关政策，安全有序地开放景区。其他国家也受到疫情的影响。这都导致国际旅游发展速度有所减缓。

（四）旅游的季节性

现代旅游活动的季节性，是指大众旅游者活动时间的分布上具有不均衡性，导致市场出现明显的淡旺季差异。形成旅游活动季节性的因素主要有自然因素、社会因素、偶发因素。自然因素表现为旅游接待国和客源国气候的影响，特别是旅游目的地一些特定的风景区受时间、气候、时令、活动的限制，会有明显的季节性，例如冬季是哈尔滨冰雪旅游的旺季。社会因素表现为旅游客源国居民旅游的目的和带薪假日的时间安排等。偶发因素只是对特殊年份或时段的客流季节分布有影响。由于旅游人数在不同时段内数量是不同的，通常，人们把客流量明显增多的时段称为旺季，客流量明显较少的时段称为淡季，其余时段称为平季。

（五）旅游的综合性

旅游是一项复杂的综合性活动。其一，旅游活动包括吃、住、行、游、购、娱等多项内容。人们在旅游活动中不仅仅是走马观花地游览，更多的是要去体验旅游地新奇的人文环境，品尝风味美食，购买具有特色的土特产品。这一系列的活动都不是一个单一的旅游部门能完成的，需要不同部门的支撑。其二，现代旅游和政治、经济、社会等部门必须相互协调、共同发展，这是旅游活动顺利进行的保证，缺少任一部门的支持，旅游活动将会受到影响。例如，“一带一路”背景下中俄旅游业发展迅速，2018年上半年中国公民赴俄旅游人数达到44.8万人次，占俄罗斯入境游客的28.5%，中国成为俄罗斯入境旅游最具发展潜力的国家之一。

（六）旅游的发展越来越规范化

随着旅游业的快速发展，必然会出现一些新问题，为此，各国都针对出现的问题，制定和完善了规范旅游业发展的法律法规制度，这使旅游业的发展步入了法制轨道。同时，许多国家也建立了相应的组织管理机构，世界性和区域性的旅游组织管理机构也日臻完善。

阅读资料2-3

出游个人隐私被泄露 《民法典》为你护航

中华人民共和国第一部以法典命名的法律《中华人民共和国民法典》（以下简称《民法典》）于2021年1月1日起施行。隐私权是作为自然人的旅游者的一项重要的人格权，但近年来游客住宿时被偷拍、手机App订票个人信息被泄露等侵权行为频发。《民法典》对包括旅游者在内的自然人的隐私权保护更详细、更具体、更有力度。在《民法典》人格权编中，对自然人的隐私权及其保护做出详尽的规定，明确任何组织或者个人不得以刺探、侵扰、泄露、公开等方式侵害他人的隐私权。因此，除权利人明确同意外，任何组织或者个人不得以短信、电话、即时通信工具、传单、电子邮件等方式侵扰他人的生活安宁；不得进入、窥视、拍摄他人住宅、宾馆房间等私密空间。

资料来源：https://k.sina.com.cn/article_1984847913_764e602902000pzmw.html.

（七）旅游竞争的激烈性

旅游业是在世界规模内迅速成长的一个新兴现代产业。随着社会的发展，旅游业已成为全球经济中成长势头最强劲和规模最大的产业之一。

旅游业内会结成联盟，这一联盟体现在旅游相关行业之间的联合与合作。其中，有同行业之间的合作，例如航空公司之间的合作、铁路公司的合作、饭店集团之间的合作等，更有不同行业之间的合作，如交通与住宿业的合作（航空与饭店、航空与铁路、航空与游船、航空与汽车租赁），旅游与商业的合作（购物奖励旅游），旅游与金融业的合作（旅行支票、信用卡的普及）等。这些合作从整体上看，有利于旅游业的发展，有利于各个行业的共同发展，有利于整个地区的经济发展。

随着区域经济一体化进程的加快，旅游业的竞争还表现在区域之间的竞争。例如欧盟国家和东盟国家都组织过多种多样的多国联合促销活动，多国家的联合开发与促销形式更是日趋多样化，东北亚地区围绕图们江流域中、朝、俄、韩、日、蒙等国家的联合，我国南部的港、澳、粤的合作就是很好的例证。

旅游业之间的竞争不仅表现在企业之间的竞争、区域之间竞争，更表现为国家之间的竞争。例如，世界各国频繁举办“旅游年”，政府首脑亲自出面做广告推销旅游产品，争相举办诸如世界博览会和奥运会等超大型活动，已经显示了这一趋势。可见，世界范围内旅游业间的竞争已成为一种大的趋势。

（八）旅游需求的多样性

面对经济全球化的浪潮，旅游业在推进标准化的同时，个性化趋势越来越明显。传统的包价旅游已经远远不能满足现代旅游业的发展需要，新兴的自主游、自助游的发展将逐步超过包价旅游，从而引领世界旅游的潮流。例如，十多年来，发展较好的生态旅游，就是旅游者要求回归自然的强烈体现，像探险旅游、自驾车旅游、“三S（Sun、Sand、Sea）”工程等，各种名目繁多的旅游产品都是旅游需求多样化的产物。

三、现代旅游发展的前景

从全球经济和政治发展的趋势来看，世界经济不断前行，社会环境也日益稳定，现代旅游业也相继得到了发展。现代旅游理念也逐渐从“人类中心论”转变为“生态中心论”，在新的理念的指导下，消费模式也发生了巨大变化：参与型专项旅游受到推崇，团队旅游向散客旅游转变，背包游和自驾游兴起。这些理念与消费模式的转变给旅游业带来新的发展机遇。

（一）旅游多样化、大众化趋势

旅游的目的地不同，使目前占统治地位的观光型旅游向多样化发展，如商务会展旅游、文化宗教旅游、专项旅游和新兴高端旅游等。再者，旅游不再是高消费活动，而是作为日常休闲进入了千家万户。旅游有了广泛的群众基础，人们的工作、生活都可能涉及远距离的长途旅行，形成空前广泛而庞大的人群交流和迁移，传统的地域观念、民族观念被进一步打破，旅游的淡旺季已不再明显。

知识链接2-3

另类的减压游

减压游，是指在经济危机的大环境下，人们的工作和学习压力逐渐增加，不同阶层的人为了达到放松心情、减轻学习生活压力的目的而提出的一种新的旅游理念。

（1）修学团占很大比重。旅行社每年都在寒暑假期，对学生、家长和教师推出了一系列的修学团。1997年暑假，国旅假期率先推出了主题为“中华教育修学游”，一下子吸引了两千多名广州中学生参加了“走进清华、学游北京”和“浙东唐诗路、华夏名人乡”两条线路。2008年，国旅假期的“青少年人格军纪夏令营”也让三百多名学生在军营集训、游览北京的旅途中，磨炼了意志，一开始少数打电话向家长哭诉“这样吃不好那样睡不安”的学生，到了闭营时却依依不舍，家长反而打电话感谢旅行社：“现在孩子学会了主动打理家务，也不挑食了。”由旅行社组织的各类“合家欢团”“亲子游”“修学团”“夏（冬）令营”等已占了旅行社同期组团业务的五成以上。

（2）纯玩减压学生团。2009年，旅行社在保持中小学生海外修学线路组团的同时，开始尝试在国内游一些名胜景区线路上亮出“纯玩减压学生团”旗号，不再刻意地往行程里添加“看学校、读诗词、搞军训”等集训式、补课式旅游。

国旅假期的“暑假减压游”分为大人与孩子同游共乐的“合家欢减压团”和“纯玩减压学生团”两种。其中，“纯玩减压学生团”全团为清一色学生，拒绝家长参团，也要求参团的学生有自理、自律能力，并由旅行社统一安排入住3至4人间宿舍，团费比同一条线路的一般旅行团要便宜300至500元，学生旅行途中需携带学生证、身份证等。而参加应届高考和中考的考生，三人以上凭准考证报名，每人还可以获得30至50元的优惠。

资料来源：https://www.docin.com/p-2296164721.html.

（二）新兴经济体客源地功能崛起

新兴经济体客源地功能崛起受惠于经济持续高速增长，新兴经济体消费水平提升显著，特别是中等收入群体迅速扩大，产生了巨大的出境旅游需求。其中“金砖五国”同为人口大国，人口总和为29.4亿，占世界总人口的43%，拥有巨大的旅游市场，具有出境旅游能力的中产以上人口为6亿～8亿人。到2025年，仅中、印两国的中产阶级就有望达到18亿人，旅游消费市场潜力巨大。金砖国家分别是亚洲、欧洲、非洲和南美洲的旅游大国，地处四大洲，旅游资源都非常丰富，自然生态各异，社会人文传统不同，中华文化、俄罗斯文化、印度文化、桑巴文化、祖鲁文化各呈风采，各国间有很强的吸引力。通过它们可以进一步扩展到南亚次大陆、中南非洲和南美洲，进而形成以亚太地区市场为重点，欧洲、美洲和非洲洲际市场为网络的全球旅游市场格局，为走向世界旅游强国构建完整的国际市场格局。

阅读资料2-4

金砖五国

金砖五国是在金砖四国的概念基础上演化而来的。金砖四国是指巴西（Brazil）、俄罗斯（Russia）、印度（India）和中国（China）四国。这四国英文名称可缩写为“BRICs”。由于“BRICs”发音与砖块（bricks）相似，故这四个国家被称为“金砖四国”。这个颇具想象力的词汇由高盛全球首席经济学家吉姆·奥尼尔于2001年12月20日首次提出，后来由于南非（South Africa）的经济发展强劲，因而金砖四国“BRICs”变为金砖五国“BRICS”。故金砖五国（BRICS）指中国、俄罗斯、印度、巴西、南非五个成长前景被看好的新兴市场国家。

2018年7月25日至27日，国家主席习近平出席在南非约翰内斯堡举行的金砖国家领导人会晤，主题是“金砖国家在非洲：在第四次工业革命中共谋包容增长和共同繁荣”。会晤通过《金砖国家领导人约翰内斯堡宣言》，重申深化金砖战略伙伴关系，坚持多边主义，巩固经贸财金、政治安全、人文交流“三轮驱动”合作架构，并加强同其他新兴市场国家和发展中国家的对话合作。

会晤期间，习近平发表了题为《让美好愿景变为现实》的重要讲话，揭示新工业革命突出特点，就金砖合作未来发展提出倡议，强调金砖国家要携手努力，共同推动建设持久和平、普遍安全、共同繁荣、开放包容、清洁美丽的世界。

2020年10月5日，作为金砖国家轮值主席国的俄罗斯在官网上发布公告，2020金砖国家峰会于11月17日以视频方式举行。2020年金砖峰会的主题为有利于全球稳定、共同安全和创新增长的金砖国家伙伴关系。

资料来源：https://baike.baidu.com/item.

（三）文化性是旅游业发展的新亮点

旅游本身的文化功能是内在的。旅游企业是生产旅游文化、经营旅游文化和销售旅游文化的企业；旅游者进行旅游，本质上也是在购买旅游文化、消费旅游文化、享受旅游文化。在旅游开发、管理和经营的过程之中，没有文化就没有竞争力。因此，发展旅游业首先要注重文化内涵。无论是生态性、探险性的旅游项目，还是办旅行社、建饭店，都要充分挖掘当地旅游文化内涵。可以说，对文化内涵的注重已经成为旅游业竞争的起点，起点高则发展空间广阔。其次，发展旅游业要注重文化的形式。丰富的文化内涵需要恰当的文化形式来表现，文化形式必须要和文化内涵紧密地结合。最后，发展旅游业要注重过程的文化性。旅游经营很大程度上是一种活文化的经营，这种活文化的经营就必须注重过程的文化性。如各地普遍组织的各类旅游文化节，从项目构思、总体框架到开展过程，都要充分体现独具本土特色的文化内涵。

（四）市场需求更趋向短距化与多元化

尽管国际金融危机对世界旅游发展的影响在持续，但是刚性的旅游需求仍在不断释放，并将以短距离旅游代替中长距离旅游的形式出现，更多的区域内部流动将取代区际流动。到2030年，区域内部游客将成为入境旅游的主要客源，区域内部和区际游客的数量将分别达到14亿人次和4亿人次，占总量的78%和22%。在亚太等出境游客快速增长的区域，区域内游客数量的份额预计将由2010年的78%上升到2030年的80%。旅游市场需求将更趋多元化。据联合国世界旅游组织（UNWTO）预测，以休闲、娱乐为目的的出行游客数量将保持3.3%的年均增长速度；以探亲、就医、宗教等为目的的出行游客数量将年均增长3.5%；以商务和工作为目的的出行游客数量将年均增长3.1%。到2030年，以休闲、娱乐和度假为目的的出行游客数量将占国际入境游客总数的54%；以探亲、求医、宗教为目的的出行游客数量将占国际入境游客总数的31%；以商务和工作为目的的出行游客数量将占国际入境游客总数的15%。

（五）旅游服务逐渐向人性化和社会化方向发展

随着旅游业从经验管理走向科学管理，标准化服务的实施使服务质量有了很大提高。然而，由于旅游需求的多样性、多变性等特点，标准化服务的弊端逐渐显露。因此，未来旅游服务将通过人性化的服务满足不同游客的需要，努力使所有的游客满意。一方面，通过开展度假游等继续为旅游者提供服务；另一方面，通过积极开展商务游、会展游扩大对企业、政府的服务范围，通过承揽其他各种专项旅游服务，真正实现旅游服务全面化、社会化。

（六）旅游业科技化趋势日益突出

高科技在旅游业中的应用十分广泛。这主要表现为以下3个方面：一是旅游资源开发的高科技化。近年来在各种高科技主题公园建设过程中使用高科技对各种旅游环境的模拟已成为现实，同时，科学技术的发展使得海底游、南北极游、太空游等旅游方式成为可能。二是旅游服务的高科技化。各类旅游企业如旅行社、旅游饭店、旅游交通运输企业等可以利用信息网络技术开展网上咨询、网上预订、网上在线付款等业务，并且形成各部门具有代表性的信息系统，例如旅游目的地信息系统、计算机预订系统、饭店管理系统、开账与结算计划等。信息网络技术在旅游业中广泛应用，能够极大地促进旅游业的发展。三是旅游企业营销管理的高科技化。目前，国内旅游企业多采用传统的面销方式，各旅行社存在小、散、弱、差的状况，而这种局面要得到切实转变，必须调整旅游经营管理体系。旅游企业只有转变传统的营销观念，积极触网，开展旅游电子商务，建立自己的内部业务处理和管理信息系统，并与互联网高度融合，建设面向代理商的电子分销系统和面向游客的在线销售系统，创建、巩固和发展自己的品牌，才能逐步实现规模化、网络化经营。

（七）世界旅游区域重心向以中国为代表的亚太地区转移

欧洲和北美是两个传统的国际旅游市场，近些年来，它们在国际旅游市场上所占份额呈进一步缩小之势，世界旅游重心由传统市场逐渐向新兴市场转移。20世纪70年代以前，欧美地区是全球最主要的旅游目的地，吸引了全球超过85%的入境过夜客源。随着20世纪80年代亚太地区旅游业日益崛起，世界旅游格局开始发生新的变化，欧美市场份额逐渐下降。2010年之后，亚太地区已经取代美洲成为第二大国际旅游目的地。由于亚洲地区和太平洋沿岸地区对旅游业发展重视程度的不断加强，旅游投资的纷纷注入进一步优化了亚太地区接待水平，同时，本地区的区域旅游需求逐渐加大，世界旅游发展重心将继续东移。

预计到2030年中国将取代法国，成为最受海外游客欢迎的旅游目的地。一方面，亚太经济体逐步放宽签证限制，为地区内跨境旅行提供更多便利，所接待入境游客80%来自本地区；另一方面，亚洲国家主办的大型体育赛事进一步推动了旅游业发展。

总体来说，世界旅游业的发展前景是乐观的，既充满着发展机遇，也面临着许多困难和挑战。因此，世界旅游业的发展一方面取决于国际旅游环境的发展，另一方面还取决于世界各国以及旅游业界的共同努力。

知识链接2-4

中国共产党第一次全国代表大会会址纪念馆

中国共产党第一次全国代表大会会址纪念馆，简称“中共一大会址”，是中国共产党的诞生地。中共一大会址位于上海市兴业路76号（原望志路106号），是一幢沿街砖木结构旧式石库门住宅建筑，坐北朝南。中国共产党第一次全国代表大会于1921年7月23日至7月30日在楼下客厅举行。

中共一大会址在1952年后成为纪念馆，1959年5月26日公布为上海市文物保护单位；1961年被国务院列为第一批全国重点文物保护单位；1997年6月成为全国爱国主义教育示范基地；2016年9月入选“首批中国20世纪建筑遗产”名录；2017年全年纪念馆参观人次达83.5万人次，2018年接近147万人次。2017年10月31日，中共中央总书记、国家主席、中央军委主席习近平带领中共中央政治局常委李克强、栗战书、汪洋、王沪宁、赵乐际、韩正，瞻仰上海中共一大会址。该遗址是我国红色旅游胜地，毛泽东同志称这里是中国共产党的“产床”。

资料来源:https://baike.so.com/doc/6720037-6934083.html.

第三节 我国旅游的发展历程

近代旅游是指1840年鸦片战争以后到中华人民共和国成立前这段时期的旅游。鸦片战争以后，中国被迫打开自己封闭多年的大门，西方文化开始进入中国。这个时期，中国由独立的封建国家逐渐沦为半殖民地半封建国家，社会的各个领域、各个方面都发生了深刻的变化，旅游也不例外。

一、我国近代的旅游活动

近代的中国旅游活动当时只是局部存在，未形成产业。一方面，鸦片战争以后，中国被迫与外国签订一系列不平等条约，国门打开，大批的西方商人、传教士、学者和一些冒险家来到中国，在一些通商口岸和风景名胜地区巧取豪夺，建造房舍，供其经商、传教、游览和休憩之用，例如，他们在中国的名胜地上海、广州等地建造别墅供自己享乐。另一方面，国内一些爱国志士，为了寻求救国救民的真理，也纷纷走出国门，考察、求学、观光、探险，至1906年，中国自费留学生已达到8000人，这些在客观上促进了中国近代旅游业的发展。

随着新式交通工具的出现，新式旅馆也相继在中国出现，这大大方便了旅游。20世纪初，西方一些旅游企业，像英国的通济隆旅行社、美国的运通旅游公司等陆续占领中国市场，外国人来华、中国人出国都必须通过外国旅行社。因此，有血气的中国人都希望有自己的旅行社，上海商业储蓄银行的银行家陈光甫先生与同仁商议，在上海商业储蓄银行内部创办了第一家“旅行部”，专门为中国人和外国人代办出入境旅游业务。1923年8月，经当时的北洋政府批准，该旅行部宣布正式成立。1927年6月，旅行部从上海商业储蓄银行中分离出来，成立中国旅行社，这是我国最早的一家旅行社。该旅行社设立七部一处，分别是运输部、车务部、航运部、出版部、会计部、出纳部、稽核部和文书处。

中国旅行社成立之后，随着业务范围的扩大和业务量的增长，其事业得到更大发展，该社曾在全国各大城市设立办事机构，还在新加坡、马尼拉、纽约、河内等外国城市设立办事机构。除了中国旅行社之外，还曾出现其他一些类似的旅游组织，如铁路游历经理处、公路旅游服务社等。这些旅行社承担了近代中国旅游活动的组织工作，促进了中国近代旅游业的发展。

阅读资料2-5

陈光甫（中国近代银行家、旅游业创始人）

图2-9 陈光甫

陈光甫（见图2-9），1881年生于江苏镇江，中国银行家、中国近代旅游业创始人，原名辉祖，后易名辉德，字光甫。他读私塾数年后，去一家报关行当学徒，刻苦学习英文，后考入汉口邮政局。22岁时，他随中国代表团参加美国国际博览会；会后留学美国，进入美国宾夕法尼亚大学商学院学习，1909年毕业后即回国。之后，他筹办南洋劝业会，初露才华，被江苏巡抚程德全任命为江苏银行总经理，但因改革主张不能实现，毅然辞职。1911年辛亥革命后，陈光甫任江苏省银行监督；1914年转任中国银行顾问；翌年6月创办上海商业储蓄银行，银行资本从最初的10万元发展到后来的500万元，分支机构遍布全国。由此，陈光甫担任上海银行公会会长，成为上海金融界的领袖。

20世纪20年代初期，中国的旅游业还处于空白阶段，当时旅游业务皆由外国在中国的金融机构包揽，如英国人经营的通济隆公司、美国的通运银行等皆设有旅行部，这些银行在上海、香港等地的分行，也设有旅行部，包办中外旅客一切旅行业务。这些旅行部还发行旅行支票，时人称之为“通天单”，当时政府对旅游业很不在意，更无人想到收回此项外溢权利。

1923年夏，颇负盛名的金融家陈光甫在香港拟往云南旅行考察，便到一外商经营的旅行社购买船票，见该社售票处的外籍职员与一女子交谈，陈静立良久也无人理睬，乃愤然而返，转往通运银行购票。途中他思潮起伏，遂毅然决定创办中国人的旅行社。1923年8月，陈光甫的上海商业储蓄银行设立“旅行部”。上海商业储蓄银行旅行部最初仅在上海代售沪宁、沪杭的火车票，后陆续与长江航运、南北海运及外国各轮船公司订立代办客票合同，不久便推广至京绥、京汉、津浦各铁路，并在各地分行添设了若干旅行社分社。1927年，陈光甫决定将旅行部从银行中分出来，独立挂牌注册，并易名为“中国旅行社”。至此，中国正式出现大型旅游事业，这是中国近代旅游企业化的标志。

资料来源：https://baike.baidu.com/.

二、我国现代旅游业的发展

中国的现代旅游是指1949年中华人民共和国成立以来的这一时期的旅游。纵观中华人民共和国成立70多年的发展经历，可得出：中国现代旅游业大体经历了以下5个阶段。

（一）开创阶段（1949—1955年）

这个时期，旅游发展受政治因素影响比较大，主要以政治性接待和公费参观学习为主，旅游事业并未列入国民经济和社会发展的计划中。当时我国旅游设施简陋，规模很小，结构单一，旅游业没有形成一个完整的产业，旅游接待多为单纯政治性接待，不计成本，不讲效益。1954年，我国成立了中国国际旅行社，负责接待外国自费旅游者，由国务院及地方政府的外事办公室领导。经过酝酿筹备，1954年4月15日，中华人民共和国第一家面向外国人的旅行社——中国国际旅行社在北京诞生，并在上海、天津、杭州、南京、哈尔滨等地成立了14家分社。当时，国际旅行社的性质为国有企业，主要任务是统一招待外宾食、住、行，并发售国际联运火车、飞机票。

（二）开拓阶段（1956—1966年）

从1956—1966年，是中国旅游业的开拓阶段。1964年7月22日，中国旅行游览事业管理局成立，它的成立标志着中国旅游事业从此有了专门的领导机构。这一时期，可分为三个阶段。

1. 1956—1960年

我国国际旅游和华侨、港、澳居民回内地旅游呈平缓上升趋势。1959年，国际旅行社共接待8172名国外旅游者，其中主要客源来自苏联和东欧各国。

2. 1961—1963年

1961—1963年，我国国民经济遇到严重困难，加上中苏关系的严重恶化等，这一时期是我国旅游业的低谷时期，旅游业发展受到重大影响。例如苏联及东欧一些国家来华的自费旅游者逐年下降。

3. 1964—1966年

周恩来总理访问亚非14国，中法建交，中国古巴通航等一系列外交成果的出现，为国际旅游的发展提供了新契机。1964年6月5日，国务院决定成立中国旅行游览事业管理局，经由全国人大常委会1964年7月22日正式批准，中国旅行游览事业管理局作为国务院的直属机构，负责全国旅游事务的管理。

中国旅行游览事业管理局成立后，国际旅行社总社以接待为主，中国旅行游览事业管理局则负责管理全国的旅游事业，制订发展规划、年度计划和进行统筹安排。从此，我国的旅游事业开始进入正常的发展轨道。1965年，我国接待了12 877名旅游者，开创了中华人民共和国成立以来的最高纪录。1964年8月，中国国际旅行社与日本富士国际旅行社签订协议书，接着又与日本旅行社、日本和平观光公司签订协议书。日本成为旅华第一客源国。

（三）停滞阶段（1967—1977年）

正当我国的旅游事业蓬勃发展之时，旅游业同国民经济其他事业一样，遭到了“文化大革命”的冲击，被迫坠入了停滞阶段，全国旅游业陷于瘫痪状态。1969年，华侨服务总社被迫取消。1971年2月，毛主席对我国的旅游接待工作做出重要批示，周总理亲自部署召开了旅游工作会议，在会上明确提出“旅游工作要宣传自己，了解别人”的方针。旅游工作开始逐步恢复，同年第26届联合国大会恢复了中国在联合国的合法权利。1972年，华侨旅行社总社工作得到恢复，中美、中日先后建交。1973年，我国的旅游接待人数达22 750人次。1974年1月3日，经国务院批准在北京成立中国旅行社总社，与华侨旅行社合署办公。1977年，我国的旅游接待人数已达55 856人次。这一系列重大事件的发生，为我国旅游业的复苏和发展提供了极为有利的条件。

（四）改革振兴阶段（1978—1990年）

1978年以后，随着国家开放政策的实施，旅游业在国民经济中的地位和作用得到应有的重视。在一系列正确的旅游方针政策指引下，通过不断改革，改变了我国旅游业长期以来基本属于外事接待的模式，旅游业作为一个综合性的经济事业的性质得到肯定，一种具有较强活力的新的发展模式逐步形成。1978年，经国务院批准，中国旅行游览事业管理局更名为“中国旅行游览事业管理总局”，各省、自治区、直辖市相应成立了各级旅游局，加强对旅游工作的领导。1981年初，成立了国务院旅游工作领导小组。同年10月10日，国务院发出《关于加强旅游工作的决定》，提出“积极发展，量力而行，稳步前进”的发展方针。1980年6月，中国青年旅行社成立，各地旅行社也迅速发展起来，随着我国旅游业不断与国际接轨，旅游市场的不断规范和完善，入境旅游者的人数逐年增加。据不完全统计，1978年入境游客达180.9万人，外汇收入达2.63亿美元。1980年，入境游客达570万人，外汇收入达6.17亿美元。1990年入境游客达2746万人，外汇收入达22.18亿美元。

（五）全面发展阶段（1991年至今）

1991年至今，是中国旅游产业大发展并成长为国民经济新的增长点的阶段。这段时期我国旅游发展的总体方针是“大力发展入境旅游、积极发展国内旅游、适度发展出境旅游”。随着我国旅游基础设施的逐步完善，我国旅游业发展开始腾飞。

1991年，“八五”计划正式将旅游业的性质定为产业。到1994年1月，全国共有各级各类旅行社2900多家。1999年，入境游客达7279.6万人，外汇收入达140.99亿美元。2000年开始，我国正式实行的节日集中休假方式，唤醒了国人的旅游意识，激发了人们的旅游消费热情，“旅游黄金周”应运而生。仅以“十一”黄金周为例，旅游人数就达5980万人次，实现旅游收入230亿。2001年12月11日，中国加入WTO更是为旅游业带来了新的机遇和挑战。2002年，我国颁布并开始实施《中国公民出境旅游管理办法》，这标志着我国旅游业进入了一个全面发展的新时期。出境旅游的发展是一个国家国民经济发达程度的象征，也是一个国家旅游业成熟的标志之一。截至2019年，与我国签订协议正式确定为中国公民出境旅游目的地的国家已有180个，国内旅游市场和出境旅游市场稳步增长。2019年全年国内旅游人数为60.06亿人次，比上年同期增长8.4%；全年实现旅游总收入6.63万亿元，同比增长11%。另外，中国公民出境旅游人数达到1.55亿人次，比上年同期增长3.3%。国际旅游收入1313亿美元，比上年同期增长3.3%。入境旅游人数1.45亿人次，比上年同期增长2.9%。入境外国游客人数中，亚洲占75.9%，欧洲占13.2%。

经过长期的发展，我国已经形成了较为庞大的旅游产业规模，接待游客数量及旅游收入一直保持持续增长，市场发展前景广阔。

阅读资料2-6

中国旅行游览事业管理局

中华人民共和国文化和旅游部的前身是1964年7月22日由第二届全国人大常委会批准成立的中国旅行游览事业管理局。中国旅行游览事业管理局直属国务院，一开始是与中国国际旅行社合署办公。

中国旅行游览事业管理局成立之初，主要任务是接待入境旅游者。鉴于旅游的独特作用，1969年国务院精简机构改革，国务院总理指示保留中国旅行游览事业管理局。

1978年以后，旅游业的地位开始显现，当年政府工作报告就提出“要大力开展旅游事业”；3月5日，中央批示明确将中国旅行游览事业管理局改为直属国务院的中国旅行游览事业管理总局，由外交部代管，同时要求各省（区、市）成立旅游局，还在国务院成立了旅游工作领导小组，旅游业开始进入新的阶段，各级旅游部门也因此进入一个发展期，大有“忽如一夜春风来，千树万树梨花开”的态势。

1981年10月17日，中国旅行游览事业管理总局不再由外交部代管，改由国务院直接领导。1982年8月23日又逢国务院直属机构改革，中国旅行游览事业管理总局更名为中华人民共和国国家旅游局，这个名字也一直使用了36年。

2018年3月，根据第十三届全国人民代表大会第一次会议批准的国务院机构改革方案，将国家旅游局的职责整合，组建中华人民共和国文化和旅游部，不再保留国家旅游局。

资料来源：https://www.sohu.com/.

三、我国现代旅游发展的前景

在供需双向互动的作用下，我国旅游业前景辉煌，具体表现在以下几方面。

（一）旅游市场潜力巨大

随着经济的发展，居民收入的提高，闲暇时间和可支配收入的增多，国内旅游需求将以较高的速度增长。我国是世界第一人口大国，有着世界上其他国家无法比拟的旅游客源市场。带薪休假等制度及优惠政策的实行无疑将我国公民的旅游潜力进一步激发出来。我国从1995年5月1日起实施每周5天工作制，1999年开始实施“五一”“十一”、春节七天假期，目前，中国法定假日增加为11天，居民闲暇时间越来越充足。同时，消费结构正从温饱型转向小康型，消费类型由生存型转向享受型和发展型。国际规定，当人均GDP达到800～1000美元时，旅游消费将呈现大众化、普遍化的态势，成为生活要素之一。2020年，我国全面建成小康社会，如按每人每年出游两次计算，届时的国内旅游人数可高达30亿人次。

（二）旅游资源得天独厚

中国是历史悠久的文明古国，地域辽阔，民族众多，漫长的历史和辽阔的疆域造就了无比丰厚的旅游资源。据有关资料统计，我国自然类和人文类的旅游资源类型的数目超过美国、西班牙、法国等旅游强国。据《中国旅游景区发展报告（2019—2020）便览》显示，我国共有景区12 402家，其中，5A级景区280家，4A级景区3720家，3A级景区数量最多，达到6198家；自然生态类景区数量最多，有4507家，其中地质地貌类景区达到了1741家；历史文化类景区数量位列第二，共计4123家。截至2021年7月，有56个项目被联合国教科文组织列入《世界遗产名录》，其中，世界文化遗产33处，世界自然遗产14处，世界文化和自然遗产4处，世界文化景观遗产5处。源远流长的历史使中国继承了一份十分宝贵的世界文化和自然遗产，也为我国旅游业的发展提供了得天独厚的条件和基础。

阅读资料2-7

2022年冬奥会助推黑龙江省冰雪旅游

据文化和旅游部相关调查数据显示，全国冰雪休闲旅游人数从2016—2017冰雪季的1.7亿人次增加到2020—2021冰雪季的2.54亿人次。同时，我国将冰雪经济与乡村振兴有效结合，如新疆阿勒泰地区以冰雪旅游重点景区为依托，打造阿勒泰市冰雪扶贫综合体，2个贫困县2020年3月摘帽，107个贫困村退出。河北崇礼借助冬奥契机，大力发展冰雪旅游产业，2019年5月彻底脱贫摘帽，冰雪装备产业实现创新发展。

资料来源：https://www.sohu.com/a/523439676_121119256.

（三）从旅游大国加快走向旅游强国

目前，中国已成为世界第一大出境旅游国、第一大国内旅游国、第三大入境旅游接待国。2019年，中国国内旅游人数60.01亿人次，同比增长8.4%，入出境旅游总人数3.0亿人次，同比增长3.1%；全年实现旅游总收入6.63万亿元，同比增长11%。旅游业对GDP的综合贡献为10.94万亿元，占GDP总量的11.05%。旅游直接就业2825万人，旅游直接和间接就业7987万人，占全国就业总人口的10.31%。

在经济规模上，中国已经是世界旅游大国，但还不是旅游强国。世界经济论坛《全球旅游业竞争力报告》显示，中国旅游业综合竞争力位居全球第17位，与美国、法国、西班牙等旅游强国相比仍有较大差距。此外，中国旅游业还存在国际吸引力不强、国际调配力不足、国际话语权不大，缺乏强大的国际旅游枢纽与世界著名旅游品牌，国际游客人均消费较低，旅游产品缺乏价格优势，旅游科技含量不足，环境污染与食品安全压力较大，旅游供需结构矛盾突出等问题。

全国旅游工作会议提出，2040年将中国建设成为世界旅游强国。“强”意味着旅游经济数量与质量的统一、产业规模与效益的统一。要成为旅游强国，首先要着力推进高质量发展，提高国际旅游吸引力；其次要抓住旅游贸易新机遇，加强国际旅游枢纽建设，提高国际旅游要素调配力，还要加大对外开放，积极参与国际旅游规则制定，提高中国旅游的国际话语权。

总之，我国现代旅游发展前景是美好的，但发展过程中依然存在问题，除了需要提高服务质量外，还应该加大宣传力度，塑造品牌形象，深入挖掘旅游景观自身特色。

阅读资料2-8

《“十四五”文化和旅游发展规划》专题研究

2021—2025年是我国国民经济和社会发展第十四个五年规划时期，“十四五”规划是开启全面建设社会主义现代化新征程的第一个五年规划，也是文化和旅游部组建以来的第一个五年规划，对我国文化和旅游业发展具有十分重要的意义。展望“十四五”时期，中国面临一系列新机遇、新挑战、新任务，文旅产业发展也相应面临着巨大的变革与机遇。

1. “十四五”时期文化旅游业发展面临着以下六大形势（见图2-10）

图2-10 “十四五”时期文化旅游业发展面临的六大形势

2. “十四五”文化旅游业发展趋势

结合“十三五”旅游业发展目标与趋势及当前国家发展战略，“十四五”期间旅游业呈现如下四大发展趋势（见图2-11）。

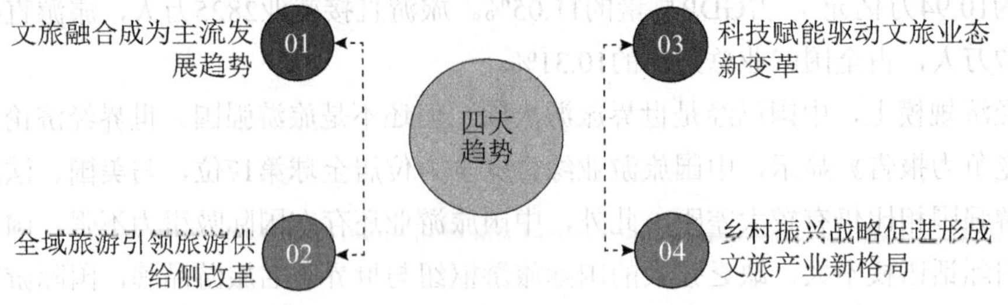

图2-11 “十四五”期间旅游业的四大发展趋势

3. “十四五”文化旅游业发展重点判断

文化旅游、数字文旅、乡村旅游和全域旅游四大领域是新时期旅游业发展的重点（见图2-12）。

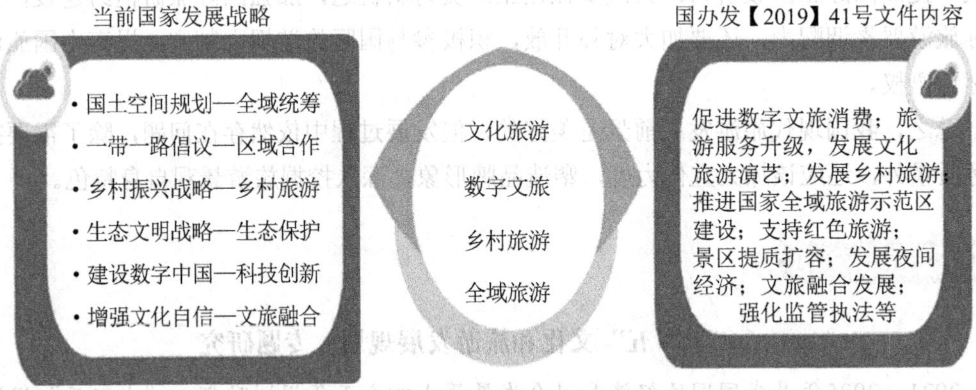

图2-12 新时期旅游业发展的重点

除四个旅游发展重点，“十四五”时期旅游业发展规划还将着力发展夜间旅游、红色旅游，重点在景区提质扩容、旅游服务升级、旅游环境优化、区域协作、市场监管强化等方面形成突破。

4. “十四五”文化旅游业发展规划创新

创新是新时代文旅融合高质量发展的重要保障，“十四五”文旅业规划创新主要有以下六种路径（见图2-13）。

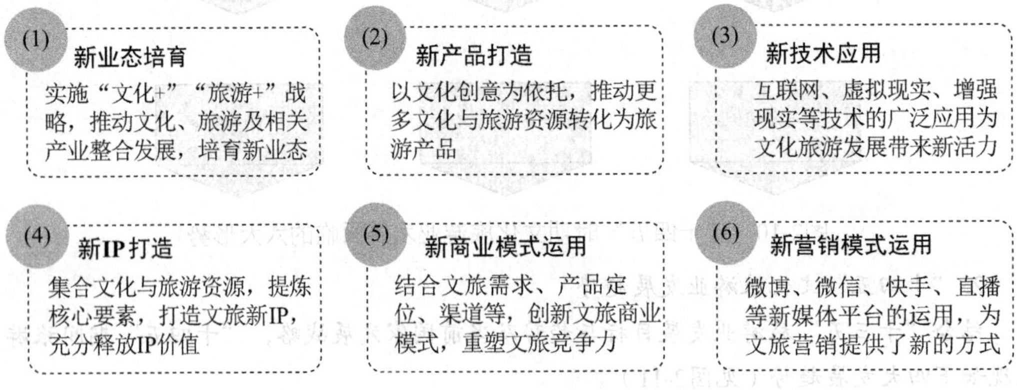
(1)
新业态培育
实施“文化+”“旅游+”战略，推动文化、旅游及相关产业整合发展，培育新业态
(2)
新产品打造
以文化创意为依托，推动更多文化与旅游资源转化为旅游产品
(3)
新技术应用
互联网、虚拟现实、增强现实等技术的广泛应用为文化旅游发展带来新活力
(4)
新IP打造
集合文化与旅游资源，提炼核心要素，打造文旅新IP，充分释放IP价值
(5)
新商业模式运用
结合文旅需求、产品定位、渠道等，创新文旅商业模式，重塑文旅竞争力
(6)
新营销模式运用
微博、微信、快手、直播等新媒体平台的运用，为文旅营销提供了新的方式

图2-13 “十四五”文旅业规划创新的六种路径

（1）旅游业态创新。围绕“吃、住、行、游、购、娱、厕、导、智”等九大基础要素，“商、养、学、福、情、奇、文、体、农”等九大发展要素，进行业态化创新，构建新业态模式，形成消费扩张新动能。

（2）旅游产品创新。旅游产品创新包括单一业态产品创新、旅游综合型产品创新、旅游线路产品创新等三个方面。单一业态产品创新是基于旅游“十八大要素”形成个性化、品质化的单一业态产品，如失重餐厅、树屋酒店、特色购物、低空飞行、生态厕所、AR导览、AI伴游、智能管理系统等。旅游综合型产品创新是指基于综合开发架构，实现集多种单一产品、服务功能于一体的旅游产品创新，包括景区、度假区、旅游综合体、特色小城镇、乡村旅游产品等的创新。旅游线路产品创新是指细分人群、创新主题等方式，实现满足旅游者个性化、多元化需求的独特线路组合产品创新。

（3）技术应用创新。在技术应用创新下，综合利用网络信息新技术、展陈与互动体验技术、资源与环境保护新技术、设计制造技术四大技术创新，推进文旅融合规划在产品设计、景区建设、服务提升、管理升级等方面的高品质发展。

（4）文旅IP创新。文旅IP创新的本质是文化提升。IP导入是推动旅游主导的幸福产业、文旅综合体、文旅目的地等开发建设及落地运营的重要抓手，是盘活其现有存量资产、促进其健康发展的重要手段。

（5）文旅商业模式创新。文旅商业模式的创新多种多样，主要表现为以下几个模式（见图2-14）。

图2-14　文旅商业模式的创新表现

（6）文旅营销创新。文旅营销创新表现为灵活运用新媒体营销方式，建立文旅融合全方位、多方面的整合营销系统，达到提升品牌影响力，增加旅游经济效益、社会效益的多重目的。

复习思考与练习题

一、判断题

1. 现代旅游是指第二次世界大战以后，特别是20世纪60年代以来迅速普及于世界各地的社会化大众旅游。（　　）

2. 新兴经济体对出境旅游需求产生了巨大的影响，其中，以“金砖五国”旅游业的发展最具代表性。“金砖五国”是指中国、巴西、印度、俄罗斯、南非。（　　）

3. 由于旅游需求的多样性、多变性等特点，未来旅游服务将通过人性化的服务来满足不同游客的需要，努力使所有的游客满意。（　　）

4. 1971年，毛主席亲自部署召开了旅游工作会议，在会上明确提出“旅游工作要宣传自己，了解别人”的方针。（　　）

5. 我国从1995年5月1日开始实施每周5天工作日，法定假日由7天假期增加为11天。（　　）

二、单选题

1. 乔治·斯蒂芬森曾被称为（　　）。

A. 旅游之父　B. 飞机之父　C. 铁路之父　D. 轮船之父

2. 世界上第一家旅行社诞生于（　　）年。

A. 1741　B. 1840　C. 1841　D. 1845

3. 1908年，被称为“饭店业开山鼻祖”的是（　　），在美国纽约的布法罗建造了世界上第一家商业饭店。

A. 托马斯·库克　B. 斯塔特勒　C. 希尔顿　D. 欧内斯特·亨德森

4. 1927年，中国当代最早的旅游组织——中国旅行社的创始人是（　　）。

A. 陈光甫　B. 黄光培　C. 柳亚子　D. 章士钊

5. 1954年4月15日，中华人民共和国第一家面向外国人的旅行社——（　　）在北京诞生。

A. 中国国际旅行社　B. 中国青年旅行社　C. 中国旅行社　D. 中国国外旅行社

三、多选题

1. 产业革命对旅游产生的重大影响是（　　）。

A. 加速了城市化进程，外出的人数增多

B. 生产效率提高，人们可以从繁忙紧张的劳动中解放出来

C. 阶级关系发生了变化，扩大了外出旅游队伍

D. 人们工作性质改变

E. 生活环境发生变化

2. 托马斯·库克的巨大贡献是（　　）。

A. 创办世界上第一家旅行社

B. 发明了旅行支票

C. 编发了《利物浦之行手册》

D. 组织不同国籍的9位旅行者参加222天第一次环球旅行

E. 成为世界上第一个旅游代理商

3. 现代旅游快速发展的原因，主要有（　　）。

A. 政治因素　B. 经济因素

C. 社会因素　D. 技术因素

E. 自然环境影响

4. 中国现代旅游业大体经历以下（　　）阶段。

A. 开创阶段　　B. 开拓阶段

C. 停滞阶段　　D. 改革振兴阶段

E. 全面发展阶段

5. 我国旅游发展的总体方针是（　　）。

A. 大力发展入境旅游　　B. 积极发展国内旅游

C. 适度发展出境旅游　　D. 努力发展出境旅游

E. 生活环境发生变化

四、简答题

1. 简述产业革命对近代旅游的影响。

2. 简述世界现代旅游的特点。

五、论述题

1. 为什么说托马斯·库克是旅行社的创始人？

2. 分析我国现代旅游迅猛发展的原因。

六、实训拓展

实训目的及要求：掌握旅游活动的发展史和相关知识，为更好地学习本门课程奠定坚实的基础。

1. 分小组讨论：近150年来世界旅游业发生了哪些变化？变化的原因又是什么？预测未来几年我国旅游业还会发生哪些变化。

2. 利用学到的相关知识，各小组派代表谈谈各自对世界旅游业发展的看法。

3. 结合当地实际，谈谈你对开发生态旅游的建议。

现代旅游知识篇

第三章 旅游者

知识目标

1. 了解有关旅游组织对旅游者的定义，明确我国对于旅游者的界定。
2. 掌握旅游者产生的主客观条件。
3. 了解旅游者类型的划分目的和方法，掌握不同类型旅游者需求的特点。

能力目标

1. 通过掌握我国对于旅游者的解释，能够准确地界定国内旅游者与国际旅游者。
2. 能够分析影响个人旅游需求的客观因素和主观因素。

素质目标

1. 培养学生作为一名旅游从业人员应具备的良好的行为习惯。
2. 使学生养成独立思考、分析和解决问题的能力。

案例导入

2022年3月5日，国务院总理李克强在人大政府工作报告中指出：我国如期打赢脱贫攻坚战，如期全面建成小康社会、实现第一个百年奋斗目标，开启全面建设社会主义现代化国家、向第二个百年奋斗目标进军新征程。全国经济保持恢复发展。国内生产总值达到114万亿元，增长8.1%。全国财政收入突破20万亿元，增长10.7%。城镇新增就业1269万人，城镇调查失业率平均为5.1%。居民消费价格上涨0.9%。国际收支基本平衡。人民生活水平稳步提高。居民人均可支配收入实际增长8.1%。脱贫攻坚成果得到巩固和拓展。基本养老、基本医疗、社会救助等保障力度加大。教育改革发展迈出新步伐。新开工改造城镇老旧小区5.6万个，惠及近千万家庭，这为人民群众成为旅游者创造了必备条件。

第一节 旅游者的概念

旅游是由人发动的一种行为或活动。因此，在研究旅游时最受人关注的莫过于作为旅游行为或活动主体——“旅游者”这个特殊的群体了。旅游者是旅游活动的主体，是旅游三大要素的基本要素，没有旅游者，旅游自然就无法实现。

谁是旅游者？旅游者是谁？哪些人可以作为旅游者进行统计？关于这些问题，目前国际上还没有形成完全统一的标准。各个国际组织、各个国家都会根据自身统计和研究工作的需要来制定不同的标准。

一、关于旅游者的定义

国际社会习惯上将旅游者是否跨越国界为标准，划分为国际旅游者和国内旅游者。对于国际旅游者的界定，业内已取得了较为统一的认识，但在国内旅游者的界定方面，还存在相当大的分歧。

（一）国际旅游者的定义

1. 国家联盟统计专家委员会的定义

在两次世界大战的间歇，世界国际旅游收入迅速增长，因此，在旅游收入的统计上迫切需要一个更准确的定义。1937年，国家联盟统计专家委员会（the Committee of statistical experts of the short-lived League of Nations）首次提出了国际旅游者的定义：国际旅游者是指离开其惯常居住地，到其他国家旅行24小时以上的人。同时，确认以下几种人是国际旅游者。

（1）为了消遣、家庭事务及身体健康而出国旅行的人。

（2）为了出席国际会议或作为公务代表而出国旅行的人。

（3）为工商业务原因而出国旅行的人。

（4）在海上巡游过程中停靠登岸访问的人员，包括停留时间不超过24小时的人。

该委员会还规定下列几种人不属于国际旅游者：

（1）到某国就业任职者（不管其是否签订合同）。

（2）到国外定居者。

（3）到国外学习且膳宿在校的学生。

（4）凡属边境地区居民及落户定居，而又越过边界去工作的人。

（5）临时过境而不停留的旅游者，即使其在该国境内的时间超过24小时。

显然，这个定义是一种操作性的技术定义，与今天的许多官方定义都有差别。

2. 国际官方旅游组织联盟的定义

1950年，世界旅游组织的前身国际官方旅游组织联盟（the International Union of Office Travel Organizations）对国际旅游者的定义进行了修正，具体如下所述。

（1）在国外学习且膳宿在校的学生同样被视为旅游者进行统计。

（2）到他国访问且停留时间不超过24小时的人员被视为国际短程旅游者。

（3）途经他国，但不作法律意义上停留的人员被视为过境旅游者。

3. 联合国有关机构的定义

1963年，联合国在罗马召开了由国际官方旅游组织联盟发起的国际旅行和旅游会议。会议提出了“游客”（visitor）的概念，并将游客定义为“除了为获得有报酬的职业以外，基于任何原因到其他一个不是自己常住国家访问的人员”。在此基础上，再根据游客在一个国家停留时间的长短对游客进行细分，具体可分为两类：一类是过夜游客（tourists），简称旅游者；另一类是一日游游客（visitors）。旅游者指在所访问的国家逗留时间超过24小时，且以休闲、商务、家务、使命或会议为目的的临时性游客；一日游游客指在所访问的目的地停留时间在24小时以内，且不过夜的临时性游客（包括海上巡游旅游者）。同时，联合国规定，游客的定义不包括那些在法律意义上并未进入所在国的过境旅客。1968年，联合国统计委员会正式通过罗马会议对旅游者下了定义。同年，国际官方旅游组织联盟通过了这一定义。1970年，欧洲经济与发展组织旅游委员会也通过了这一定义。

4. 世界旅游组织的定义

1975年，世界旅游组织成立。在1981年出版的《国内与国际旅游统计资料收集与提供方法手册》一书中，世界旅游组织使用排除法对国际游客的统计口径加以界定，并将界定后的统计口径向世界各国推荐。

1991年，世界旅游组织在加拿大举办的“旅游统计国际大会”上对国际旅游者的概念再次进行修订，并以《国际旅游统计大会建议书》的形式向联合国推荐，联合国统计委员会于1995年通过，之后，这一概念在全球推广使用。目前，大多数国家都接受1995年世界旅游组织和联合国统计委员会的定义，从而实现了国际游客相关概念的基本统一。

世界旅游组织对国际游客（international visitors）的定义是，一个人到其常住国以外的另一个国家旅行，停留时间不超过1年，主要目的不是从访问国获取经济利益。按世界旅游组织的定义，国际游客不包括下列人员：试图进入目的地国移民或在该国谋生的人；以外交官身份或军事人员身份进行该国访问的人；任何上述人员的随从人员；避难者、流浪者或边境上的工作人员；逗留时间超过1年的人。

下列人员可以算为国际游客：其目的是娱乐、医疗、宗教仪式、体育活动、家庭事务、会务、学习或过境进入他国的人；中途停留在该国的外国轮船或飞机的乘务人员；停留时间不足1年的外国商业或公务旅行者，包括为安装机械设备而到达的技术人员；国际团体雇佣的工作时间不超过1年的雇员或回国进行短暂访问的侨民。

国际游客又可分为国际旅游者（international tourist）和短途国际旅游者（international excursionists）。国际旅游者指在目的地国的住宿设施中至少度过一夜的游客；短途国际旅游者指不在目的地国住宿设施中过夜的游客，其中包括乘坐游船的乘客，这些乘客可能在停靠的港口地区进行多日访问，但每天回到船上住宿。短途国际旅游者不包括正在过境途中的乘客，如降落于某个国家但未在法律意义上正式进入该国的航空班机过境乘客。

（二）国内旅游者的定义

对于国内旅游者的界定，目前尚未形成统一标准。在众多不同的国内旅游者定义中，以下面几种类型为代表。

1. 世界旅游组织对于国内旅游者的定义

与对国际游客所做的划分类似，国内游客也被区分为国内过夜游客和国内一日游游客。国内过夜游客指在本国某一目的地至少逗留一夜，最长不超过1年，且以休闲、商务、家务、使命或会议为目的的人。国内一日游游客指在目的地逗留不足24小时且不过夜，以休闲、商务、家务、使命或会议为目的的人。

但这一定义在各国进行国内旅游统计时并未被完全接受，各个国家都在世界旅游组织定义的基础上，根据本国国情对国内旅游者的范围进行了不同的界定。

2. 北美国家对于国内旅游者的定义

北美的加拿大和美国是以出行距离为标准来界定国内旅游者的。例如，美国国家旅游资源评审委员会对国内旅游者的定义是，为了出差、消遣、个人事务或出于工作上下班之外的其他任何原因而离家外出旅行单程至少50英里（约80千米）的人，而不论其在外过夜还是当日返回。加拿大政府部门对国内旅游者的定义是，离开其所居住地边界至少50英里的地方旅行的人。这些定义都不问逗留时间的长短。

3. 欧洲国家对于国内旅游者的定义

与北美国家的风格不同，以英国和法国为代表的欧洲国家则以是否在外过夜为标准来界定国内旅游者。例如，英国旅游局对国内旅游者的定义是，基于上下班以外的任何原因，离开居住地外出旅行过夜至少一次的人。法国旅游总署对于国内旅游者的定义是，凡基于消遣、健康、出差或参加各种形式的会议、商务旅行、改变课堂教学的修学旅行等原因离开自己的主要居所，外出旅行超过24小时，但不超过4个月的人，均可视为国内旅游者。

从上述各国对国内旅游者的定义可以看出，各国在进行国内旅游者人数统计时，所采用的方法并不完全统一。

二、我国关于旅游者的解释

20世纪70年代末，随着我国改革开放的深入，海外旅游者人数剧增，为了更好地了解旅游业的发展状况，进一步做好旅游接待工作，国家统计局开始对来华旅游者进行统计，并对相关概念做出解释。

（一）我国关于国际旅游者的解释

根据我国国家统计局的规定，凡是来中国参观、旅行、探亲、访友、休养、考察或从事贸易、业务、体育、宗教活动以及参加会议等的外国人、华侨和港澳台同胞均列入国际旅游者的统计范围。其中，外国人指非我国国籍的人，包括加入外籍的中国血统华人；华侨是指持有中国护照，但侨居外国的中国公民；港澳台同胞指居住在我国香港特别行政区、澳门特别行政区和台湾地区的中国同胞。同时规定，游客是指出于上述目的离开常住国到我国内地连续停留时间不超过12个月，并且主要目的不是通过所从事的活动获取报酬的人。其中，常住国指一个人在1年的大部分时间内所居住的国家或地区，或虽然在这个国家或地区只居住了较短的时间，但在12个月内仍将返回的这个国家或地区。

国际游客包括国际过夜游客和国际一日游游客。国际过夜游客指在我国住宿设施内至少停留一夜的外国人、华侨和港澳台同胞。国际一日游游客指未在我国旅游住宿设施内过夜的外国人、华侨和港澳台同胞。入境一日游游客应包括乘坐游船、游艇、火车、汽车来华旅游，在车（船）上过夜的游客和机、车、船上的乘务人员，但不包括在境外居住而在境内工作，当天往返的港澳台同胞及周边国家的边民。

此外，我国国家统计局还规定，以下八类人员不属于我国的国际旅游者：应邀来华进行访问，由政府部长以上的官员率领的党政、议会、军队代表团成员；外国驻华使领馆官员、外交人员以及随行的家庭服务人员和受赡养者；在我国驻期已达1年以上的外国专家、留学生、记者、商务机构人员等；乘坐国际航班过境不需要通过护照检查进入我国口岸的中转旅客、机组人员，在口岸逗留不过夜的铁路员工和船舶驾驶人员及其他人员；来往边境地区的边民；回国内定居的华侨以及我国港澳台同胞；已在我国定居的外国人和原已出境又返回我国定居的外国华侨；已归国的我国出国人员。

从国家统计局对我国国际旅游者的解释来看，来访者是否可以列为国际旅游者，主要是以其定居地和来访目的为标准来界定的，这与世界旅游组织对国际旅游者的定义内容还是基本相符的。

（二）我国关于国内旅游者的解释

国家统计局对国内旅游者的概念做如下界定：国内游客是指为了观光游览、休闲度假、探亲访友、就医疗养、购物、参加会议或从事经济、文化、体育、宗教活动而离开其常住地到我国境内其他地方访问，连续停留时间不超过6个月，并且其出游目的不是通过所从事的活动谋取报酬的人。国内游客应包括在我国境内常住1年以上的外国人、华侨以及港澳台同胞，但不应该包括以下人员：到各地巡视工作的部级以上领导；驻外地办事机构的临时工作人员；调遣的武装人员；到外地学习的学生；到基层锻炼的干部；到境内其他地区定居的人员；无固定居住地的无业游民。

与国际旅游者相类似，国内游客同样可分为国内过夜游客和国内一日游游客两大类。国内过夜游客，是指国内居民离开惯常居住地，在境内其他地方的旅游住宿设施内至少停留一夜，最长不超过12个月的国内游客。国内一日游游客，是指国内居民离开其常住地10千米以外，出游时间超过6个小时不足24个小时，并未在我国境内其他地方的旅游住宿设施过夜的国内游客。

我国国家统计局对我国国内旅游者的解释，与世界旅游组织的定义内容基本相符。

第二节　旅游者产生的条件

旅游是人们一种有目的、有意识的审美体验活动，旅游需求能否产生，旅游活动能否实现，会受到诸多因素的影响，既有收入水平、闲暇时间等社会、经济因素的影响，也有旅游动机等个人心理因素的影响。只有当这些必要的客观条件和主观条件都成熟和具备了，潜在的旅游者才能转变为现实的旅游者。

一、旅游者产生的客观条件

旅游者产生的客观条件涉及收入水平、闲暇时间、交通运输、政治因素、自然环境、身体状况、家庭结构等多方面因素。这些因素互相交融，共同影响着人们的旅游决策。其中，收入水平和闲暇时间是实现旅游活动的两个重要决定因素。

（一）收入水平

旅游活动并非必需品，它是一种消费行为，需要有一定的经济收入作为基础，否则这个消费过程就无法实现。因此，从一定意义上说，较高的社会经济发展水平和个人（家庭）收入是旅游者产生的先决条件。旅游者的发展历程也证明这一点，第二次世界大战后，国际大众旅游的兴起是同世界经济的稳定发展分不开的，社会经济发展与繁荣必然引起个人及家庭收入的提高。

一些经验统计表明，当一个国家的人均GDP达到800～1000美元时，国民将普遍产生国内旅游的动机；达到4000～10 000美元时，将产生出国旅游的动机；超过10 000美元时，则会普遍产生全球旅游的动机。20世纪80年代中期，随着居民收入的逐步增加，我国的国内旅游开始起步，20世纪90年代开始高速发展，2000年以后，我国出境旅游市场开始迅速成长。2019年，国内旅游人数达到60.06亿人次，入境旅游人数达1.45亿人次，出境旅游人数达1.55亿人次，全年旅游总收入6.63万亿元。如今，出境旅游对于国人来说已经不再是高消费的活动了。

一个人的收入水平，或者确切地说是其家庭收入水平和富裕程度，与人们外出旅游活动有着直接的关系，但一个人的全部收入并不是都用于旅游活动，因而，真正决定旅游动机能否转化为旅游行为的，是每个人的可自由支配收入。所谓可自由支配收入是指在一定时期（通常1年）内的全部收入扣除纳税、社会消费、日常消费必须开支部分以及为预防意外进行适当储蓄后的剩余部分。许多相关研究表明，当一个家庭的收入不足以购买基本生活必需品时，很少会外出旅游，然而一旦这个家庭的收入水平超过这一临界点，用于旅游的消费便会迅速增加，且增加比例会超过收入的增长速度。美国人口统计局、美国旅游资料中心以及许多市场调查研究公司的调查结果表明，人们外出旅游与家庭收入水平有着直接的关系。在美国，年收入在15 000美元以上的家庭外出旅游的可能性比年收入低于这一水平的家庭大2倍；年收入在25 000美元以上的家庭外出旅游者更多，相当于年收入在5000美元以下家庭外出旅游数量的5倍。

收入的多少不仅影响着人们的旅游消费水平，还会影响人们的旅游消费结构。所谓旅游消费结构是指旅游者在旅游过程中所消费的各种类型消费资料（物质产品、精神产品及服务）的比例关系。旅游消费结构按其不同的用途，可分为“食、住、行、游、购、娱”6个方面。其中，饮食支出、住宿支出、交通支出、游览支出等，是进行一次旅游活动所必需而又基本稳定的消费，被称为基本旅游消费；而旅游购物支出、娱乐休闲支出、邮电通信消费等，并非每次旅游活动都需要且具有较大弹性的消费，被称为非基本旅游消费。一般而言，收入水平越高的旅游者，非基本旅游消费支出的比重越大，基本旅游消费支出的比重就越小。原因就在于，基本旅游消费作为旅游过程中不可或缺的消费，缩减的可能性较小，而非基本旅游消费的弹性相对较大，因而在这方面节省开支就容易得多。

此外，收入水平同样也会影响旅游者对目的地和旅游方式的选择。收入水平较高的家庭，在旅游目的地和旅游方式等方面有更大的选择余地，他们可以随意挑选世界上的任一国家和地区作为他们的旅游目的地，快捷舒适的飞机可作为他们的旅游交通方式，富丽堂皇的高级酒店可作为他们的住宿设施，而丝毫不必考虑这些花费会不会对其家庭的其他消费行为产生不利影响；而收入水平较低的家庭在这方面所受的限制就相对较大。

由此可见，收入水平对旅游者的产生起到了决定性的作用，但这也并非意味着收入水平高的人就一定会成为旅游者。旅游是一种异地性、暂时性的生活方式，与普通产品的消费不同的是，发生空间转移的不是旅游产品，而是购买旅游产品的主体——旅游者。因而，在达到一定收入水平的基础上，闲暇时间又成为旅游者产生的必要条件。

阅读资料3-1

数据显示，2019年有1651万德国人偏爱休闲旅游，达到自2015年以来的历史新高。从2015年的1535万人到2019年的1651万人，以2017年为界，德国人偏爱休闲旅游的游客数量经历了阶段性增长，2017年之前增长较快，而2017年以后增长趋于平缓。

更有趣的是，在休闲旅游方面预算最多的居然是50～59岁的年长者，他们把放松身心当作旅行安排的主要活动。他们避开“扎堆”景点，到有草原、高山、河流及湖泊的大自然中静静地“泡”上几天，没有固定的观光项目，没有满满的行程表，追求的是心灵上的彻底放松。

资料来源：https://www.iimedia.cn/c1061/71654.html.

（二）闲暇时间

通常，人生的时间由三部分组成，分别是工作时间、生活时间和闲暇时间。工作时间是指人们为了维持个人和家庭生存而必须用来完成其所负担工作的时间；生活时间是指人们为了满足日常的生理需要和处理日常事务所需花费的时间；闲暇时间则是指人们在工作时间和生活之间之外的，可以自由支配的，用来从事娱乐、消遣、社交或其他自己所感兴趣事情的时间。对于闲暇时间，人们可以根据自己的意愿，随意地加以安排，因而其又被称为自由支配时间。

然而，闲暇时间也并非都能用来从事旅游活动。闲暇时间的分布有以下4种情况。

1. 每日闲暇

每日闲暇即每日扣除必要的工作和生活时间之后剩余的闲暇时间。这部分闲暇时间较为零星分散，不可能用于从事旅游活动，可用于娱乐和休息。

2. 每周闲暇

每周闲暇主要是指周末公休时间。目前，世界上绝大多数国家都已经实施了5天工作制，因而一般周末公休时间均为2天。我国从1995年5月1日起也实行了5天工作制，到2022年已经实行27年了，全年累计周末公休日达104天。而美国犹他州从2008年8月起，更是率先实行了4天工作制，这也就意味着当地人们闲暇时间进一步增加。周末短途旅游已成为人们逃离都市、放松心情的绝佳方式。

3. 公共假日

公共假日即人们通常所说的法定节假日。世界各国都会根据本国的各种民族传统节日确定本国的公共假日。尤其是近年来，随着劳动生产率的提高，各种公共假日的数量都在不断增加。我国的公共假日也从最早的7天，发展到2000年的10天，2008年，国家再一次对法定假日的时间安排进行了调整，总天数增加到11天（包括春节3天，国庆3天，元旦、清明、五一、端午、中秋节各一天），并允许周末上移下错，与法定节假日形成连休。连续3～7天的公共假日，为中短途旅游提供了充足的时间。

4. 带薪假期

产业革命以来，经过工人阶级百余年的艰苦斗争，大多数经济发达国家都以法律的形式规定了带薪假期制度。在芬兰，工薪阶层有6周的法定带薪假期，芬兰政府还要求雇主向休假的人提供额外的津贴，以保证他们有足够的钱外出旅行或消费，而不是只能在家中枯坐度过假期；在加拿大，劳动法规定，雇主每年必须给雇员提供带薪假期，随着工作年限的增长，假期要延长，一般短则两周，长则一个月，这是员工福利的一部分；在德国，法律规定每人每年享有30～40天的带薪假期，人们可以根据自己的实际情况分拆安排休假日期，但至少有一次休假必须达到12天，德国政府积极鼓励员工休假，对不休假的个人不给予任何经济补偿。相对于其他几种闲暇时间，带薪假期时间较长，从而成为人们进行长途旅游的最佳时机。

阅读资料3-2

世界上节假日最多的国家

世界上节假日最多的国家是法国。法国是欧洲一个高度发达的资本主义国家，国民生活安乐富足，社会福利体系也十分完善。据了解，法国同中国一样，全年也是只有11个法定节假日，那么为什么法国每年几乎可以放假一半的时间呢？

原来，法国休假遵循一个叫作“搭桥”的规则，如果周四是法定节假日，那么你完全可以将周五“搭”进来，成为法定节假日和周末的“桥”，连起来可以放一个小长假。这样一来，11个法定节假日可不止放11天假。

另外，每个法国人只要在一家企业工作满一个月，那他每年都可以享受一定时间的带薪休假，不过休假时长要依据员工的实际工作时间来定。如果一个人工作满一年，那么这个人一年内就能享受30天带薪休假的时长！这个只是年假而已，法国劳动法还规定，如果工作合同要求的工作时间每周多于35小时，就需要每年在其他时间多休几天假期。

所以，除了11个法定节假日之外，法国人还有30天的带薪年假，再加上固定双休日等休假的天数，法国人一年365天约有一半的时间不用工作。这么长的休假时间随时都能来一次说走就走的旅行，属实让人羡慕。

资料来源：https://baijiahao.baidu.com/.

《中华人民共和国劳动法》第45条规定：“国家实行带薪休假制度。”国务院颁布的《职工带薪年休假条例》（国务院令第514号）明确规定：“机关、团体、企业、事业单位、民办非企业单位、有雇工的个体工商户等单位的职工连续工作1年以上的，享受带薪年假（以下简称年休假）。单位应当保证职工享受年休假。职工在年休假期间享受与正常工作期间相同的工资收入。”“职工累计工作已满1年不满10年的，年休假5天；已满10年不满20年的，年休假10天；已满20年的，年休假15天。国家法定休假日、休息日不计入年休假的假期。”

由此可见，数量充足、分布集中的闲暇时间是旅游者产生的必要条件。

（三）其他客观原因

除了受收入水平和闲暇时间这两个主要因素影响外，旅游者的旅游决策还会受到其他诸多客观因素的影响。

1. 旅游目的地的政治、社会环境和自然因素变化

在旅游者选择旅游目的地的过程中，政治、社会环境是其必须要考虑的重要因素。只有一个和平稳定而又安全的目的地才可能成为旅游者的选择。由于政治、社会环境的不稳定，对旅游者的决策产生影响的实例屡见不鲜，如尼泊尔因政局不稳，造成近年来旅游人数持续下滑。

自然因素变化对旅游人数的影响同样不容忽视。2008年5月12日的四川汶川大地震，不仅对交通、电力、通信等旅游支撑条件造成重大破坏，还直接损毁了不少旅游设施和旅游景观。据四川省旅游局初步估算，全省旅游业直接损失超过500亿元，尽管地震不会改变我国旅游业的整体发展趋势，但其对四川省旅游业短期内的影响还是比较大的。与2008年汶川地震相比，新型冠状病毒肺炎对我国旅游业的影响程度更甚。新冠疫情全面升级后，文化和旅游部接连发文，暂停全国旅行社及在线旅游企业经营团队旅游及“机票+酒店”产品业务，同时各地方文旅主管部门也积极部署防控工作。以2019年春节期间旅游收入规模推算，2020年因疫情给旅游业带来的收入损失预计超过5000亿元，相当于一季度国内生产总值2%左右。

2. 旅游者身体条件和家庭人口结构

旅游虽然是一项有益于身心健康的活动，但由于个人身体健康状况的不同，也并非所有的人都适合参与各种旅游活动。究其原因，主要还是身体条件的限定，儿童和老人因体力达不到外出旅游的要求，而不得不放弃对旅游活动的参与。当然，近年来，随着人们生活水平的普遍提高和医疗保健技术的不断进步，老年人身体状况有了大幅度的改善，再加上旅游企业普遍看好“夕阳红市场”，纷纷推出了针对老年人身体条件特点的专项旅游产品，从而使老年旅游市场所占份额呈现日益增加的趋势。原国家旅游局统计资料显示，2019年中国入境外国游客人数中按年龄分，14岁以下人数占3.8%，15～24岁占13.9%，25～44岁占49.3%，45～64岁占28.1%，65岁以上占4.9%；按性别分，男性占58.7%，女性占41.3%。如图3-1所示。

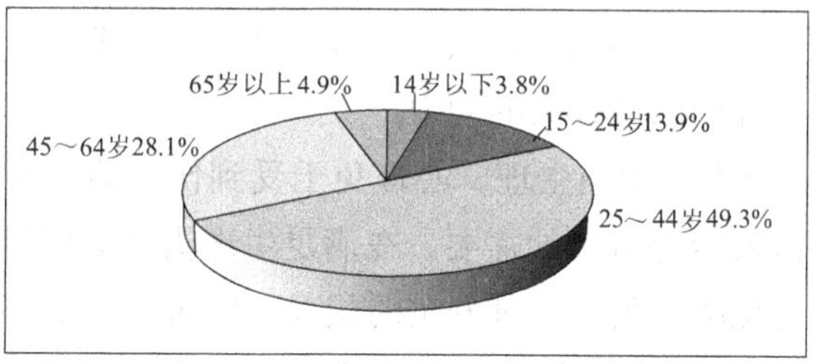

图3-1 2019年入境外国游客年龄占比

综上所述，这些原因从某种意义上来说构成了影响旅游者产生的客观因素，它们相互联系，相互作用，缺一不可。

二、旅游者产生的主观条件

我们在讨论影响旅游者的客观因素时，实际上存在一个潜在的前提，即假定一个人有意参加旅游。如果我们抛开这个前提，那么即便一个人同时具备了前述各项客观条件，也未必会成为一个旅游者。换言之，一个人能否成为旅游者，除了要受前述客观因素的影响外，还要由其主观因素所决定。这里所说的主观因素便是旅游动机。

（一）旅游需要与旅游动机

当一个人缺乏某种东西的时候，会感到身心紧张不安，从而产生对这种东西的需要，而需要一旦出现，也就会使人产生欲望和驱动力，以消除这种紧张不安的状态，这种驱动力就是动机。动机是推动人们从事某种活动的内在动力，导致行为的产生。动机是为了实现需要而产生的，这就决定了有什么样的需要，就有什么样的动机。

那么，什么样的需要使人产生了旅游动机呢？要回答这个问题，首先必须了解人类的需要究竟有哪些。对于需要的分类，现在普遍接受的是美国行为科学家亚伯拉罕·马斯洛的需要层次理论。马斯洛认为人的需要包括5个层次，如图3-2所示。

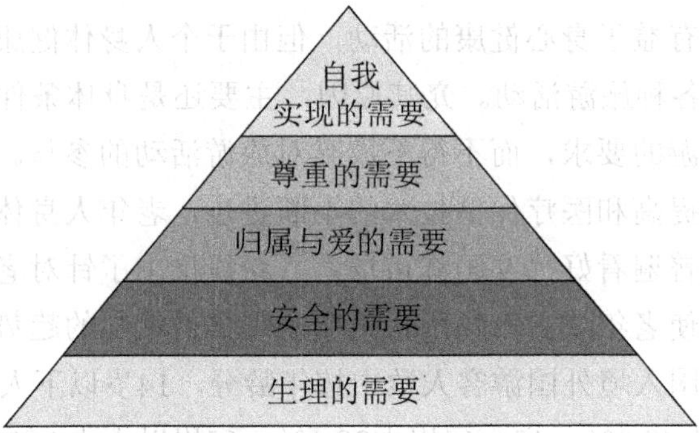

图3-2　马斯洛的需要层次

（1）生理需要。生理需要指维持人类自身生命的基本需要，包括食物、水、住所和睡眠以及其他方面的需要。马斯洛认为，人的生理需要是最重要的，人首先要满足这一需要，生理需要是推动人们行动的最强大的动力。

（2）安全需要。安全需要指使生理、心理免于受到伤害的需要，包括心理安全、劳动安全、职业安全、经济安全等方面的需要。在满足生理需要的同时，人们希望自身能够不受到伤害，生活能够有保障，处于一种安全的状况，即满足安全需要。

（3）社交需要。社交需要指与他人建立情感联系的需要，包括友情、爱情、归属感等方面的需要。旅游本身就是一种广泛的积极健康的社会交往形式，具有社会性。

（4）尊重需要。尊重需要指对成就的自我感觉和受到他人尊重的需要，包括自尊、受他人尊敬、赏识、赞美以及获得地位和声望的需要。

（5）自我实现需要。自我实现需要指个人的成长与发展、发挥自身潜能、实现理想的需要。

需要的这5个层次，是由低到高，逐级形成并逐级得以满足的。其中，生理需要和安全需要属于人类最基本的物质方面的需要，是较低级的需要；而社交需要、尊重需要和自我实现需要属于人类精神方面的需要，是较高级的需要。旅游作为一种愉悦身心、体现地位、增加阅历的精神文化消费活动，其动机的产生必然是建立在基本物质需要得以满足的基础上的。因而，旅游动机的产生是与马斯洛需要层次论中的后三个层次的需要，即社交需要、尊重需要和自我实现需要密切相关的。

（二）旅游动机的类型

随着旅游活动的日益普及，越来越多的人加入旅游活动的行列，旅游者的构成呈现多样化的趋势。不同国家、不同民族、不同年龄、不同性别、不同职业、不同受教育程度的人，其需要必然各不相同，从而导致人们的出游动机也是多种多样的。为了更好地对旅游者的动机进行研究，各国学者尝试着对旅游动机进行合理的分类，其中比较有代表性的有以下几位学者的分类方式。

1. 德国学者格里克斯曼

德国学者格里克斯曼是最早尝试对旅游动机进行分类的学者。他在1935年出版的《一般旅游论》一书中，将旅游行为的动机分为四大类型，分别为心理动机、精神动机、身体动机和经济动机。

2. 日本学者田中喜一

日本学者田中喜一在1950年出版的《旅游事业论》一书中，对格里克斯曼所提出的四类旅游动机进行了细分。

（1）心理动机包括思乡心、交际心、信仰心。

（2）精神动机包括知识的需要、见闻的需要、欢乐的需要。

（3）身体动机包括治疗的需要、保养的需要、运动的需要。

（4）经济动机包括购物的需要、商业的需要。

3. 美国学者罗伯特·W. 麦金托

美国学者罗伯特·W. 麦金托把旅游动机分为4类。

（1）身体方面的动机，包括休息、运动、消遣、娱乐及其他与身体健康直接相关的动机。这类动机有一个共同的目标，即通过身体的活动来消除紧张和疲劳。

（2）文化方面的动机，包括了解和欣赏异国他乡的文化、艺术、风俗、语言和宗教等动机。这类动机主要和人们求知的欲望相关。

（3）交际方面的动机，包括接触其他民族、探亲访友、结交新朋友以及摆脱日常事务、摆脱家庭和邻居等动机。这类动机主要和人们意图缓解压力的欲望相关。

（4）地位和声望方面的动机，包括事务旅游、会议旅游、考察旅游、实现个人兴趣爱好的旅游和求学旅游。这类动机与人们自尊和受尊重的愿望相关。

4. 澳大利亚学者波乃克

澳大利亚学者波乃克把旅游动机分为以下6种。

（1）休养动机，包括异地疗养等。

（2）文化动机，包括修学旅行、参观、参加宗教活动等。

（3）体育动机，包括观摩比赛、参加运动会等。

（4）社会动机，包括蜜月旅行、亲友旅行等。

（5）政治动机，包括政治性庆典活动的观瞻等。

（6）经济动机，包括参加订货会、展销会、博览会等。

由于各个学者所采用的分类标准以及观察问题的角度不同，他们对旅游动机分类也是各不相同的。对于旅游者来说，他们的旅游决策，并非仅仅由某个单一的动机所引发，而往往是多种动机综合作用的结果。例如，去承德避暑山庄的旅游者，既是为了避暑，也是为了欣赏那里的美景，还可能是为了了解其历史文化知识。因此，只有深入研究旅游者的各类动机，了解旅游者的各种需求，才能开发旅游者真正需要的旅游产品，提供旅游者真正需要的服务。

三、影响旅游动机形成的因素

人的行为都是出于某种需要的满足和某种动机的驱使，但同样的需要也可能导致不同的行为。这是因为动机的产生不仅取决于需要，还会受到其他多种因素影响。

（一）个性心理特征

所谓个性心理特征，就是个体在其心理活动中经常地、稳定地表现出来的特征，主要体现在人的气质、性格和能力这三个方面。气质是人典型的、稳定的心理特征，也就是平常所说的心情或脾性，有人做事快速灵活，而有人做事迟缓稳重，这就是气质不同引起的。性格是指人在现实的态度和行为方式中，比较稳定的、独特的心理特征，有人内向，有人外向；有人活泼开朗，有人沉默寡言，这些都是人的性格特征。而能力是成功地完成某种活动的个性心理特征，如音乐的才能、绘画的才能以及语言的才能等，都是一个人能够顺利完成某种活动的心理前提。

不同的个性心理特征对旅游动机的形成必然会产生不同的影响，许多学者开始关注两者关系的研究。其中，美国的心理学家斯坦利·帕洛格的研究是最具代表性的。帕洛格对数千名美国人进行了调查，并根据调查结果将人的心理特征分为5种类型（如图3-3所示）：自我中心型、近自我中心型、中间型、近多中心型和多中心型。

自我中心型和多中心型代表处于两端的两种对立的性格。心理类型属于自我中心型的人，其特点是谨小慎微，多忧多虑，不爱冒险。这类心理特征的人最强烈的旅游动机是休息与放松。在行为表现上，这一类型的人喜安逸，好轻松，活动量小，喜欢熟悉的气氛和活动，因此，在旅游活动中，他们表现为倾向于选择那些距离比较近，特别是自己熟悉或旅游发展成熟的旅游目的地，选择那些传统的旅游热点地区，并且要求旅游的整个过程安排得井井有条，一切活动都要事先估计得到，这些人一般适合团体旅游的方式，旅游的习惯做法是乘车到他所熟悉的旅游目的地。处于另一端的属多中心型心理类型的人，其特点是性格开朗，兴趣广泛多变。行为表现上为喜新奇，好冒险，活动量大，不愿从众，喜欢与不同文化背景的人相处，喜欢到偏僻的、不为人知的旅游目的地体验全新的经历。虽然这类人也需要旅游企业为他们提供某些基本的旅游服务，如交通和住宿，但是更乐于接受有较大的自主性和灵活性的服务和产品，有些人甚至会尽量不使用或少使用旅游企业的服务和产品。除了这两个极端类型外，中间型属于表现特点不明显的混合型。近自我中心型和近多中心型则分别属于两个极端类型向中间型过渡的类型。

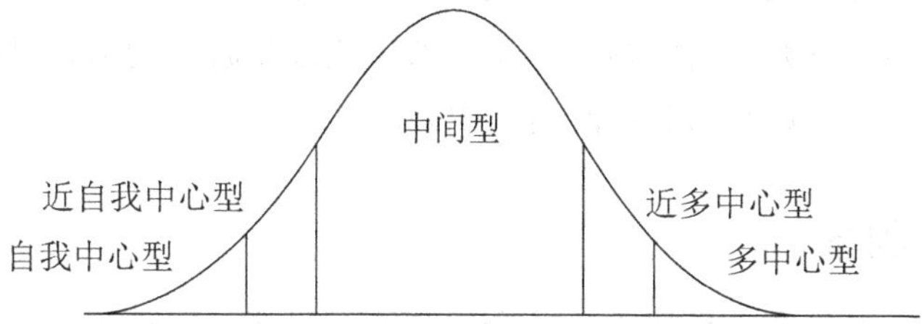

图3-3 斯坦利·帕洛格的5种类型个性心理特征

帕洛格还发现，不同心理类型的旅游者，在旅游活动中扮演的角色也不同。多中心型心理类型的人往往是新旅游者和开拓者，是旅游者大军的先行者和“侦察兵”。其他心理类型的旅游者随后陆续跟进，自我中心型的人也会在很长时间后到追求新奇的多中心型的人曾经到过的地方旅游。因为在这一过程中，该地渐成旅游热点。此时，多中心型的旅游者也逐渐失去对该地的兴趣，而转向其他地区。

（二）个人自身条件

旅游动机的形成除了受到个性心理特征的影响外，还会受到性别、年龄以及文化程度等个人自身条件的影响。

1. 性别

男女两性由于各自生理上的不同特点以及在家庭和社会中的不同地位和分工，造成他们在旅游动机上有很大的差别。女性旅游者的出行主要出于文化动机、购物动机、浪漫动机等；而男性旅游者的出行动机更多地与体育锻炼、探险、度假等有关。一项对英国游客所做的抽样调查发现，82%的男性更倾向于休养、日光浴和参观旅游设施；而58%的女性展现了更活跃的行为，如参与历史和文化的体验性活动、徒步和购物游。

2. 年龄

由于不同年龄的人所处的家庭生活周期的阶段不同，他们的旅游动机各不相同。在已婚无子女阶段，由于没有子女的拖累，年轻夫妇的旅游欲望都很强烈。但新的家庭刚刚成立，经济基础相对薄弱，所以他们的旅游消费层次是比较低的。到了已婚有子女阶段，旅游的动机受到了压制，外出旅游的概率大大降低，即使是偶尔进行的旅游活动，也更多是以孩子为中心来选择旅游产品和服务。在中年阶段，尤其是子女已长大离家，处于空巢期的夫妇，身体条件良好，经济较为宽裕，因而旅游的动机都很强烈，旅游消费层次也比较高。在老年阶段，老年人的时间充裕，经济条件较好，只要身体条件允许，他们出游的概率也很大。

3. 文化程度

文化程度越高的人，其旅游的动机就越强烈。他们所掌握的知识使他们对目的地有更多的了解，能更容易适应当地环境，从而克服对陌生地区的心理恐惧。同时，他们的求知欲望更强烈，对外面世界充满着憧憬与期待，希望通过旅游活动增长见识、开阔眼界。因而，文化程度高的人更愿意参与到旅游活动中来。

（三）社会因素

每一个人都生活在社会大环境中，社会的政治、经济、文化等因素都会对人的旅游动机产生影响。

政治的稳定、国与国之间的友好关系会促使旅游者产生旅游动机。近年来，随着国际关系和各国旅游事业的不断发展，为便利各国公民之间的友好往来，不少国家互相签署了免签协议，双方公民持有效的本国护照可以自由出入对方的国境，而不必办理签证，入境手续的简化，不仅使外出旅游的费用降低了，更节省了旅游者不少的时间和精力，从而大大提高了旅游者的积极性。

阅读资料3-3

中国已与147个国家签署互免签证协定

中华人民共和国成立以来，特别是改革开放以来，伴随着中国经济社会快速发展，越来越多中国公民走出国门，到国外求学、旅游、探亲、投资，这些都离不开国际旅行身份证件——护照。近年来，中国护照“含金量”得到显著提升，中国公民护照申请和出入境通关便利化程度也越来越高。

“世界那么大，我想去看看！”据统计，中华人民共和国成立后至改革开放前，仅1700万人次走出国门；改革开放后至2008年，中国内地居民出境3.3亿人次；2009年至2018年，中国内地居民出境10.5亿人次，仅2018年就突破1.6亿人次。

2020年9月22日，外交部领事司发布最新版的中国与外国互免签证协定一览表。截至2020年8月，中国已经与147个国家缔结了互免签证协定，中国公民持所适用的护照前往这些国家短期旅行，通常无需事先申请签证。可以说，中国护照的“含金量”达到了历史新高，这反映出国际社会对中国国家综合实力、国民整体素质的认可。

资料来源：https://new.qq.com/omn/20200924/20200924A07C4300.html?ivk_sa=1024320u.

知识链接3-1

根据中国领事服务网的信息，中国驻外使领馆可以提供9个方面的领事协助与保护。

（1）可以推荐律师、翻译和医生，以帮助进行诉讼或寻求医疗救助。

（2）可以在所在国发生重大突发事件时，为当事人撤离危险地区提供咨询和必要协助。

（3）可以在被拘留、逮捕或服刑时，根据当事人请求进行探视。

（4）可以在遭遇意外时，协助当事人将事故或损伤情况通知国内亲属。

（5）协助与国内亲属联系，解决生计困难时所需费用。

（6）协助寻亲。

（7）可以根据中华人民共和国有关法律和法规为在国外合法居留的中国公民颁发、换发、补发旅行证件及对旅行证件上的相关资料办理加注。

（8）可以为遗失旅行证件或无证件的中国公民签发旅行证或回国证明。

（9）可以根据中华人民共和国有关法律、法规和相关国际条约，为中国公民办理有关文件的公证、认证，与所在国的法律规章不相抵触的情况下办理中国公民的婚姻登记手续。（注：不能直接认证中国国内公证机关出具的公证书，也不能为中国国内有关机关出具的其他证书或文书办理公证）

资料来源：http://www.gov.cn/fuwu/2019-10/14/content_5439536.htm.

社会整体经济环境的景气与否，对旅游动机的影响同样不可小觑。例如，2007年的美国次贷危机，引发全球性金融危机，导致经济增长放缓，造成海外游客收入减少，削弱旅游消费者的购买欲望，最终导致旅游市场大幅缩水，使人们的旅游动机受到了抑制。

由此可见，旅游者的产生既受到客观条件的制约，又受到主观条件的影响。对这些因素进行充分而深入的研究，将有助于我们更好地了解旅游者的需求，激发旅游者的旅游动机，将更多的潜在旅游者转化为现实的旅游者。

第三节 旅游者类型及消费特点

现代社会旅游者的构成日益呈现多样化的趋势，不同的旅游者具有不同的需求和动机，他们的购买行为和购买习惯也不尽相同，因而，旅游业所提供的产品不能局限在单一的种类上。这就需要对旅游者的类型进行划分，以便向不同的市场投放不同的产品，以最大限度地满足旅游者的需要。

一、旅游者类型划分

关于旅游者类型的划分，目前没有统一标准。人们在对旅游者的类型进行划分时，往往都会从自身研究的角度和目的出发，采用不同的标准，因而其划分的结果也必然是有差异的。常见的旅游者划分方法有以下9种。

（1）按照旅游目的的不同，旅游者可分为消遣型旅游者、差旅型旅游者、家庭及个人事务型旅游者。

（2）按照地理范围的不同，旅游者可分为国际旅游者、国内旅游者、洲际旅游者、环球旅游者。

（3）按照组织形式的不同，旅游者可分为团体旅游者、散客旅游者。

（4）按照计价方式的不同，旅游者可分为全包价旅游者、半包价旅游者、零包价旅游者、非包价旅游者。

（5）按照费用来源的不同，旅游者可分为自费旅游者、公费旅游者、社会旅游者、奖励旅游者。

（6）按照消费水平的不同，旅游者可分为豪华型旅游者、标准型旅游者、经济型旅游者。

（7）按照旅游交通的不同，旅游者可分为航空旅游者、铁路旅游者、公路旅游者、水上旅游者、徒步旅游者。

（8）按照旅游距离的不同，旅游者可分为短程旅游者、远程旅游者。

（9）按照旅游活动内容的不同，旅游者可分为人文旅游者、观光旅游者、访古旅游者、会议旅游者、疗养旅游者以及各类专项旅游者等。

二、旅游者消费特点

不同类型的旅游者，各自的需求特点也有明显的差异。在对旅游者类型的不同划分方法中，按旅游目的划分是目前最具代表性和典型意义的一种划分方法，因为它是旅游动机的体现。下面主要来了解按旅游目的划分的不同旅游者的消费特点。

（一）消遣型旅游者

消遣型旅游者是指通过娱乐、消遣来获得精神上的放松，以解除紧张、享受临时变换环境所带来的欢愉为主要目的的旅游者。消遣型旅游者主要包括度假旅游者、观光旅游者、文化旅游者、探险旅游者等。消遣型旅游者的消费具有以下几个特点。

1. 旅游活动的自由度较高

消遣型旅游者是按旅游目的划分的三种类型旅游者中对旅游者目的地、出行时间、停留时间、交通方式等各方面选择自由度最高的一类人。消遣型旅游者外出旅游的目的就是获得身心放松所带来的愉悦，而每个人对于愉悦的理解都会有所不同，有人认为，探索历史遗迹是一种愉悦；有人认为，尽情地享受日光浴也是一种愉悦。对于消遣型旅游者来说，他们可以根据自己的喜好，自由地选择目的地，而不受他人的限制。在出行时间的安排上，也没有任何外界因素限制消遣型旅游者必须要在某一个特定的时间出行，他们可以根据自己的闲暇时间，灵活决定出发时间和停留时间。在交通方式的选择上，消遣型旅游者会根据出行的距离、旅行的线路以及自己的经济条件，自主确定采用哪种交通工具。由于消遣型旅游者选择的自由度高，因而这类旅游者也成为旅游目的地及旅游行业中的同类企业竞争最为激烈的市场部分。

2. 外出旅游的季节性较强

造成消遣型旅游者出游的季节性的主要因素如下。其一，消遣型旅游者大多选择公共假日或带薪假期出游，公共假日的时间由于其固定性而成为影响外出旅游季节性形成的一个主要因素；带薪假期的时间虽然可以由旅游者自行决定，但人们通常都会选择最为合适的季节外出旅游，同样也影响着外出旅游季节性的形成。事实上，在我国，春秋两季是旅游的最佳季节，人们大都愿意选择这两个季节出游。其二，由于受到旅游目的地气候条件的影响，各个旅游景区在不同季节对旅游者的吸引力表现出很大的差异性，这也是形成外出旅游季节性的一个重要因素。

3. 对价格较为敏感

消遣型旅游者多属于自费旅游者，因而他们对于价格都比较敏感。他们在选择旅游目的地、旅游线路、旅游住宿设施以及旅游交通工具等各项旅游产品和旅游服务时，会把价格作为重要的参考因素。一旦价格超过了他们的心理承受能力，就有可能对他们的旅游决策产生影响。此外，由于自费的原因，消遣型旅游者更关心旅游产品和旅游服务的价格与其价值是否相符，当他们认为价格过高，背离了实际价值的时候，便会转向购买其他旅游产品和服务。

这一类型的旅游者是目前国际旅游者的主体，在全部旅游者中所占比例最大，他们的需求及消费特点对旅游业的发展至关重要。

（二）差旅型旅游者

差旅型旅游者是指出于工作方面的需要而外出的旅游者，他们外出的目的以完成业务活动为主，兼顾参观、游览。差旅型旅游者主要包括商务旅游者、会议旅游者以及文体交流旅游者等。近年来，随着国际交往的日益频繁，差旅型旅游市场增势强劲，是旅游业发展中不可忽视的重要组成部分。差旅型旅游者的消费具有如下几个特点。

1. 出行次数频繁

差旅型旅游者的出行频率是三种类型的旅游者中最高的，并且出于工作的需要，他们可能会多次往返同一个目的地。2019年，全球差旅型旅游者的人数占旅游者总数的1/3，已经接近并有望超过消遣型旅游者。

2. 逗留时间较长

差旅型旅游者在旅游目的地的平均逗留时间要远远高于其他类型的旅游者。调查显示，海外商务客人在华停留超过15天以上者达15%；文体交流客人停留15天以上者达21.4%；而观光客人停留15天以上的仅有5.8%。

3. 出行的自由度较低

差旅型旅游者的出行是为了完成业务活动，因而业务活动发生的时间和地点，决定了他们出行的时间和相应的目的地。对此，他们在旅游方式上很难有任意选择的可能，缺乏灵活性和自由性。

4. 不受季节的影响

旅游目的地的气候条件并不会影响差旅型旅游者的出行。对于差旅型旅游者来说，他们的旅游目的地、旅行时间、旅行方式都是由公司或组织决定的。因而，无论是严冬酷暑，还是风霜雨雪，只要目的地的业务活动需要，他们都必须在规定时间内准时到达。

5. 消费能力较强

差旅型旅游者属于公费旅游者，其住宿、餐饮、交通等各项费用的支付大都是由其所在的公司或组织承担的，因而其消费能力较强。较强的消费能力使得差旅型旅游者不太关注旅游产品和旅游服务的价格，而更注重服务设施和服务质量。据统计，来华参加商务、会议活动的海外客人的人均日常消费比观光客人的人均日常消费高出20%。

和消遣型旅游者相反，差旅型旅游者的出游缺乏自由度，又有时间限制，所以不是旅游业的重点营销对象。但是，这一类型旅游下的一些分支，如会议型旅游，则因为在举办地点上有较大的选择余地而成为竞争激烈的旅游市场。

（三）个人及家庭事务型旅游者

个人及家庭事务型旅游者是指出于探亲访友、联系调动工作、健康疗养、购物和解决其他个人或家庭事务原因而外出的旅游者。这类旅游者出行的目的是以解决问题和事务为主的，兼顾参观、游览。个人及家庭事务型旅游者的消费特点比较复杂，具体表现如下。

1. 出行的自由度较小

就旅游目的地而言，个人及家庭事务型旅游者的目的地是由事务发生地点所决定的，因而旅游者在这方面没有选择的自由。就出行时间而言，个人及家庭事务型旅游者的出行时间视事务的特点而定。如果待处理的是探亲访友、健康疗养、购物等常规的事务，旅游者选择的自由度就比较大，他们可以利用公共假期或带薪假期灵活安排出行时间；如果待处理的是出席婚礼、联系调动工作、探望病中的亲友等临时性或紧迫性的事务，旅游者选择的自由度就比较小，他们必须在特定的时间出行，这与差旅型旅游者类似。

2. 对价格比较敏感

由于个人及家庭事务型旅游者多属于自费旅游者，因而他们大多对价格比较敏感，在这一点上，与消遣型旅游者类似。旅游产品和旅游服务的任何价格波动，都可能对其旅游决策产生影响。但在需要处理临时性或紧迫性事务的情况下，这类影响的效果会大大降低。例如，一个要出席亲友婚礼的旅游者，绝不会因为机票价格的上涨而放弃这次旅行，但他可能会改用火车、汽车等其他交通方式前往目的地。

从总体上看，个人及家庭事务型旅游者既不同于消遣型旅游者和差旅型旅游者，又兼有两类旅游者的特点。

复习思考与练习题

一、判断题

1. 一般而言，收入水平越高的旅游者，基本旅游消费支出的比重大，非基本旅游消费支出的比重小。（　　）

2. 所有的闲暇时间都可以用于从事旅游活动。（　　）

3. 在旅游者选择旅游目的地的过程中，政治因素和社会环境是其必须要考虑的重要因素。（　　）

4. 在旅游动机中，探亲访友属于地位和声望方面的动机。（　　）

5. 个人及家庭事务型旅游者相对于差旅型旅游者来说对旅游价格更敏感一些。（　　）

二、单选题

1.（　　）是旅游活动的主体，是旅游业赖以生存和发展的基础。

A. 旅游者　　B. 旅游资源　　C. 旅游业　　D. 旅游动机

2. 旅游者根据个人身体条件不同，并非所有人都适合参与各种旅游活动，据统计（　　）年龄的旅游者人数最多。

A. 15～24岁　　B. 25～44岁　　C. 45～64岁　　D. 65岁以上

3. 按照帕洛格提出的心理类型模式，新旅游地的发现者和开拓者多属于（　　）。

A. 自我中心型　　B. 近自我中心型　　C. 中间型　　D. 多中心型

4. 以下不属于美国学者罗伯特 • W. 麦托金对旅游动机的分类是（　　）。

A. 经济动机　　B. 文化动机

C. 交际动机　　D. 地位和声望动机

5. 出游次数较频繁，对旅游价格不太敏感，要求服务水平较高的是（　　）。

A. 消遣型旅游者　　B. 差旅型旅游者

C. 家庭事务型旅游者　　D. 自由组合型旅游者

三、多选题

1. 旅游者产生的客观条件中，（　　）是实现旅游活动的两个重要决定因素。

A. 旅游需求　　B. 旅游动机　　C. 可自由支配的收入

D. 闲暇时间　　E. 个性心理特征

2. 一般来说，闲暇时间包括（　　）。

A. 每日闲暇　　B. 每周闲暇　　C. 公共假日

D. 带薪假期　　E. 因病休假

3. 按旅游的目的来划分，可以把旅游者分为（ ）。

A. 消遣型旅游者　　B. 差旅型旅游者

C. 家庭及个人事务型旅游者　　D. 观光旅游者

E. 宗教朝觐旅游者

4. 依照我国国家统计局对我国旅游者的统计，下列说法正确的是（ ）。

A. 港澳台同胞属于国内游客

B. 常住我国一年以上的外国记者属于国际旅游者

C. 应邀来华访问的政府官员排除在国际旅游者之外

D. 国内一日游游客最少应离开长住地50千米

E. 在我校学习的外地学生不在国内游客统计之列

5. 在马斯洛的需要理论中，旅游动机的产生是与马斯洛需要层次论证中（ ）需要密切相关。

A. 生理的需要　　B. 安全的需要　　C. 社交的需要

D. 尊重的需要　　E. 自我实现的需要

四、名词解释

国内旅游者　国际旅游者　可自由支配收入　闲暇时间

五、论述题

1. 试述旅游者产生的主观条件和客观条件。

2. 试述影响旅游动机形成的因素。

3. 试述马斯洛需求层次论与旅游动机的联系。

4. 试述消遣型旅游者的消费特点。

六、案例分析

“十一”假期，有甲、乙、丙、丁四人决定外出旅游。其中，甲决定到一个环境优美的乡村去亲近大自然，体验田园生活；乙决定到沙漠探险，挑战自我极限；丙决定到邻近的城市探访自己的亲朋好友，联络一下感情；丁决定到城市周边的景点悠然地待上几天，放松身心。四人最终都达成了自己的心愿，度过了一个愉快的假期。

讨论：

1. 人们为什么会产生旅游行为，而且是纷繁复杂、各式各样的旅游行为？

2. 是什么原因导致人们旅游行为的差异，尤其是“旅游目的地选择行为”的差异？

七、实训拓展

实训目的及要求：进一步熟悉旅游者类型的划分方法，从而更好地掌握不同类型旅游者的需求特点。

选择一个景点，对游客进行实地调查，了解他们的出游原因及动机，分析他们所属旅游者类型及其特点，整理成调查报告。

第四章
旅游资源

知识目标

1. 掌握旅游资源的概念、分类、特点和评价方法。
2. 熟悉旅游资源调查的方法和程序。

能力目标

1. 通过学习，辨别旅游资源的类型。
2. 用所学知识调查旅游资源，并能对旅游资源进行分析和评价。
3. 用旅游资源开发与保护的知识深入理解旅游资源的正确开发。

素质目标

1. 养成良好的职业道德和敬业精神。
2. 养成独立思考、分析和解决问题的能力。

案例导入

创5A背后的故事——他们要做最好的洞穴旅游产品

乘一叶小舟进入幽深的水洞，轻柔的音乐传来，亚洲罕见的萤火虫景观令人啧啧称奇。在不远处的地下大峡谷景区溶洞内，一百余处形态各异的钟乳石鬼斧神工，全长1000余米的峡谷漂流被上海大世界吉尼斯总部认证为“最长的溶洞漂流”。2020年12月29日，文化和旅游部正式公布了一批成功创建国家5A级景区的名单，山东沂水县的萤火虫水洞·地下大峡谷旅游区榜上有名。

萤火虫水洞·地下大峡谷旅游区坐落在沂蒙山腹地的山东沂水县。2003年起，萤火虫水洞和地下大峡谷两家景区相继成功运营，创造了欠发达地区旅游开发的成功模式。依托两家景区的带动，沂水县旅游不断发展和超越，造就了业内瞩目的“沂水现象”，如今沂水县2A级以上景区达43家，4A级景区6家，数量居全省县域之首，沂水县获得中国优秀旅游目的地、全国旅游标准化示范县、全国休闲农业与乡村旅游示范县、全国县域旅游综合实力百强县等荣誉。

当地企业累计投入2亿元，从44个大项、118个小项、216个评分点入手，对洞穴景区景观进行了改造提升，新建旅游区智慧导览系统、VR自助语音讲解系统，满足游客在行程规划、产品预订、智能导览等方面的需求；加大对岩溶地质、萤火虫、蝴蝶等相关知识的科普宣传，引进当地非遗文化展示和曲艺表演。

资料来源：http://www.ctnews.com.cn/gdsy/content/2021-01/12/content_95865.html.

第一节 旅游资源概述

任何产业的发展，都要依托资源，旅游业的发展也同样依靠独特的旅游资源。旅游资源是旅游活动的三要素之一，其中，旅游者被看作旅游活动的主体，旅游资源被看作旅游活动的客体。旅游者的一切活动都是围绕着旅游资源展开的，没有旅游资源，也就构不成旅游活动。

一、旅游资源的定义

（一）国内对旅游资源概念的理解

对于旅游资源的概念，多年来，我国许多学者都对其进行了探讨，但是至今没有形成统一的观点，尽管如此，相关的研究却从未停止过。

（1）陈传康、刘振礼认为，旅游资源是在现实条件下，能够吸引人们产生旅游动机并进行旅游活动的各种因素的总和。

（2）孙文昌认为，旅游资源应指凡能激发旅游者动机的，能为旅游业所利用的，并由此而产生经济效益和社会效益的自然和社会的实在物。

（3）郭来喜认为，凡能为旅游者提供游览、观赏、知识、乐趣、度假、疗养、娱乐、休息、探险猎奇、考察研究，以及友好往来的客体和劳务，均可称为旅游资源。

（4）田里认为，旅游资源是指对旅游者具有吸引力的自然存在和历史文化遗产，以及直接用于旅游目的的人工创造物。

（5）谢彦君认为，旅游资源是客观地存在于一定地域空间，并因其所具有的审美和愉悦价值而使旅游者为之向往的自然存在、历史文化遗产或社会现象。

（6）《中国旅游资源普查规范》指出，自然界和人类社会凡能对旅游者产生吸引力，可以为旅游开发利用，并可产生经济效益、社会效益和环境效益的各种事物和因素，都可以定义为旅游资源。我国文化和旅游部对旅游资源的定义与此相同。

（二）本书对旅游资源的定义

本书将旅游资源的定义为：存在于自然界和人类社会当中，能够对游客产生吸引力，并因此被开发、利用的各种事物和因素的总和。一句话，旅游资源是能够诱发旅游动机和实施旅游行为的诸多因素的总和。

旅游资源是一个发展的概念，随着旅游资源概念的发展，其范畴不断扩大，因此，在旅游业发展的不同阶段，人们对于旅游资源的概念会有不同的理解和认识。以前很多不是旅游资源的事物和因素，在科技高速发展的今天，都变成了旅游资源。相信随着科技的进步，旅游资源的范畴会达到无所不包的程度。

二、旅游资源的分类

旅游资源是旅游业可持续发展的物质基础和旅游业生产力增长的潜力所在。因它涉及的范围广、种类繁多，有着极大的开发利用潜力，为了深入认识与研究旅游资源，使它更好地发挥经济效益、社会效益和生态效益，必须对旅游资源进行科学的分类。

根据不同的研究角度，旅游资源可划分为不同类型。

（一）按资源的属性和成因划分

1. 自然旅游资源

自然旅游资源主要是指天然赋存的山水、气象气候、动植物等要素以单体或者组合形成的，具有游览观光、休息疗养、娱乐体育等吸引力，能够使旅游者产生兴趣的自然原因形成的旅游资源。

2. 人文旅游资源

人文旅游资源是指能够吸引人们进行旅游活动的古今人类所创造的园林建筑、文物古迹等物质实体或以其为载体的神话传说、名人逸事等人为原因形成的旅游资源。

可见，自然旅游资源是天然形成的，是旅游的第一环境；人文旅游资源是古今人类物质文明和精神文明的结晶，是旅游的第二环境。自然旅游资源与人文旅游资源的比较如表4-1所示。

表4-1 自然旅游资源和人文旅游资源的比较

项目	自然旅游资源	人文旅游资源
特点	具有天赋性，因地而异、因时而殊	具有民族性、时代性、艺术性
功能作用	提供给旅游者自然界中各种事物和现象的自然美，使旅游者产生美感和愉悦心情的效果	为旅游者提供旅行游览中的艺术美和社会美的审美情趣

（续表）

项目	自然旅游资源	人文旅游资源
内容	① 地质地貌旅游资源，主要包括山地、岩溶、冰川、花岗岩、流纹岩等。 ② 水体旅游资源，主要包括江河、湖泊、泉水、瀑布、海滨等。 ③ 气候旅游资源，主要包括日出、日落、云雾雨、冰雪、雾凇、佛光、蜃景等。 ④ 生物旅游资源，主要包括珍稀动植物、古木名树、人工动植物园等	① 历史遗存，主要包括文化遗址、名人故居、古建筑、古墓葬、摩崖石刻、壁画、碑文等。 ② 时代建设风貌，主要指现代建设的新成就，如奥运村。 ③ 不可见的但置身其中可以明显感受到的非物质的内容，如语言、宗教信仰、民族风情等

（二）按旅游资源的功能分类

根据旅游资源功能的不同旅游资源可分为观光游览型、知识型、康乐型、购物型、参与型。

1. 观光游览型旅游资源

观光游览型旅游资源以优美的自然风光、著名古代建筑园林、现代城镇乡村景观、古代宗教寺庙为主。比如每年1月5日哈尔滨冰雪大世界开园，吸引中外游客前来赏冰玩雪。

2. 知识型旅游资源

知识型旅游资源以文物古迹、博物展览、科学技术、自然奇观、精湛的文学艺术作品为主。比如为传承展现国宝非遗，景德镇古窑复活了传统制瓷作坊与红店文化，成功复建复烧瓷窑，使景德镇古窑景区重新焕发生机与活力，成为代表千年瓷都的一张瑰丽名片。这些活动都能够增加游客对江西景德镇的了解，吸引越来越多的人关注非遗传承。与此同时，开展非遗旅游活动，使游客深度了解、体验、学习非遗文化。

3. 康乐型旅游资源

康乐型旅游资源以文体活动、度假疗养、康复保健、人造乐园为主。比如每年新年，广东省清远市佛冈聚龙湾天然温泉度假村里就会聚满了游客，他们都是奔着各种功效的药浴池、特殊疗效的天然石板温泉热炕而来的。

4. 购物型

购物型旅游资源主要是以购物为主要目的而举办的展览会、节庆活动以及民风民俗等活动。游客对旅游目的地的商品及具有地方特色的传统产品往往怀有强烈兴趣，有些旅游者甚至以购物为主要旅游动机。比如，越南广南省在南茶眉县举行了第32届玉玲人参展销会，吸引了成千上万名游客前来参观购物。玉玲人参产品在此次展销会上的销量达43千克，销售额近32亿越南盾。

5. 参与型

参与型旅游资源以红色旅游、民风民俗、社会时尚、节庆活动、风味饮食、宗教礼仪为主。比如，近年来，某景区推出了走一次长征路、重温一次入党誓词、唱一首红军歌、吟诵一首长征诗词、聆听一堂党课、吃一顿红军餐的“六个一”爱国主义教育主题活动，变观光游为游客深度参与的体验游，受到了社会各界的普遍好评。

（三）按国家标准划分

国家标准《旅游资源分类、调查与评价》（GBT/18972—2017）基于2003版国家标准进行了修订，于2017年12月31日发布，2018年7月1日正式实施。该标准重点对旅游资源的类型划分进行了修订，使标准更加突出实际操作、突出资源与市场的有机对接以及对旅游资源及其开发利用的综合评价，更加适用于旅游资源开发与保护、旅游规划与项目建设、旅游行业管理与旅游法规建设、旅游资源信息管理与开发利用等方面的工作。

关于旅游资源还有其他不同的分类方法，比如，有的按照旅游资源在时空中存在方式的不同，划分为永久性旅游资源和可消耗性旅游资源；有的按照旅游资源形式的不同，划分为自然旅游资源和人工旅游资源；有的按照旅游者的旅游动机不同，划分为心理方面的旅游资源、精神方面的旅游资源、健身旅游资源和经济方面的旅游资源；等等。如雅典卫城在希腊古代遗址中最为有名，建造于雅典黄金时期，距今已有3000年的历史。按内容分类属于古代遗存的旅游资源。悉尼歌剧院从20世纪50年代开始构思兴建，共耗时16年，最后在1973年10月20日正式完工。按内容分类属于现代兴建的旅游资源。

总之，对于旅游资源的分类，我们要根据划分角度的不同去区别对待。

知识链接4-1

2004年，国家质量技术监督局发布《旅游景区质量等级的划分与评定》国家标准。按照旅游资源品位、旅游交通、游览、旅游安全、卫生、邮电服务、旅游购物、综合管理、年旅游人数、旅游资源与环境保护等条件，将旅游景区质量等级划分为五级，从高到低依次为AAAAA、AAAA、AAA、AA、A级旅游景区。

1. 国家AAAAA级旅游区划分条件

（1）旅游资源吸引力方面要满足以下条件：观赏游憩价值极高；具有极高历史价值、文化价值、科学价值，或其中一类价值具有世界意义；有大量珍贵物种，或景观异常奇特，或有世界级资源实体；资源实体体量巨大，或资源类型多，或资源实体疏密度极优；资源实体完整无缺，保持原来形态与结构。

（2）市场吸引力方面要满足以下条件：世界知名；美誉度极高；市场辐射力很强；主题鲜明，特色突出，独创性强；年接待海内外旅游者60万人次以上，其中海外旅游者5万人次以上；游客抽样调查满意率很高。

2. 国家AAAA级旅游区划分条件

（1）旅游资源吸引力方面要满足以下条件：观赏游憩价值很高；具有很高历史价值、文化价值、科学价值，或其中一类价值具有全国意义；有很多珍贵物种，或景观非常奇特，或有国家级资源实体；资源实体体量很大，或资源类型多，或资源实体疏密度优良；资源实体完整，保持原来形态与结构。

（2）市场吸引力方面要满足以下条件：全国知名；美誉度高；市场辐射力强；形成特色主题，有一定独创性；年接待海内外旅游者50万人次以上，其中海外旅游者3万人次以上；游客抽样调查满意率高。

3. 国家AAA级旅游景区划分条件

（1）旅游资源吸引力方面要满足以下条件：观赏游憩价值较高；具有很高历史价值、文化价值、科学价值，或其中一类价值具有省级意义；有较多珍贵物种，或景观奇特，或有省级资源实体；资源实体体量大，或资源类型较多，或资源实体疏密度良好；资源实体完整，基本保持原来形态与结构。

（2）市场吸引力方面要满足以下条件：周边省市知名；美誉度较高；市场辐射力较强；有一定特色，并初步形成主题；年接待海内外旅游者30万人次以上；游客抽样调查满意率较高。

4. 国家AA级旅游景区划分条件

（1）旅游资源吸引力方面要满足以下条件：观赏游憩价值一般；具有较高历史价值、文化价值、科学价值，或其中一类价值具有地区意义；有少量珍贵物种，或景观突出，或有地区级资源实体；资源实体体量较大，或资源类型较多，或资源实体疏密度较好、资源实体基本完整。

（2）市场吸引力方面要满足以下条件：全省知名；有一定美誉度；有一定市场辐射力；有一定特色；年接待海内外旅游者10万人次以上；游客抽样调查满意率较高。

5. 国家A级旅游景区划分条件

（1）旅游资源吸引力方面要满足以下条件：观赏游憩价值较小；具有一定历史价值、文化价值、科学价值，或其中一类价值具地区意义；有个别珍贵物种，或景观比较突出，或有地区级资源实体；资源实体体量中等，或有一定资源类型，或资源实体疏密度一般；资源实体较完整。

（2）市场吸引力方面要满足以下条件：本地区知名；有一定美誉度；有一定市场辐射力；有一定特色；年接待海内外游客3万人次以上；游客抽样调查基本满意。

资料来源：https://baike.so.com/doc/6253962-6467375.html.

三、旅游资源的特点

我们在观察和分析中发现，旅游资源作为一种资源，既具有与其他资源一样的共性，也具有其自身的特点，主要表现为以下几点。

（一）旅游资源的地域性

旅游资源具有一定的地域性，同时具有浓厚的地方特色。一般以一种或数种旅游资源为主体，构成所在地域的旅游资源类型特点。旅游资源是在一定的自然或历史、文化条件下形成的，具有形态或发生上的共同性。例如，不同民族具有风格各异的文化活动、风俗习惯、村镇民宅等；地中海地区的阳光、海水、沙滩（与其地中海气候有关）；阿尔卑斯山上的滑雪（与其山地条件和气候条件相关）；东南亚的热带海滨风光。

知识链接4-2

旅游资源地域类型与旅游区的区别

同一地域类型往往具有相似的资源组合特征和旅游功能结构及共同的开发建设方向和经营特点。旅游地域类型与旅游区不同，前者着重反映地域上旅游资源结构特征、旅游土地利用特征和旅游活动的组合特征，在空间上可重复出现。而旅游区注重旅游区域的内部联系，包括旅游资源地域分异的一致性、交通系统的完整性和行政管理上的统一性，它反映的是旅游活动的地域分工，是较大区域旅游的综合结构，在空间上呈连片分布，且不能重复出现。旅游地域类型研究是进行旅游区划的科学依据。

资料来源：http://baike.baidu.com/view/1356981.htm.

根据地理文化景观差异理论，一个地区的旅游资源差异越大，彼此间的吸引强度就越大，这正好符合旅游者求新、求异的心理需求，也就促进了旅游活动的大量异地开展。无论是自然旅游资源还是文化旅游资源，在它们的开发、经营过程中，都出现了诸多不尽如人意的地方。旅游景点缺少特色，易被模仿、复制，文化旅游资源尤其是民俗、风俗旅游更是受到了前所未有的挑战。

阅读资料4-1

三亚少数民族独具特色的历史与文化

据2018年三亚户籍人口统计显示，其中黎族人口为236 497人，黎族是三亚少数民族中人口较多的一个民族。此外三亚还分布着壮族、苗族、回族等多个少数民族。翻开三亚少数民族历史长卷，不仅有国家级非物质文化遗产之一的黎族打柴舞，黎锦、原始制陶技艺、苗族召龙舞等非物质文化遗产也熠熠生辉。打柴舞是一种丧葬习俗。由于社会变迁，这种习俗在一些地区慢慢消失了，而朗典村至今还沿袭着跳打柴舞的丧葬习俗。2006年，黎族打柴舞被列入第一批国家级非物质文化遗产名录。如今，在“三月三”、嬉水节、慰问演出、景区景点娱乐等活动中，打柴舞已成为必不可少的节目。正是由于海南地区具有独特的民俗旅游资源，地域性明显，因而深受游客喜爱。

资料来源：http://www.sanya.gov.cn/sanyasite/mztjjby/202003/d06a5b41f30d463fab12e9e08ffe1640.shtml.

（二）旅游资源的多样性

多样性是旅游资源的主要特征，主要体现在以下几方面。

（1）旅游资源在内容上是多种多样的。旅游资源既有自然的，又有人文的；既有景观性的，又有文化性的；既有古代遗存的，又有现代兴建的；既有实物性的，又有体察性的。例如，京剧是中国的“国粹”，已有200多年历史，按内容分类属于文化性的旅游资源；海上冲浪是个人的亲身体验，按内容分类属于体察性的旅游资源。

（2）旅游资源在不同的季节会表现出不同的景观。例如，同样是黄山旅游景区，在不同的季节可以看到不同的景观特点。春夏两季黄山雨水较多，是观赏瀑布溪流的好时节，而雾凇则是黄山冬季的著名景观。

（3）旅游资源在组成上也是多样的。例如，九寨沟景区将湖泊、瀑布、滩流、雪山、森林、藏族风情合而为一；又如，加勒比海融热带风情、海水、阳光、沙滩、印第安文化和玛雅文化为一体。

（4）旅游资源在价值上也体现了多样性，包括艺术欣赏价值、历史文化价值、科学价值、经济价值和美学价值。例如埃及金字塔、中国的许多古建筑群等，对于研究社会历史、经济、文化艺术、工程建筑等，都有重要价值。

（三）旅游资源的垄断性

与其他产品不同的是，旅游资源不能随便地搬迁、移动，具有明显的地域垄断性，它们都是在一定的历史地理环境下形成的，一般不能发生空间移动，这就意味着旅游资源的可模仿性极差，难以模仿或复制。虽然现在好多民俗风情都被仿制了，但是因为离开了特定的环境，给游客的感觉还是魅力大减。对于旅游者来说，旅游资源的垄断性决定了他们只能够买走旅游资源的印象和感受。

阅读资料4-2

甘肃张掖平山湖大峡谷

张掖平山湖大峡谷集自然奇观、峡谷探险、地质研究、民族风情于一体，是中国最接近的复合型旅游景区，是张掖园林中最美的风景之一，被《中国地理》杂志和国内外著名地质学家、旅游者誉为“堪比张家界”“堪比科罗拉多大峡谷”“丝绸之路新发现”！

几亿年的沧桑，风雨的雕琢，神奇地创造出深邃的峡谷、独特的峰林、五彩缤纷的群山，创造出一幅无与伦比、惊心动魄的山水画，令人难忘。走进迷宫般的峡谷，置身于纵横的沟壑和森林般的山峰，犹如观赏世界建筑大师的杰作，让人目不暇接。景区以沙石山脉为背景，以红白色和赭色为主色调，色彩略显灰暗。山石大多呈圆锥形或柱状，形状奇特。在这里，大自然用自己的聪明才智将五彩缤纷的群山雕琢成了一幅无与伦比、惊心动魄的山水画。

（四）旅游资源的重复使用性

我们平常使用的多数资源往往不能重复利用，即人们在消费资源的同时，资源本身也被消耗掉了，比如矿产资源。而旅游资源，除旅游商品外，只要人们加以保护，即可长期重复利用。一批旅游者完成某地旅游之后，其他的旅游者还可以继续来游玩，并且开发过的旅游资源在更高层次的开发中，仍可作为旅游资源来接待游客。如在北京市平谷区的京东大峡谷旅游地，有专门用于登山锻炼身体的峡谷陡坡，再配置缆车设施，则可用于开展旅游缆车观光活动。

（五）旅游资源的不可再生性

大多数旅游资源都是不可再生资源，一旦被破坏就不复拥有。例如，北京圆明园曾是中国最大的皇家园林，它既集江南园林和北方园林的特点于一体，又吸取了世界园林的精华，成为中外园林艺术的集大成者，被称为“万园之园”“东方的凡尔赛宫”。这样一个稀世名园，却在1860年被英法联军的“一把火”化为灰烬。旅游资源的这种不可再生性启发我们对现有旅游资源要倍加珍惜。

（六）旅游资源的观赏性

旅游资源同一般资源的最主要区别就是它的美学特征，即旅游资源具有观赏性。虽然旅游动机因人而异，旅游内容丰富多彩，但观赏活动几乎是一切旅游过程都不可缺少的内容，有时更是全部旅游活动的核心。一般来说，旅游资源的观赏性越强，对旅游者的吸引力就越大。如我国的万里长城、桂林山水，埃及的金字塔，法国的埃菲尔铁塔，日本的富士山，美国的自由女神像等，都因观赏性较强，成为世界著名的旅游资源。

第二节 旅游资源调查

随着社会的发展，人们对于旅游的需求越来越强烈，这就有必要开发更多、更好的旅游资源，如何科学合理地开发旅游资源，就需要在开发前展开对旅游资源的调查评价工作。调查是评价的基础，评价是开发规划的理论依据。

旅游资源的调查是服务于旅游资源开发的前期基础工作。只有做好了调查工作，旅游资源的开发才能够正常进行。

一、旅游资源调查的含义

旅游资源调查是指运用科学的方法和手段，确定其调查内容，经过一系列的收集、记录、整理、分析和总结，形成直接供旅游资源评价和开发的调查结果。

二、旅游资源调查的内容

旅游资源调查的内容涉及范围比较广，主要包括对周围环境的调查，交通沿线的调查，旅游资源区自然、社会、经济环境等方面的调查，具体包括以下内容。

（一）对已开发旅游资源与周围环境的调查

要想充分利用已知旅游资源的价值，增加旅游产品种类，满足不同层次旅游者的需求，必须深度挖掘已知旅游资源以及开展对外围环境的调查工作。

旅游资源具有奇、美、特、古、名、稀等特点，因此旅游者才会对其产生兴趣。进行旅游资源调查的时候，要调查已知旅游资源的类型、数量、结构、规模、级别以及成因，特别应注意对相关的重大历史事件、名人活动、文化作品、神话传说等情况进行调查，以形成文字、照片、录像、专题地图等有关资料。同时，在进行调查的过程中，加大对旅游资源外围环境的调查，加强原景区的功能配套，以适应现代旅游的多种旅游需求。

（二）对旅游资源交通沿线及枢纽点的调查

旅游资源开发的最大限制要素之一是交通，比如一个地区旅游资源独特，对旅游者吸引力巨大，但是如果其进入性不高，那就会影响该地区旅游业的发展。实际上，随着科学技术的进步，交通工具会越来越先进，这也会大大提升旅游地旅游资源的开发利用率。

交通沿线及枢纽点的旅游资源，如果有一定特色，就会吸引游客，游客进入也就会比较方便，并且交通枢纽点一般都是在人口密集的城镇和城市，因此这些地区也会较容易形成旅游接待地，甚至形成旅游中心城市。

阅读资料4-3

首发！北京至哈尔滨高速铁路列车来了

2021年1月22日8时40分，由哈尔滨西站开往北京朝阳站的G902次列车缓缓驶出站台，标志着北京至哈尔滨高速铁路（以下简称京哈高铁）全线贯通后首趟列车顺利开行。

京哈高铁是国家《中长期铁路网规划》中“八纵八横”高速铁路主要通道之一，运营里程1198千米，起自北京市，途经河北省、辽宁省、吉林省，最后进入黑龙江省哈尔滨市。全线设哈尔滨西、双城北、长春西、四平东、铁岭西、沈阳北、阜新、辽宁朝阳、承德南、密云、怀柔南、顺义西、北京朝阳等30座车站。京哈高铁开通后，将有效提升进出关通道客运能力，进一步增强高铁网络的覆盖面和通达性，形成哈尔滨至北京最快铁路运输通道，提升区域运输能力。

据铁路部门介绍，京哈高铁全线分三段建设，于2012年12月1日开通运营的沈阳至哈尔滨段，是世界首条高寒高铁，中国铁路哈尔滨局集团有限公司已累计在京哈高铁沈哈段开行动车组列车超过25万列，运送旅客近亿人次。沈阳至承德段已于2018年12月29日开通，承德至北京段于2021年1月22日正式通车，京哈高铁实现全线贯通。新开通运营的北京朝阳站位于北京市朝阳区东四环与东五环之间，将成为北京东北部地区新的大型综合交通枢纽，未来可实现不出站换乘地铁。

资料来源：http://news.cnwest.com/tianxia/a/2021/01/22/19453190.html.

（三）对旅游资源区自然、社会、经济环境的调查

自然环境是人类最基本的活动空间和物质来源，它包括当地的地质地貌、气象气候、水文、土壤、动植物等因素，这些因素都会不同程度地影响旅游资源的开发利用情况。自然旅游资源是旅游的第一环境，并且不少自然环境本身就是旅游资源不可分割的一部分，直接构成了自然旅游资源，例如地质地貌旅游资源的形成就是自然环境直接作用的产物。

社会环境是指人类生存及活动范围内的社会物质、精神条件的总和。广义的社会环境包括整个社会经济文化体系，如政治局势、社会治安、政策法令和社会文化等。狭义的社会环境仅指人类生活的直接环境，如家庭、劳动组织、学习条件和其他集体性社团等。旅游资源区社会环境也会直接影响旅游资源的开发利用。例如一个地区政治局势和社会治安稳定，该地就会增加对旅游者的吸引力。

经济环境主要是指一个国家或地区的社会经济制度、经济发展水平、产业结构、劳动力结构、物资资源状况、消费水平、消费结构及国际经济发展动态等。经济发展水平决定当地的客源数量及对旅游的保障条件。

（四）对客源地的调查

旅游资源开发必须以客源市场为依据。没有一定数量的游客，旅游资源开发则不会产生良好的经济效益，客源市场决定着旅游资源的开发规模和开发价值。因此，开发某个地区旅游资源的时候，要了解当地旅游资源以及当地的社会经济情况，分析旅游资源周围客源地居民的消费水平和出游率情况，并对现有和潜在的客源状况进行详细估算，同时对邻近资源及区域间资源的相互联系进行调查分析，找出它们所产生的积极和消极的影响，以及区域内旅游资源在不同层次的旅游区域中的地位。

三、旅游资源调查的方法

常见的旅游资源调查方法主要有三种，分别是收集资料调查法、询问调查法、野外实地考察法。

（一）收集资料调查法

收集资料调查法又称间接调查法，它是利用企业内部和外部现有的各种信息渠道收集某一区域旅游资源的信息，通过整理获取与资源调查项目相关的内容，并对调查内容进行分析研究的一种调查方法。

（二）询问调查法

询问调查法又称直接调查法，是调查人员以询问为手段，从调查对象的回答中获得旅游信息资料的一种方法，是市场调查中较常用的方法。在实际应用中，询问调查法按传递询问内容的方式以及调查者与被调查者接触的方式不同，分为面谈调查、电话调查、邮寄调查、留置问卷调查等。

（三）野外实地考察法

野外实地考察法是一种直接调查法，即调查人员直接深入野外被调查旅游区域，用自己的感官或借助观察仪器直接“接触”研究对象，调查正在发生、发展，且处于自然状态的旅游资源。它能收集到较真实、可靠的一手材料，收集到直观、具体、生动的材料。

除了上面提到的三种主要的旅游资源调查方法外，还有观察法、统计法等。

四、旅游资源调查的程序

为确保调查结论的客观、准确，要制定科学的调查程序，并在调查时严格按程序进行。

（一）调查准备阶段

1. 成立调查小组

调查人员应由不同管理部门的工作人员、不同学科方向的专业人员及普通调查人员组成。调查人员应具有旅游资源、旅游开发相关的专业知识，并经过相关的技术培训，如资源分类、野外方向辨别、图件填绘、伤病急救处理、基础资料获取等。

2. 制订旅游资源调查的工作计划

调查的工作计划和方案由调查小组负责人拟订，包括调查的目的、调查的范围、调查对象、主要调查方式、调查工作时间表、调查精度要求、调查小组内的人员分工、调查成果的表达方式、投入人力与财力的预算等内容。

3. 设计旅游资源调查表和调查问卷

《旅游资源分类、调查与评价》（GB/T 18972—2017）把旅游资源分为八大类23个亚类110个基本类型。要依据这个文件，结合调查区域旅游资源分布、类型、数量的大致情况，设计旅游资源调查表和到相关部门进行调查的调查问卷，并将填表要求及调查注意事项，编制成与表格和问卷并行的书面文件，便于实际调查工作中的协调和统一。

4. 调查器具、物品等物质装备

在实施调查前，要把调查所需的器具、物品等准备好，为获得第一手资料打下物质基础。需准备的装备有笔记本、调查问卷、调查表、罗盘、小铁锤、摄像机、照相机、水壶、干粮，以及地形图、航摄像片、土地卫片等，以备急用。

（二）调查实施阶段

1. 收集第二手资料

第二手资料是指为其他目的和用途而制作、收集的证据、数字、图件和其他现成的信息资料，但能为目前的旅游资源调查项目所利用。第二手资料是现有资料，获取速度快且节省费用，并有助于加强第一手资料的收集工作。第二手资料可以从旅游管理部门、旅游企业、旅游行业内部的各种相关材料中获取；可以从各种已经公开发表的旅游刊物、年鉴、报纸、杂志、专辑、学术研究资料中获取；可以从有关国际或区域旅游组织和专业旅游资源调查研究机构的年报及其他相关资料中获取；还可以从国际、国内、区域、局域计算机网络上的相关信息资料中获取。

2. 收集第一手资料

第一手资料又称实地调查资料，它是调查人员为了调查目的专门收集的各种原始资料。尽管第二手资料是实地调查的基础，也可以得到实地调查无法获得的某些资料，并能鉴定第一手资料的可信度，但第二手资料并不能取代第一手资料，必须收集一定数量的原始资料予以补充。调查人员实地勘察时要填写“旅游资源单体调查表”“旅游资源调查实际资料图”，同时也要发放“旅游资源调查问卷”。

（三）整理分析阶段

1. 整理资料

整理资料主要是把收集的零星资料整理成有系统的、能说明问题的情报，包括对文字资料、照片、录像的整理，以及图件的编制与清绘等。首先，对资料进行鉴别、核对和修正，审核资料的适用性与准确性，剔除有错误的资料，并补充、修正资料，使其完整、准确、客观、前后一致。其次，应用科学的编码、分类方法对资料进行编码与分类，以便分析利用。最后，采用常规的资料储存方法或计算机储存方法，将资料归卷存储，便于今后查阅和再利用。

2. 分析资料

经过整理后的资料只有通过调查人员的分析解释，才能对资源调查项目产生作用。一般需要借助一定的统计分析技术，才能科学地测定资料之间的关系，认识某种现象与某个变化产生的原因，把握其动向与发展变化规律，并探求解决问题的办法，对该调查结果提出合理的行动建议。

3. 编写旅游资源调查报告

旅游资源调查报告既能为决策部门提供客观的决策依据，又能够体现该调查项目的全部调查活动，是旅游资源调查的文字总结。报告中应包括旅游资源调查的范围、对象、时间、组织、方法；旅游资源的分布、类型、数量、特征、开发利用现状、保护情况、开发利用条件和简单的评价；对旅游资源的开发利用提出建议等内容。这些都是进行旅游规划的重要依据。

第三节 旅游资源评价

旅游资源评价是在旅游资源调查总结基础上进行的深入研究，是对所调查的旅游资源进行分析、汇总，使其能够为旅游资源的开发做出合理的评判和鉴定，其目的在于，确定旅游资源的开发价值和开发顺序，明确建设方向。旅游资源评价是旅游资源开发规划的重要内容。

一、旅游资源评价的原则

旅游资源评价对旅游资源的规划与开发有着重要的意义，但旅游资源包罗万象、内涵丰富，往往涉及多个学科，且评价结论易受评价者主观因素的影响。因此，旅游资源评价是一项极为复杂的工作。为了使评价做到客观、公正，必须遵循一定的评价原则。

（一）客观性原则

旅游资源是客观存在的事物，因此，对于它的评价要从实际出发，要实事求是地、科学地评价它的价值大小、环境好坏，尤其是对旅游资源当中的历史事件的评价更要符合客观实际，不要无中生有。

（二）科学性原则

开展旅游资源评价工作时，要有科学的态度。在对旅游资源的形成、属性等问题进行评价时，一定要本着科学的原则，切不可盲目增加许多神话传说，给人不实的感觉。在对旅游资源的价值进行评价时，应做到既不任意夸大，也不无限缩小；应做到符合客观实际，恰如其分。

（三）全面性原则

对旅游资源进行评价时，一定要综合考虑、权衡，全面完整地进行系统评价，准确地反映旅游资源的整体价值，切不可“一叶障目，不见泰山”。

（四）效益性原则

开展旅游资源评价一定要兼顾“效益”三原则，即旅游经济效益、环境效益和社会效益，切不可以牺牲环境效益和社会效益去追求经济效益。

二、旅游资源评价的内容

为了科学合理地开发利用旅游资源，需要对旅游资源进行全方位的评价。旅游资源的评价内容主要包括以下几点。

（一）科学评价旅游资源的特性

任何类型的旅游资源都有自己独特的性质，即使完全同类的旅游资源，由于分布的地域环境差异，往往也各具特色。例如，同样是喀斯特地貌，可划分为许多不同的类型，按出露条件分为裸露型喀斯特、覆盖型喀斯特、埋藏型喀斯特；按气候带分为热带喀斯特、亚热带喀斯特、温带喀斯特、寒带喀斯特、干旱区喀斯特；按岩性分为石灰岩喀斯特、白云岩喀斯特、石膏喀斯特、盐喀斯特。此外，还有按海拔高度、发育程度、水文特征、形成时期等不同的划分。

（二）科学评估旅游资源的价值

不同类型的旅游资源体现出不同的主体价值。旅游资源的价值往往与人的审美观和价值观相联系，通常是旅游资源质量和水平的反映。

（三）鉴定旅游资源的承载容量

不同类型的旅游资源具有不同的承载容量，承载容量说明旅游资源的类别数量构成与丰富程度，反映旅游资源的规模水平。例如，测算生态旅游资源与风景旅游资源的承载容量时会有不同的方法。

（四）旅游资源的地理环境

旅游资源的地理环境主要体现在邻近关系上，一方面包括旅游资源区与客源地的地理距离，主要涉及交通方式和交通通道，以及旅行所用的时间、费用。另一方面包括旅游资源区与其他旅游资源区的相邻距离，这个主要体现在两者的互补关系和互代关系。例如，如果旅游资源区和其他旅游资源区两者为互补关系，就有利于当地旅游资源的开发；如果两者是互代关系，就会影响旅游资源的开发。

（五）旅游资源的自然生态环境

自然生态环境主要包括旅游景区内旅游资源以外的自然生态环境，旅游地及其周围受旅游活动直接或间接影响的自然生态环境系统。自然生态环境是自然形成的，是旅游的第一环境。

（六）旅游资源的社会经济环境

旅游资源社会经济环境条件主要包括旅游接待地区的人口构成、宗教信仰、民俗风情、生活方式、总消费水平、居民平均收入、主要经济部门的收入渠道、基础设施和旅游专用设施的容纳能力等。

（七） 旅游资源的客源市场环境

一个地区的客源市场决定着旅游资源的开发规模和开发价值。客源市场评价要摸清客源范围、客源结构、客源市场变化规律、客源地居民的出游水平以及资源偏好等情况。旅游资源的规模、特点和等级不同，其辐射范围和吸引层次就会不同，评价时应具体说明。

三、旅游资源评价的方法

旅游资源评价是对不同地域的旅游资源的组合特点及其结合而产生的质和量的差异、对旅游者吸引力的大小进行的科学划分，包括确定一定地域范围内旅游资源的类型特征、空间结构、数量和质量等级、开发潜力和开发条件。旅游资源的评价方法主要有如下几种。

（一）美学评价方法

美学评价是指对拟开发的旅游资源的美学质量的高低或特色进行评价。人们对旅游资源的美学评价主要受人口与周围景观地理分布、审美素质差异、社会文化因素、心理个性特征4方面因素制约。

（二）“三三六评价方法”

卢云亭的“三三六评价方法”是指三大价值、三大效益和六大条件。其中，三大价值指历史文化价值、艺术观赏价值和科学考察价值。三大效益指经济效益、社会效益、环境效益。六大条件指景区的地理位置和交通条件、景物或景观类型的地域组合条件、景区旅游客流量条件、施工难易条件、投资能力条件、旅游客源市场条件。

（三）综合评价方法

综合评价，即从旅游资源的社会、历史等角度去评价。

（四）根据国家标准评价方法

国家质量监督检验检疫总局（现为国家市场监督管理总局）2017年颁布的国家标准《旅游资源分类、调查与评价》提出，旅游资源评价的项目为“资源要素价值”“资源影响力”“附加值”。其中，资源要素价值和资源影响力总分值为100分，如表4-2所示。

表4-2　旅游资源评价赋分标准

评价项目	评价因子	评价依据	赋值/分
资源要素价值（85分）	观赏游憩使用价值（30分）	全部或其中一项具有极高的观赏价值、游憩价值、使用价值	22～30
		全部或其中一项具有很高的观赏价值、游憩价值、使用价值	13～21
		全部或其中一项具有较高的观赏价值、游憩价值、使用价值	6～12
		全部或其中一项具有一般的观赏价值、游憩价值、使用价值	1～5
	历史文化科学艺术价值（25分）	同时或其中一项具有世界意义的历史价值、文化价值、科学价值、艺术价值	20～25
		同时或其中一项具有全国意义的历史价值、文化价值、科学价值、艺术价值	13～19
		同时或其中一项具有省级意义的历史价值、文化价值、科学价值、艺术价值	6～12
		同时或其中一项具有地区意义的历史价值、文化价值、科学价值、艺术价值	1～5
	珍稀奇特程度（15分）	有大量珍稀物种，或景观异常奇特，或此类现象在其他地区罕见	13～15
		有较多珍稀物种，或景观奇特，或此类现象在其他地区很少见	9～12
		有少量珍稀物种，或景观突出，或此类现象在其他地区少见	4～8
		有个别珍稀物种，或景观比较突出，或此类现象在其他地区较多见	1～3
	规模、丰度与概率（10分）	独立型旅游资源单体规模体量巨大；集合型旅游资源单体结构完美、疏密度优良；自然景象和人文活动周期性发生频率极高	8～10
		独立型旅游资源单体规模体量较大；集合型旅游资源单体结构很和谐、疏密度良好；自然景象和人文活动周期性发生频率很高	5～7
		独立型旅游资源单体规模体量中等；集合型旅游资源单体结构和谐、疏密度较好；自然景象和人文活动周期性发生频率较高	3～4
		独立型旅游资源单体规模体量较小；集合型旅游资源单体结构较和谐、疏密度一般；自然景象和人文活动周期性发生频率较小	1～2
	完整性（5分）	形态与结构保持完整	4～5
		形态与结构有少量变化，但不明显	3
		形态与结构有明显变化	2
		形态与结构有重大变化	1

（续表）

评价项目	评价因子	评价依据	赋值/分
资源影响力（15分）	知名度和影响力（10分）	在世界范围内知名，或构成世界承认的名牌	8～10
		在全国范围内知名，或构成全国性的名牌	5～7
		在本省范围内知名，或构成省内的名牌	3～4
		在本地区范围内知名，或构成本地区的名牌	1～2
	适游期或使用范围（5分）	适宜游览的日期每年超过300天，或适宜所有游客使用和参与	4～5
		适宜游览的日期每年超过250天，或适宜80%左右游客使用和参与	3
		适宜游览的日期每年超过150天，或适宜60%左右游客使用和参与	2
		适宜游览的日期每年超过100天，或适宜40%左右游客使用和参与	1
附加值	环境保护与环境安全	已受到严重污染，或存在严重安全隐患	-5
		已受到中度污染，或存在明显安全隐患	-4
		已受到轻度污染，或存在一定安全隐患	-3
		已有工程保护措施，环境安全得到保证	3

注：“资源要素价值”项目中含“观赏游憩使用价值”“历史文化科学艺术价值”“珍稀奇特程度”“规模、丰度与概率”“完整性”5项评价因子。“资源影响力”项目中含“知名度和影响力”“适游期或使用范围”2项评价因子。“附加值”含“环境保护与环境安全”1项评价因子

资料来源：《旅游资源分类、调查与评价》（GB/T 18972—2017）.

根据对旅游资源单体的评价，得出该单体旅游资源共有综合因子评价赋分值，再根据旅游资源单体评价总分，将其分为五级，从高级到低级依次为：

五级旅游资源的得分大于等于90分。

四级旅游资源的得分值域大于等于75分，小于90分。

三级旅游资源的得分值域大于等于60分，小于75分。

二级旅游资源的得分值域大于等于45分，小于60分。

一级旅游资源的得分值域大于等于30分，小于45分。

阅读资料4-4

成果共享，为综合利用提供支撑

打开海南省旅游资源信息管理系统网站，旅游资源核查补报、采集审核、分析评价、发布管理等子系统入口一目了然，访问者只需轻松点击，即可掌握丰富的旅游资源信息。

包括海南省在内的全国7个试点省市在旅游资源普查过程中，协同推进普查工作和成果应用，积极建设旅游资源云平台，为提高旅游资源保护、管理的智慧化、数字化程度开展了卓有成效的工作。同时，依据资源普查成果，相关省份广泛开展旅游资源宣传工作，打响地方旅游品牌，助力旅游业高质量发展。

依托技术和专业力量，各试点省市通过打造旅游资源云平台，集中管理、展示旅游资源普查流程和结果，为做好旅游资源普查工作、实现成果转化提供了坚实的平台基础。

2020年11月中旬，“四川省文化和旅游资源云”平台上线，实现了全省旅游资源开发与管理的动态化和网络化，打造了全国旅游资源普查智慧化样板工程。该平台包括资源管理和资源查询两大系统，其中，资源管理系统面向省市县三级管理者，可实现在线填报、在线审核等功能；资源查询系统面向社会公众，可实现资源搜索、资源云图谱分析、资源云数据统计、分区出图等功能。“这是四川旅游资源数据总入口、管理总枢纽和成果‘总展馆’，将为区域文旅规划、项目招商、政府决策提供参考，服务全省旅游产业发展。”四川省文化和旅游厅规划指导处有关负责人表示。

青海省开发了集存储、查询、展示、分析等功能于一体的青海省文化和旅游资源数据库软件，建立了资源信息管理系统平台，并发布旅游资源普查成果，为后期旅游资源大数据管理奠定了基础。

海南省建设了海南省旅游资源信息管理系统，面向领导小组、专家、市县旅游资源管理人员、技术项目组成员等用户群体，提供实时联网访问功能，为海南省旅游资源动态更新、监管、保护、利用提供基础数据。同时，建立了与全省“多规合一”信息综合管理平台和全域旅游监管服务平台的通用接口，有效实现平台对接。

资料来源：https://blog.csdn.net/weixin_39765325/article/details/111009477.

第四节 旅游资源开发与保护

旅游资源是发展旅游业的物质基础。虽然旅游资源是客观存在的，但能否成为吸引旅游者的现实产品需要管理者在分析资源特色的基础上，结合市场需求，根据社会经济发展的水平和旅游者的要求，明确开发方向，形成特色旅游产品。

一、旅游资源开发的概念

旅游资源开发是指以发展旅游业为前提，以市场需求为导向，发挥、改善和提高旅游资源对游客的吸引力，有组织、有计划地把旅游资源改造成能为旅游业所利用的旅游吸引物的经济技术系统工程。

旅游资源开发的实质是以旅游资源为加工材料，它包括对各类旅游资源根据其观赏价值、文化价值、科学意义、经济效益、社会效果以及环境位置、交通条件等因素进行择优开发、合理布局，还包括旅游供给设施、市政工程、公用事业设施的兴建、管理和接待机构的建立，以及人员的培训等一系列配套设施的建设。

知识链接4-3

北京公示《三山五园地区整体保护规划（2019年—2035年）》

为系统保护三山五园优秀的传统历史文化，北京市规划和自然资源委员会联合北京市海淀区人民政府组织编制了《三山五园地区整体保护规划（2019年—2035年）》，2021年11月在官网履行公示程序，征求公众意见。

三山五园地区是对北京西北郊以清代皇家园林为代表的各历史时期文化遗产、山水形胜整体格局，以及人与自然和谐空间秩序的统称。三山指香山、玉泉山、万寿山，五园指静宜园、静明园、颐和园、圆明园、畅春园。三山五园地区规划范围总面积约68.5平方千米。

据了解，本次规划从首都建设和历史文化名城保护出发，以保护促保障，服务首都"四个中心"功能建设，保护空间秩序、提升价值内涵、延续功能特色，整体保护利用好"三山五园"这张"金名片"，为实现北京城市总体规划确定的"四个中心"首都城市战略定位和建设国际一流的和谐宜居之都贡献力量。

三山五园地区是传统历史文化与新兴文化交融的复合型地区，拥有以世界遗产颐和园为代表的古典皇家园林群，集聚一流的高等学校智力资源，具有优秀历史文化资源、优质人文底蕴和优美生态环境。根据公示，三山五园将形成南北文化带，突出三个特色分区，塑造若干关键节点，构建历史文脉与生态环境交融的整体空间结构。

资料来源：http://www.ctnews.com.cn/xmtz/content/2021-01/20/content_96382.html.

二、旅游资源开发的原则

旅游资源开发必须做到有利于景区自然生态环境的改善和资源的可持续利用，必须做到有利于当地社会、经济、生态的协调发展和经济社会的全面繁荣。旅游资源开发时要与资源保护紧密结合，突出重点景区、合理布局、有序开发、留有余地。对生态环境脆弱的资源要慎重开发。旅游资源开发应遵循以下原则。

（一）主题突出、彰显特色原则

旅游资源在开发过程中，尽量选择利用具有特色的旅游资源项目；努力反映当地的文化特点，突出民族化和地方传统格调，以保存和增强旅游资源本身独有的特色，并通过各项旅游资源的有机结合，形成一个主题，以此来树立当地的旅游形象。

鲜明的特色是旅游资源的生命力所在。旅游资源开发要以突出民族特点和地方特色为主，做到将历史传统和现代生活相结合、艺术性和实用性相结合，力求主题突出、特色鲜明，体现出"人无我有，人有我优、人优我特"的特色。

（二）适应市场、永续发展原则

在全面保护旅游资源的前提下，要适应市场、永续发展，保障旅游业的可持续发展。

旅游资源地区在开发利用资源时，要对旅游市场进行调查和预测，准确掌握市场需求和竞争状况，结合资源状况，积极寻求与其相匹配的客源市场，确保目标市场能够最大限度地满足旅游者的需求。

旅游资源开发需要保证旅游资源的可持续发展，只有在保护的前提下对资源进行开发，才能够保证旅游资源的永续发展。

阅读资料4-5

打造黄河“几”字弯文化旅游带

内蒙古自治区十三届人大四次会议于2021年01月27日在呼和浩特召开。自治区主席布小林在政府工作报告中提到，打造具有国际影响力的黄河“几”字弯文化旅游带。

布小林指出，抓好黄河流域生态保护，恢复岸线生态功能；加强沿黄地区环境污染系统治理和矿区生态环境综合整治；全面实施深度节水控水行动，持续推进用水方式由粗放低效向节约集约转变；保护、传承和弘扬黄河文化，深入挖掘黄河文化时代价值，推进文化资源和自然资源有机融合，推动长城国家文化公园、黄河国家文化公园建设，打造具有国际影响力的黄河“几”字弯文化旅游带。

据了解，内蒙古黄河流段处于黄河“几”字弯顶部，长约843千米，占黄河全长5464千米的近六分之一，从西向东流经内蒙古阿拉善盟、乌海市、巴彦淖尔市、鄂尔多斯市、包头市、呼和浩特市等6个盟市。目前，在黄河“几”字弯文化旅游带打造中，呼和浩特市清水河县老牛湾黄河大峡谷旅游区已具有一定影响力。2015年，老牛湾国家地质公园正式揭碑开园，依托黄河湿地、准格尔黄河大峡谷、长城遗址，以及历史文化、民族文化、红色文化等丰富资源，打造出黄河与长城握手、峡谷与瀑布交融、村落民俗与地质遗迹共存的景观。

资料来源：http://ctnews.com.cn/content/2021-01/27/content_96773.html.

（三）社会、经济、环境三效益相结合原则

旅游资源开发的目标之一就是追求经济效益，但是在追求经济效益的同时，也要意识到旅游资源的社会效益和环境效益，只有三大效益相统一，才有旅游资源的合理开发。

（四）合理组合、综合开发原则

旅游资源开发要把观光旅游、度假旅游、商务旅游、会展旅游以及开拓短程、中程、远程旅游相组合；围绕旅游资源的文化脉络、时代特色等，进行系列与综合的开发，形成文化脉络清晰、历史特色鲜明的综合体。

三、旅游资源的保护

旅游资源是旅游业发展的基础，旅游业要实现长足发展，就必须认真做好旅游资源的保护工作。旅游资源的保护不仅包括旅游资源本身的保护，使之不受破坏、特色不受削弱，还涉及周围自然生态环境的保护。

旅游资源在开发过程中还要贯彻保护的原则，只有坚持严格保护、开发服从保护的原则，才能实现协调监管、合理利用、科学发展的目标。

阅读资料4-6

山东枣庄：推动红色旅游高质量发展

山东枣庄是著名的革命老区、红色热土，亦是一座英雄的城市。依托当地红色资源，枣庄的特色红色旅游品牌全国闻名。近日，记者来到枣庄，走访了当地多个红色旅游景区，了解到这座百年煤城正向着现代红色旅游新城转变。

据了解，枣庄从2018年起，着力整合红色旅游资源，通过近三年的打造，推出铁道传奇红色经典旅游专线等精品旅游线路。

在场馆规划方面，枣庄于薛城区设立铁道游击队纪念馆，纪念馆开馆一年多来，接待受教育群众和外地游客逾百万人次，先后荣膺山东省研学旅游示范单位、山东省文旅融合先进单位称号和山东省文化创新奖。

在产业开发方面，枣庄依托红色旅游资源开发“九个一”红色研学课程、铁道传奇之《沙沟受降》夜场演出、火车头等系列文创产品，设立了铁道游击队主景区与白楼湾运河支队记忆馆、陈金河纪念馆、种庄村乡村记忆馆等景点，推动铁道游击队红色资源“薛城、市中、微山”三地共建共享，构建红色旅游+红色教育一体化发展的新格局。

据了解，未来枣庄将以红色杂技剧《铁道游击队》、电影《铁道队》创编为契机，开展系列建党100周年活动，形成具有地方特色的鲁南红色旅游创新融合发展示范区。

资料来源：https://culture-travel.cctv.com/2020/11/23/ARTIUnfN8AUyoRYdjuNpU2oF201123.shtml.

四、旅游资源的保护措施

旅游资源在开发利用过程中面临着多方面破坏的风险，除了它本身的自然风化外，还有很大一方面就是人为的破坏。人为的破坏主要包括建设性破坏和管理性破坏。正因为旅游资源的破坏原因呈现多样性的特点，因此，我们在保护旅游资源时更需要实现多元化的保护策略。

（一）健全旅游资源的法律法规

旅游资源的破坏主要是由人为原因造成的，而人为原因的产生，归根结底在于保护旅游资源的法律法规不够健全。为了能有效地保护旅游资源，世界各地均运用立法和公约的形式来加强其保护的力度。联合国教科文组织于1972年通过了《世界文化和自然遗产保护公约》，公约规定所有国家对保护独特的自然和文化区域应承担义务，分批公布了世界遗产保护点，并建立了“世界遗产基金”，以切实保证旅游资源。

世界旅游组织在1980年发表了《马尼拉宣言》，该宣言指出，各国的旅游资源由自然财富和物质财富构成，这些资源必须加以有控制地利用，否则将有遭受破坏和毁坏的危险，满足旅游需求不应损害旅游区人民的社会和经济利益、环境以及重要的自然资源。1985年，又通过了《旅游权利法案》和《旅游者守则》。1989年，在荷兰海牙召开了各国议会旅游大会，大会通过了《海牙旅游宣言》。

我国自改革开放以来，也先后颁布了《中华人民共和国环境保护法》《中华人民共和国文物保护法》《中华人民共和国森林法》《中华人民共和国草原法》《中华人民共和国渔业法》《风景名胜区管理暂行条例》《中华人民共和国自然保护区条例》等。这些法律法规的颁布与实施对我国旅游资源的建设性破坏具有极强的针对性，它们虽然还处于不断完善的过程中，但是对我国旅游资源的保护起到了至关重要的作用。

知识链接4-4

《风景名胜区管理暂行条例》部分规定

第八条 风景名胜区的土地，任何单位和个人都不得侵占。风景名胜区内的一切景物和自然环境，必须严格保护，不得破坏或随意改变。在风景名胜区及其外围保护地带内的各项建设，都应当与景观相协调，不得建设破坏景观、污染环境、妨碍游览的设施。在游人集中的游览区内，不得建设宾馆、招待所以及休养、疗养机构。在珍贵景物周围和重要景点，除必需的保护和附属设施外，不得增建其他工程设施。

第九条 风景名胜区应当做好封山育林、植树绿化、护林防火和防治病虫害工作，切实保护好林木植被和动、植物种的生长、栖息条件。风景名胜区及其外围保护地带内的林木，不分权属都应当按照规划进行抚育管理，不得砍伐。确需进行更新、抚育性采伐的，须经地方主管部门批准。古树名木，严禁砍伐。在风景名胜区内采集标本、野生药材和其他林副产品，必须经管理机构同意，并应限定数量，在指定的范围内进行。

第十条 对风景名胜区内的重要景物、文物古迹、古树名木，都应当进行调查、鉴定，并制定保护措施，组织实施。

……

第十三条 风景名胜区应当加强安全管理，保障游览者的安全和景物的完好。风景名胜区内的居民和游览者，应当爱护风景名胜区的景物、林木植被、野生动物和各项设施，遵守有关的规章制度。

资料来源：http://wenku.baidu.com/view/4f17e749f7ec4afe04a1dfdc.html.

（二）加强旅游资源保护意识和对法律法规的宣传

保护旅游资源的法律法规出台之后，旅游资源确实得到了保护，但是保护力度并没有像想象的那样，旅游资源的破坏仍旧令人担心，究其原因，主要有两个方面：一是人们对于旅游资源的保护意识不强，二是对于旅游资源保护的法律法规的宣传力度不够。

1. 强化旅游资源的保护意识

旅游资源的保护意识，实际上是一种生态建设意识、可持续发展意识，是科学发展观的应有之义。在旅游资源保护过程中，首先要把旅游开发与资源保护结合起来，在保护中开发，在开发中保护，使之得到有效的、持续的利用，打造富有特色的旅游产业。其次要明确“保护第一，开发第二”的发展方针。政府和旅游行政管理部门要高度重视游客在旅游业可持续发展中的作用，积极支持和鼓励、指导社会公众自觉参与旅游环境的保护和治理，增强旅游者和公众的环境意识，树立良好的社会风气，帮助旅游者养成良好的旅游习惯。

2. 加强旅游资源保护知识的宣传

加强旅游资源保护知识的宣传，就是要加强旅游环境保护的舆论宣传，加强旅游环境保护的科研工作和旅游环境保护知识的宣传教育。通过加强旅游环境保护知识的宣传，提高人们的旅游环境保护意识，向全体游人、旅游从业人员和景区附近居民宣传旅游环境保护知识，使其明确保护与开发并举的发展方针。

（三）完善旅游资源开发和管理体制

完善旅游资源开发和管理体制是旅游业可持续发展的政策支撑，良好的体制、机制是旅游可持续发展的前提和保证，而旅游管理和服务人员的素质是旅游业可持续发展的后备力量。旅游业的可持续发展，不仅需要旅游资源的生态化，也需要旅游管理和服务人员素质的“生态化”。

目前，在旅游从业人员中，高中级管理人才十分缺乏，宾馆饭店服务人员除了少数进行过正规培训外，其余都没有接受过正规培训，行业知识、服务质量和服务水平比较差。这种现状与旅游业的可持续发展要求不相协调。

要促进旅游产业的持续发展，必须彻底改革现行旅游管理体制，建立完善的旅游管理新机制。对景区的所有权、经营权和管理权实施彻底的“三权分离”是景区旅游管理体制改革的关键。所谓“三权分离”就是要使景区的所有权、经营权和管理权分属于三个不同法人主体，且三个不同的法人主体之间的利益关系相互独立。

针对一些旅游景区景点同时归属于不同的主管部门，形成多头管理、各自为政、相互制约的局面，以及景区景点的建设和管理的问题，建议成立独立部门，充实力量，完善内部机构，建立健全工作运作机制，使其集中力量抓宏观管理、旅游规划落实、旅游宣传促销、旅游市场管理与监督，协调解决旅游产业发展中出现的问题。

复习思考与练习题

一、判断题

1. 旅游资源具有特殊的使用价值，因而就具有垄断性。（ ）

2. 大连金石滩属于自然旅游资源中的水域风光。（ ）

3. 旅游资源具有可变性，原来不是旅游资源的可以慢慢变成旅游资源。（ ）

4. 某些旅游资源的季节性，可以通过技术手段加以弥补。（ ）

5. 旅游资源评价结果只有专家才能做出，一般旅游者无法对其评价。（ ）

二、单选题

1.（ ）是旅游资源的主要特征。

A. 多样性　B. 观赏性　C. 体验性　D. 不可移动性

2. 旅游资源同一般资源的最主要区别，就是它的（ ）。

A. 重复使用特征　B. 垄断特征　C. 美学观赏特征　D. 地域差异特征

3. 以下属于知识型旅游资源的是（ ）。

A. 苏州园林　B. 迪士尼游乐园　C. 三亚海滨　D. 民俗文化展

4. 在对旅游资源的价值进行评价时，应做到既不任意夸大，也不无限缩小；应做到符合客观实际，恰如其分。这体现了旅游资源评价的（ ）原则。

A. 全面性选择　B. 效益性原则　C. 科学性原则　D. 客观性原则

5. 旅游资源在开发过程中只有贯彻（ ）的原则，才能实现协调监管、合理利用、科学发展的目标。

A. 创新　B. 特色　C. 保护　D. 科学

三、多选题

1. 旅游资源按功能分类可分为（ ）。

A. 自然旅游资源　B. 观光游览型　C. 知识型　D. 康乐型

2. 旅游资源评价的方法主要有（ ）。

A. 美学评价方法　B. “三三六评价方法”

C. 综合评价方法　D. 根据国家标准评价方法

3. 旅游资源开发讲究（ ）三效益相结合原则。

A. 社会　B. 环境　C. 经济　D. 交通

4. 下列旅游资源中，属于自然旅游资源的有（ ）。

A. 古陵墓　B. 蜃景　C. 摩崖石刻　D. 冰川

5. 根据常见的旅游资源表现内容的基本属性将旅游资源划分为（ ）。

A. 自然旅游资源　B. 人文旅游资源

C. 社会旅游资源　D. 可再生性旅游资源

E. 不可再生性旅游

四、名词解释

旅游资源　自然旅游资源　人文旅游资源　旅游资源调查　旅游资源开发

五、论述题

1. 试述旅游资源的特点。
2. 试述旅游资源的评价内容。
3. 试述旅游资源的开发原则。
4. 试述旅游资源的保护措施。

六、案例分析

步入古镇，周庄人的商业头脑着实让人惊叹：几乎所有的沿街房子，除了个别景点，都破门开店。一路上，总有人追着你问要不要导游；饭店里，一位妇女唱了几句小调就伸手向客人要钱——有900多年历史的古镇周庄，像一个嘈杂的集市，将一切作为商品展现出来。

国家文化名城研究中心主任、同济大学教授阮仪三教授就告诫道，不要因过度开发而毁了周庄。但是，专家的意见终不敌巨大的利益诱惑。1988年，周庄“告别摆渡”，建了一座水泥大桥，从此，旅游客车长驱直入。1994年，受一家公司数千万元投资的吸引，周庄兴建了一座“全福寺”。最大的危机，是曾经一条环城公路要穿周庄而过，所幸，在多位文物专家的疾呼之下，这一计划终究未能实现。

讨论：

1. 周庄如何在追求产值和保持传统中做出选择？
2. 周庄如何在旅游发展和古镇保护中找寻平衡点？

七、实训拓展

实训目的及要求：使学生能够对旅游资源的类型进行辨别，能用所学知识对旅游资源进行调查、分析和评价。

根据所学的旅游资源的基本知识，对自己家乡的旅游资源进行分析和评价，并谈谈对家乡旅游资源开发与保护的建议。

第五章 旅游业

知识目标

1. 了解旅游业的基本概念和特征。
2. 熟悉旅游业的特点和构成。
3. 了解旅游业各个部门的基本含义和发展状况，熟悉它们在旅游业中的地位和作用。

能力目标

1. 能够根据旅游业各个部门的发展状况，分析其在一地旅游业发展中所起的作用。
2. 能够根据旅游业的构成，分析一地旅游业的发展情况。

素质目标

1. 培养学生关注行业热点的习惯，提高职业素养。
2. 培养学生独立思考问题、分析问题和解决问题的能力。

案例导入

未来旅游业发展值得关注的几个趋势

第一，从旅游发展理念上，向高质量、高科技、高消费、融合化、跨界化、平台化的方向发展，空间思维、场景思维、互联网思维、专业化思维将是未来产业发展的主要思维。

第二，从旅游组织方式上，自组织模式与花钱买服务的团队游之间的消长关系会发生变化，团队游仍有创新发展空间，小规模、定制化、家庭型的旅游团队会受到青睐。

第三，从旅游产品类型上，自组织的产品如自驾游，强调家庭和亲子的产品会有显著增长，周边微度假产品也会有较大的增长空间，体现微旅行（距离）、慢休闲（节奏）、深度假（体验）的特点。此外，研学产品因为市场规模大、需求稳定而受到后疫情时期亟待补血的旅游企业的关注；户外研学、自然教育的发展空间更是有待深入挖掘。

第四，从旅游价值挖掘上，微信、微博、短视频等社交媒体的电子商务化进程会进一步加快，导航地图、垄断平台等入口流量效应的旅游价值空间将得到更好的开发和释放，内容生产平台/集成平台也需要解决从内容生产到商业价值生产的有效转化。

第五，从旅游科技进化上，智慧旅游将从数字化、网络化向智能化发展，注重“面子”向注重“里子”转变。

资料来源：https://www.163.com/dy/article/G2G41PQV05380TB4.html.

第一节 旅游业的含义和特征

第二次世界大战以后，旅游业迅速发展，随着大众化旅游局面的形成，一方面，人们的旅游需求更加多样化；另一方面，旅游促进了世界各国、各地区的经济增长。近些年来，旅游业作为旅游活动发展的产物，在各国经济总量中所占的比重越来越大，对经济增长的推动作用有着越来越突出的表现。

一、旅游业的基本含义

旅游业作为旅游媒介，是旅游活动的三大要素之一。但是，从传统理论上讲，旅游业不是一项标准的产业，而在实际情况中，人们的旅游活动又确实影响着国民经济发展的方方面面。由此得出，旅游业是客观存在的，只是它不像其他产业那样界限分明。世界各国家或地区在制定其产业划分标准时，似乎都未明确将旅游业作为一项产业单独立项，但是在很多国家或地区制定的经济发展规划中，都将旅游业列为其中一项重要内容，甚至旅游业已经成为某些国家或地区国民经济中具有举足轻重地位的行业。在我国《国民经济行业分类》（GB/T4754—2002）和2003年颁发的《三次产业划分规定》中都未列出旅游业，而早在1986年，旅游业的接待人数和创汇收入指标就已被正式纳入《中华人民共和国经济和社会发展第七个五年计划（1986—1990年）》之中，这意味着旅游业在我国国民经济发展计划中立了“户头”。1987年，国务院又一次提出“要大力发展旅游业”。1991年，在我国制定的《关于国民经济和社会发展的十年规划和第八个五年计划纲要的报告》中，正式将旅游业的性质定为产业，并将其列为加快发展的第三产业的重点。

在国际研究领域，许多学者对旅游业也存在不同看法，大致可分为两类。一类是对旅游业狭义的理解，将旅游业限定在旅行社业范围内，他们认为，旅行社业只能作为国民经济中的一个行业，而作为产业显然缺乏代表性，此类概念不可取。另一类是对旅游业广义的理解，在经济学上，产业经常以同一商品或服务市场为集合来划分。虽然旅游业中各企业的主要业务和产品有所不同，但作为服务业，它们有一个共同的服务对象（或者称为服务市场）——旅游者。旅游消费涉及食、住、行、游、购、娱六大要素，需要多类不同企业相互配合才能完成旅游活动全行程。因此，这些企业通过各自的产品和服务满足同一市场即旅游市场的需要，共同构成国民经济的一种产业——旅游业。

通过以上分析，我们可以看出，旅游业是客观存在的，其定义可以表述为，旅游业是以旅游者为对象，为旅游活动创造便利条件并提供其所需商品和服务的综合性产业。

二、旅游业的构成

旅游业是由许多与旅游相关的行业组成的一个综合性产业，对于旅游业的构成有许多不同的认识，本书介绍几种主要的看法。

根据联合国的《国际标准产业分类》以及对从事旅游业务的具体部门加以分析，旅游业主要由三部分构成，即旅行社、交通运输部门和以旅馆为代表的住宿部门，因而这三个部门的企业也构成了三种类型的旅游企业，即旅行社、旅游交通和旅游饭店，它们成为现代旅游业的三大支柱。这三个部门中的企业是依赖旅游者的存在而生存的，同时，它们的发展状况也决定着一个国家或者地区旅游业发展的水平。

从旅游目的地的角度来看，旅游业主要由五大部门组成，即旅行社业务组织部门、住宿接待部门、交通运输部门、游览场所经营部门和各级旅游管理组织部门。就一个旅游目的地的旅游业而言，上述五大部门之间存在着共同的目标，它们相互联系、不可分割，即通过吸引、招徕和接待外来旅游者，促进旅游目的地的经济发展。

但是，从旅游业是为旅游者的旅游活动提供所需的商品和服务，以及旅游活动的内容来看，旅游业的构成不止以上五个部门，还应该包括旅游餐饮业、旅游购物业、旅游娱乐业等。

三、旅游业的性质

旅游业从根本上说是一项经济产业，其经济性表现在以下几个方面：首先，从旅游业的产生来看，旅游活动不仅是人类社会经济发展到一定阶段的产物，还随着社会经济的发展而发展；其次，从旅游业的构成来看，旅游业的参与者有众多分属不同行业的企业，包括旅行社、宾馆饭店、交通运输企业、游览娱乐企业、旅游购物企业等，这些企业都是以生产相关旅游产品，并通过出售这些旅游产品获得收益、进行独立核算的经济组织；最后，从旅游业的影响来看，旅游业不仅可以增加外汇收入、加快货币回笼，还可以促进和带动与旅游有关的其他行业的发展，进而带动本地区的经济发展。

对旅游业经济性质的认识，有助于国家或地区把旅游业作为国民经济的一个组成部分来制定其产业政策。

四、旅游业的特点

旅游业同其他产业相比，特别是和制造业相比，具有以下特点。

（一）综合性

旅游业是由通过为旅游者的旅游活动提供产品和服务以获取利益的企业构成的，故而使旅游业表现出明显的综合性。了解旅游业的综合性，有着非常重要的实际意义。旅游业的综合性主要体现在以下两个方面。

第一，旅游业中的各个行业都是联系在一起的，这就像“木桶原理”一样，其中任何一个行业的发展滞后或行为失误，都会导致旅游者对该地总体旅游产品的不良评价，从而导致其他行业客流量的减少，进而影响目的地旅游业的发展。同时，旅游业中某个行业的发展也能促进整个旅游业的发展。因此，就旅游目的地来说，旅游业各部门发展应该均衡，应在目的地的营销方面开展联合营销。

第二，各旅游企业所有权的分散性及其为追求各自经济利益而各行其是的自由性，使企业间不存在自动的协调，故旅游目的地有必要对其旅游企业实行全行业管理。

（二）服务性

旅游业是服务产业，其向旅游者提供的旅游产品既包括有形因素，也包括无形因素，其中主要的是无形因素——服务。旅游者从旅游企业购买的产品，实际上就是一次旅游的体验和经历，旅游者评价旅游产品质量好坏的标准就是满意度，即是否得到了一定程度的物质享受和精神满足，其中涉及导游、翻译、交通、餐饮、购物等许多服务，所以依附于有形产品上的无形产品才是旅游企业提供的旅游产品的主要价值。旅游业的服务性要求旅游企业必须重视服务质量，提高旅游者的满意度。

（三）敏感性

旅游业是一个非常敏感的产业，随时会受到各种因素的影响，从旅游业整体来看，其各组成部分之间在数量上和质量上都必须协调发展，任何一个部分的脱节都会造成整个目的地旅游供给的失调，从而影响整个目的地经济效益的实现。

从外部环境看，各种自然的、政治的、经济的和社会的因素出现任何不利的变化，都会导致旅游需求发生较大波动，从而对旅游业产生不利影响。例如，自然因素中的地震、海啸以及气候异常等；经济因素中的汇率变动、经济危机、能源短缺等；政治因素中的国家之间的关系恶化、种族隔离和争斗、战争及恐怖袭击活动等，都会导致旅游业的危机。因此，很多学者把旅游业的这个特点称为脆弱性。

诚然，我们也应看到，虽然很多因素的变化会给旅游业带来不利影响，可旅游业本身较强的生命力是任何人不能否认的。同样，大量的事例也证明，一些自然的、政治的、经济的和社会的因素为旅游业的发展起到了推动作用，这也是我们把旅游业的这个特点称为敏感性而不称为脆弱性的原因。

（四）涉外性

旅游活动是一种跨地区甚至跨国界的交际活动，国际旅游活动既有文化的交流，又有经济的交流。一个国家既可以是旅游接待国，也可以是旅游客源国。人们把国际旅游活动称为“民间外交”，相对于正式外交而言，它具有广泛性、群众性、灵活性和有效性的特点。但是，不同国家或地区有着不同的社会制度、经济文化和生活方式，这不仅要求旅游相关行业根据旅游市场的需求，进行旅游产品的生产、组织和营销活动，还要求从业人员具有外交人员的素质，掌握必要的涉外知识，尊重各国的文化和生活方式，注意自己的言谈举止，注意维护国家形象和民族尊严。

第二节 旅行社业

旅行社业是旅游业的三大支柱之一，在旅游业中占有重要地位。它由向各个旅游者和旅行者提供产品组合、信息、导游、陪同和预订等服务的企业组织构成。旅行社业是旅游业的重要组成成分，具有典型的中介服务的性质。

一、旅行社的概念、性质和作用

（一）关于旅行社的定义

关于旅行社，不同的国家或地区有着不同的定义。

在日本，人们习惯上把旅行社称为旅行业，《日本旅行业法》规定，所谓的旅行业，是指收取报酬，经营为旅客提供运输或住宿服务、代理签证等内容的事业。

国际旅游组织把旅行社定义为，零售代理机构向公众提供关于可能的旅行、居住和相关服务，包括服务酬金和条件的信息。旅行组织者、制作商或批发商在旅游需求提出以前，以组织交通运输、预定不同方式的住宿和提供所有其他服务，为旅行和旅居做准备。

欧洲普遍接受的旅行社的定义为，旅行社是一个以持久营利为目标，为旅客和游客提供有关旅行及居留服务的企业，提供的服务主要包括出售或发放运输票证；租用公共车辆；办理行李托运；提供旅馆服务，预订房间，发放旅馆凭证或牌证；组织参观游览，提供导游、翻译和陪同服务以及邮递服务；提供租用剧场、影剧院服务；出售体育盛会、商业集会、艺术表演等活动的入场券；提供旅客在旅行逗留期间的保险服务；代表其他驻国外旅行社或旅游组织提供服务。这个定义是比较完整、比较有法律依据的定义之一。

我国2001年修订的《旅行社管理条例》中第一章第三条规定，所谓的旅行社是指有营利目的，从事旅游业务的企业。这里的旅游业务是指为旅游者代办出境、入境和签证手续，招徕、接待旅游者，为旅游者安排食宿等有偿服务的经营活动。

在介绍旅行社定义时，我们必须注意，随着信息技术的使用和旅游市场的发展，出现了一些新型旅游代理商，这对传统的、狭义的旅行社提出了挑战。他们涉足旅行社的业务，往往只是提供订票、订房等单项旅游服务，既不符合《旅行社管理条例》对旅行社的界定，也无旅行社之名，可不遵守行业内的法规和惯例，但他们却在以不同的方式为不同细分市场的旅游者顺利实现空间移动提供服务，他们的出现对传统旅行社直接构成了威胁。

因此，广义的旅行社可定义为，购买、开发旅游供应商的产品，借此为旅游者实现安全、舒适和便利的空间移动提供服务的企业，包括传统旅行社、利用互联网和呼叫中心销售客房和机票等产品的在线旅游服务商。

（二）旅行社的性质

作为旅游企业中的一类，旅行社既有与其他旅游企业相类似的共性，也有自身的特性。在其业务范围内及日常运作过程中，可分析出旅行社有如下几个基本性质。

1. 营利性

旅行社是以营利为目的的企业。旅行社首先是一种企业形态，而营利性是所有企业具有的共性，也是其根本性质。企业的最终目的是追求利润最大化，旅行社是一个独立核算、自负盈亏的经营性组织，因此也负担着营利的重任。

2. 服务性

服务性是旅游业中所有企业都具有的，是旅游企业与工业企业相区别之处。旅行社的经营过程自始至终都不离开服务这一核心内容。我们应该认识到，旅行社不仅是一个独立的、具有经济属性的组织，其发展还涉及许多社会问题。而服务性是旅行社发展过程中经济效益的体现，是一个地区、一个国家展示形象的途径之一，所以旅行社也被称为“窗口行业”。

3. 中介性

旅行社是中介服务机构。作为旅游服务企业，旅行社是旅游客源地与目的地之间、旅游消费者与旅游服务供应商之间的纽带，并在促进旅游产品的销售和活跃旅游市场方面起到了积极作用。旅行社本身的运作主要依托于各类旅游吸引物和旅游供给设施，并涉及旅游需求的全部内容，进而组织和创新产品，从而完成从资源到效益的转化。

（三）旅行社的作用

旅行社是旅游活动的产物，它在旅游活动中扮演着双重角色，既是旅游产品的采购者，又是旅游产品的销售者，它把分散于各地的旅游者和提供服务的旅游经营者连接起来，在旅游活动主体（旅游者）和客体（旅游对象）之间起媒介作用。旅行社的具体作用可以概括为以下三个方面。

1. 旅游活动的组织者

从旅游者需求角度来看，旅游者在旅游活动中需要各种旅游服务，如交通、住宿、餐饮、游览、购物、娱乐等，而提供这些服务的部门和企业分属不同的行业，它们相互之间的联系比较松散。旅行社从相关的各类供应商处采购并进行合理的组织加工，融入本旅行社的服务特色和专业个性，进而形成具有本旅行社风格的旅游产品，并向旅游者进行销售。由此看来，旅行社是旅游者和各类旅游供应商之间的中介，在确保各方利益的前提下，协同旅游业各有关部门和其他相关行业，保障旅游者在旅游活动过程中各环节的衔接和落实。因此，旅行社不仅为旅游者组织旅游活动，客观上还在旅游业各组成部门之间起着组织和协调的作用。

2. 旅游供应商的产品销售渠道

人类的进步使社会分工不断地细化和深化，生产的社会化分工决定了需要有旅行社这样一种组织，专门从事旅游产品的组合和加工，并通过提供各种及时有效的旅游信息，满足旅游者对旅游产品的广泛需求，同时方便旅游者购买旅游产品。旅行社承担着沟通供求双方的责任，使旅游产品可以借此更顺利地进入消费领域。虽然旅游交通业、住宿业等部门，也直接向旅游者出售自己的产品，但它们的产品大多数还是通过旅行社销售给旅游者的。因此，旅行社是旅游产品供应商最重要的销售渠道。

3. 促进旅游业发展的先锋

一方面，在旅游业的各有关组成部门中，旅行社最接近客源市场，并且首先直接同旅游者接触。因此，旅行社对旅游市场的信息了解得最及时。另一方面，旅行社同旅游业其他各部门都有密切联系，这些相关部门的产品信息往往通过旅行社传递给客源市场。因此，旅行社在了解需求和指导供给方面起着非常重要的作用，堪称促进旅游业发展的“前锋”。

二、旅行社的主要类型

由于各国旅游业发展的目标和水平不同，旅行社的分类也存在着一定的差异。

（一）欧美国家旅行社的分类

欧美国家以旅行社生产经营的主要业务（主营批发业务和主营零售业务）类型为依据，将旅行社分为以下两类。

1. 旅游批发经营商

旅游批发经营商，即主要经营批发业务的旅行社或旅游公司。具体来说，就是旅行社根据自己对客源市场的了解，成批量地定购各类不同的旅游产品，如交通运输公司、饭店、旅游景点等的产品，然后将这些产品设计、合成不同的包价旅游线路产品，并通过一定的渠道销售给旅游者。

旅游批发经营商又分为旅游批发商和旅游经营商两类，这两者的主要差别体现在销售渠道上。旅游批发商一般不从事零售业务，其开发组合的包价旅游产品通过独立的零售机构销售产品，而旅游经营商可以通过自己设立的零售网络来销售自己的产品。

2. 旅游零售商

旅游零售商，即主要经营零售业务的旅行社，它直接面对旅游者，并向其推销旅游产品，或为其购买旅游产品提供便利。旅游经营商的典型代表是旅游代理商，其代理消费者从旅游批发经营商或各旅游企业购买旅游产品，同时也代理各旅游企业直接向旅游大众销售其产品。旅游代理商的经营收入主要来自被代理企业的佣金。这类企业的规模一般比较小，但是其数量多、分布广，也有一些旅游零售代理商，拥有自己庞大的零售网点，占据了大部分的市场销售份额，例如，托马斯·库克公司的分支零售网点有2000多个。

（二）我国旅行社的分类

我国旅行社是按照经营范围的不同来分类的。

1996年之前分为一类、二类和三类旅行社。一类旅行社从事对外招徕和接待海外游客来中国内地旅游，二类旅行社从事由一类旅行社和其他涉外部门组织来华的海外游客的接待工作，三类旅行社只能经营国内业务。

1996年我国颁布了《旅行社管理条例》，对我国旅行社的分类做了新的调整。按照经营范围，我国旅行社可划分为国际旅行社和国内旅行社，这种划分至今仍然沿用。

1. 国际旅行社

国际旅行社的经营范围包括入境旅游、出境旅游和国内旅游。具体业务如下所述。

第一，招徕外国旅游者、华侨华人及我国港澳台同胞来中国内地旅游，为其安排交通、游览、住宿、饮食、购物及提供导游等相关服务；

第二，招徕我国旅游者在国内旅游，为其安排交通、游览、住宿、饮食、购物及提供导游等相关服务；

第三，经国家旅游局（现为文化和旅游部）批准，招徕、组织我国境内居民到外国和我国港澳台地区旅游，为其安排领队及委托接待服务；

第四，经国家旅游局批准，招徕、组织我国境内居民到规定的与我国接壤国家的边境地区旅游，为其安排领队及委托接待服务；

第五，经国家旅游局批准，接受旅游者委托，为旅游者代办入境、出境及签证手续服务；

第六，为旅游者代购、代订国内外交通客票，提供行李服务；

第七，经国家旅游局批准的其他旅游业务。

2. 国内旅行社

国内旅行社的经营范围仅限于国内旅游，具体业务如下所述。

第一，招徕我国旅游者在国内旅游，为其安排交通、游览、住宿、饮食、购物及提供导游等相关服务；

第二，为我国旅游者代购、代订国内交通客票，提供行李服务；

第三，其他经国家旅游局规定的与国内旅游有关的业务。

我国旅行社的划分标准不是根据旅行社业务的自然分工所进行的归纳，而是出于国家对旅游业进行宏观调控、为确保旅游接待质量而进行的划分。国际旅行社和国内旅行社除了业务内容是否涉外方面有不同外，各类旅行社的业务职能方面并无根本差别。同欧美国家的旅行社相比，我国的旅行社既经营“批发”业务，也经营“零售”业务。

阅读资料5-1

2020—2021年旅行社十大品牌排行榜如表5-1所示。

表5-1　2020—2021年旅行社十大品牌排行榜

排名	品牌	公司	概况
1	CTS 中旅总社	中国旅游集团有限公司	中国港中旅集团旗下负责旅行社业务的全资子公司，创建于1985年，从事出入境游、商务旅游、会议和奖励旅游、签证认证代办等业务，是综合性大型国际旅行社
2	中青旅	中青旅控股股份有限公司	创建于1997年，中国光大集团旗下旅游行业知名品牌，专业的综合性旅游服务平台，旗下有中青旅会展、山水酒店、遨游网、百变自由行等国内知名旅游企业和产品品牌
3	CITS 中国国旅	中国旅游集团有限公司	成立于1954年，是大型跨国旅游运营商，提供出境/国内跟团及自由行产品，以及机票、酒店、签证、旅游票务、旅游保险等综合旅游服务的集团
4	康辉旅游	中国康辉旅游集团有限公司	创建于1984年，总部设在北京，是国家特许经营中国公民出境旅游、大陆居民赴台湾旅游的组团旅行社
5	广之旅 GZL	广州岭南集团控股股份有限公司	成立于1980年，华南旅游航母岭南集团旗下公司，主要经营出境游、国内游、入境游等业务，是华南地区规模较大、实力强、美誉度高的旅行社
6	caissa	凯撒同盈发展股份有限公司	创始于1993年，是国内知名的出境旅游服务商，提供出境旅游、国内旅游、会奖旅游、旅游电子商务等业务服务
7	春秋旅游	上海春秋国际旅行社（集团）有限公司	成立于1981年，主要从事旅游、航空、酒店预订、机票等业务的大型企业，是国内连锁经营、颇具规模的旅游批发商和包机批发商
8	u-tour 众信旅游	众信旅游集团股份有限公司	成立于2005年，是大型出境旅游运营商，集出境游批发零售、商务会奖、移民置业、游学及留学海外教育、出境金融为一体的综合型企业
9	锦江旅游	锦江国际（集团）有限公司	负责锦江国际集团旗下旅游业务，由多个旅游公司组建而成，主要经营入境旅游和出境旅游，是国内规模较大的综合性旅游企业集团
10	C&D 建发国旅	厦门建发国际旅行社集团有限公司	成立于1994年，厦门建发旅游集团旗下子公司，主要从事出境、入境及国内旅游，代理国际国内航空票务、酒店、餐饮、交通等相关业务的旅行服务商

资料来源：品牌等级是由CN10/CNPP品牌数据研究部门通过资料收集整理.

三、旅行社的基本业务

在不同的国家和地区，旅行社不论在经营规模、经营方式、经营职能、业务范围方面，还是在具体运作方面均存在较大差异，但是，不同的旅行社在业务内容上却有不少的共性。

在旅游者旅游动机的形成阶段，旅行社主要通过市场调研及时了解旅游者的旅游动机，并根据旅游者的旅游动机有针对性地设计旅游产品。在旅游者根据自己的旅游动机收集相关的旅游信息时，旅行社会适时地以多种方式进行旅游促销活动，并使旅游者能够方便地获取最新、最全面的旅游信息。旅游者经过对大量信息的评价与判断后，会有选择地向相关旅行社进行咨询，此时，旅行社可以通过网络、人工等多种渠道向旅游者提供真实有效的优质咨询服务。旅游者通过对其咨询结果的比较做出最终的决策，向其满意的旅行社付费购买旅游产品，这对于旅行社而言就意味着提供相应的旅游产品的销售服务，这一环节是与旅行社的采购服务密切相关的。同时，旅游者实际旅游活动的开始，也就意味着旅行社业务的开始，而当旅游者旅游活动结束，旅行社则提供相应的售后服务，以解决各种可能出现的问题，并保持与旅游者的联系，为下一次旅行社业务的开展奠定良好的基础。

在市场经济条件下，所有旅游产品与服务的供给都是为了满足特定的旅游消费需求。与旅游者的消费流程相对应，旅行社将会顺次开展市场调研，旅游产品开发、促销、咨询服务、销售、采购，接团或发团及售后服务等业务流程。我们可以将其归纳为旅行社的三项基本业务：第一，旅游产品开发业务（含市场调研、产品开发与采购等业务）；第二，旅游产品的市场营销业务（包括产品促销与销售等业务）；第三，旅游接待业务（包括咨询、接团或发团及售后服务等业务）。

知识链接5-1

旅行社未来发展方向及几点思考

未来旅行社要成为异地美好生活方式的组织者。当前，人们已经从传统的景区—酒店封闭式的游览系统，转变为异地生活方式感受和体验的开放系统。为此，我们要以更宽广的视野挖掘旅游资源，打造创新旅游产品，细分市场，往精品化、个性化深耕，提升定制化设计的深度游服务。因为设计让旅游更美好。好的产品不仅要设计线路，还要构筑全过程体验的内容。实现好的旅行设计，离不开对人的深度理解和充分尊重。我们要比以往更重视每一个个体的生命情感、生命体验。未来旅行社要重视个性化、品质化产品的开发，将内在的精神追求与外在的资源相连接，重构旅游方式与旅游价值。

未来旅行社要成为主客共享美好生活场景的构建者。要旅游休闲两手抓，旅行社不仅要关注游客在异地的生活体验，也要关注本地人的休闲生活。旅游目的地当地生活方式、民俗文化、时尚消费、地标建筑等都可以成为旅游资源，从菜市场到戏剧场，都可能成为旅游的核心吸引物。旅行社要积极致力于打造主客共享的美好生活新场景，推动游客与旅游目的地双方交流互动，互相学习，共同成长。主客共享美好生活新空间的打造，也会给广大从业者注入新的发展活力。

未来旅行社要成为新型旅游服务的供给者。未来旅行社要转变传统旅游服务观念，在自助行的旅游市场寻找更宽阔的服务空间，承担起更贴合游客需求的个性化高品质服务职能，如通过提供订房、包车等阶段性、半自助过程服务，提升游客的出行体验感；要重视培养建立优秀的旅行设计师与导游队伍。未来旅游行业最核心、最激烈的竞争一定是对优质旅行设计师及导游的竞争。我们要加速培养来自各行各业的优秀独立旅行设计师，让他们成为优质旅游的创造者、组织者，成为行业变革的驱动者、推动者。

资料来源：浙江省文化和旅游厅党组成员、副厅长王峻在第十六届横店影视城旅游合作商发展峰会暨主题文旅发展高峰论坛上的讲话.

四、我国旅行社的发展概况

我国旅行社起步于20世纪20年代，但旅行社发展成为具有一定规模的经济行业，却是在1978年实行对外开放之后。

1949年11月，中华人民共和国在福建厦门开办了第一家旅行社——厦门华侨服务社，后改名为“厦门中国旅行社”，之后在北京成立“华侨旅行服务总社”，后来更名为中国旅行社。

1954年4月，经当时的政务院批准，中国国际旅行总社在北京成立，并在上海、杭州、广州等12个城市建立分社或支社。中国旅行社和中国国际旅行社自成立之日起，就是以政治接待为主要任务，既没有形成一个行业，也不具备经济性质。

“文化大革命”时期，我国旅行社基本瘫痪，发展停滞不前，1978年第十一届三中全会以后，国家实行一系列重大政策，为我国旅行社业的发展带来前所未有的机遇和活力。1980年，中国青年旅行社成立，这标志着中国旅行社业三足鼎立的局面形成。1984年，外联权下放，旅行社在全国范围内发展起来。1985年5月，国务院颁发了《旅行社管理暂行条例》，将旅行社性质确定为“依法设立并具备法人资格，从事招徕、接待旅游者，组织旅游活动，实行独立核算的企业”，同时，划分一、二、三类旅行社，这极大地促进了我国旅行社业的发展。到1998年年底，我国共有旅行社1573家，彻底打破了行业寡头垄断的局面。

20世纪80年代末，旅游业因入境旅游市场而出现波动，但国内经济的快速发展为国内旅游提供了良好的基础条件，加上此时开始允许中国公民出国探亲和旅游，从而使我国内地成为亚洲较大的旅游客源地。入境旅游的恢复和发展、出境市场的初步形成、国内旅游需求的高速增长，促进了旅行社行业的规模扩张。到1994年底，全国共有各类旅行社4382家，其中一类旅行社267家，二类旅行社716家，三类旅行社3399家。

为了规范我国旅游市场，改变当时旅行社市场无序竞争的局面，提高旅行社服务质量，必须对旅游市场进行科学的管理。1995年1月1日，国家旅游局（现更名为文化和旅游部）颁布了《旅行社质量保证金暂行规定》，同年7月1日国家旅游局又颁布了《旅行社质量保证金赔偿试行标准》和《旅行社质量保证金赔偿暂行办法》，旅行社质量保证金制度的实施，使我国旅行社业自动或半自动地进行了产业结构的调整。为适应我国旅行社的发展，进一步规范旅行社市场，国务院于1996年10月颁布了《旅行社管理条例》，同年11月28日颁布了《旅行社管理条例实施细则》，随后有关部门先后颁布了《旅行社经理资格认证管理规定》（1997年5月）；1999年颁布《中外合资旅行社试点暂行规定》（1999年1月）、《导游人员管理条例》（1999年5月）；2013年颁布《旅游法》；2016年12月12日，国务院旅游主管部门发布并于同日生效的决定对《旅行社条例实施细则》（国家旅游局令第30号）、《导游人员管理实施办法》等部分条款进行修改，对旅行社行业有序规范发展起到了很好的作用。截至2020年12月31日，全国旅行社总数为40 682家（按2020年第4季度旅行社数量计算），比2019年增长4.47%。

改革开放以来，我国旅游业迅猛发展，取得了举世瞩目的成绩。作为旅游行业的重要组成部分，旅行社的发展也显示出巨大的活力和良好的发展势头，吸引了外国投资者的目光，而旅游发达国家的大型旅游集团在资金、管理、市场运作能力上的优势，也正是我国旅行社需要进一步学习和借鉴的。有条件、有步骤地开放旅行社行业必将迎来一个双赢的局面。随着我国政府认真履行入世承诺，我国旅行社业将逐步走上集团化、网络化、国际化的发展道路。

第三节 旅游饭店业

一、旅游饭店业的含义

（一）旅游饭店的概念

旅游饭店是现代旅游业三大支柱之一。在我国，有宾馆、饭店、酒店、旅馆、旅社、招待所、度假村等；国外有hotel（饭店）、inn（客栈）、lodge（客店）、motel（汽车旅馆）等。尽管这些称谓不同，但是不管如何称谓，饭店业企业的本质特征都是能够为宾客提供旅居服务。旅游饭店的一般概念可表述为，旅游饭店是指功能要素和企业要素达到国家标准，能够为各类宾客提供住宿、饮食、购物、娱乐等综合性服务的企业。

（二）旅游饭店的类型

旅游饭店的类型很多，但无统一的划分标准，下面列举几种常见的划分标准。

（1）根据饭店的位置不同进行划分，旅游饭店可分为城市中心饭店、度假饭店、城郊饭店、汽车饭店、机场饭店等。

（2）根据使用者的访问目的或饭店主要针对的目标市场划分，旅游饭店可分为商务饭店、度假饭店、会议饭店、旅游饭店等。

（3）根据饭店的档次或等级划分，旅游饭店可分为豪华型饭店、经济型饭店、高档饭店、中档饭店、低档饭店、一星级到五星级饭店等。

（4）根据经营管理方式不同进行划分，旅游饭店可分为独立（单体）饭店、连锁（联号）饭店等。

二、饭店业发展阶段

世界饭店业从古罗马时期发展到现在，大致经历了4个时期。

（一）古代客栈时期

公元前600年，古罗马人占领欧洲的时候，在主要城市之间修建道路，沿途设有提供住宿、食品和饮料的驿站。当时贸易很不发达，很少有人旅行，如果要旅行，则需在野外露营或寄宿于贵族城堡，并且宗教团体也常以低廉价格向旅行者提供膳宿服务。后来，古罗马人修建的驿站慢慢荒凉直至废弃。

14世纪，英国已出现大规模的旅行活动。由于当时可供四轮马车行走的驿道不多，农村和城镇相距又远，常有盗匪出没，旅行者除了需要食物和歇脚场所外，还需要真正的保护，因此，沿途有些住户就向旅行者敞开了家门，这就促进了客栈业的发展。

17世纪末，马车旅行发展，每隔16～24千米的车站旁就有客栈，还向旅客提供膳食和啤酒。当时的客栈无非是一栋大房子，有几个房间，房间内摆一些床，旅客们挤在一起休息，当时有身份的旅客会受到优待，但也仅是在较宽松的地方安睡。

（二）大饭店时期

从18世纪中期到19世纪末，是近代饭店业的产生和形成时期，也是从古代旅行客栈过渡到现在旅游饭店的重要时期，通常将这时期称为“大饭店时期”。当时饭店的外部装饰、内部设施、娱乐用品以及烹饪方式等都比较讲究，并且饭店专为特别富裕的社会特权阶层服务，因此，这一时期又被称为“豪华饭店时期”。

大饭店时期是在近代产业革命到来，欧美一些国家相继实现工业化的基础上开始出现的。由于在这一时期资本主义社会刚刚建立，许多封建社会王公贵族的遗老遗少和一些新兴的资产阶级暴发户，都非常眷恋和追捧以往那种只有在宫廷内才能享受的特殊生活方式。于是，当时的英国和美国等一些比较发达的国家和地区，豪华酒店纷纷被建造出来。并且，饭店经营者为了使自己的饭店规模最庞大、装饰最豪华、消费最高档，彼此之间展开了激烈的竞争，这最终迎合了特权阶层的消费心理。

大饭店建造之风最先出现在美国。从1794年纽约建造第一座豪华饭店——城市旅馆（首都饭店）开始，波士顿、旧金山、芝加哥、费城、巴尔的摩等地相继出现了类似的豪华饭店。比如，1829年，在波士顿落成的特里蒙特饭店，号称美国有史以来规模最大、造价最高的饭店；1834年，在纽约建成的阿斯特饭店，属于第一家"宫殿型"饭店。在豪华饭店建造方面，欧洲也不甘落后。例如，1874年，柏林建成著名的恺撒大饭店；1876年，法兰克福建成法兰克福大饭店；1880年，巴黎建成巴黎大饭店；1885年，巴黎建成罗浮宫大饭店；1889年，伦敦建成萨伏依大饭店；1898年，巴黎建成恺撒·里兹（César Ritz）大饭店；等等。

尽管这些饭店非常豪华和舒适，但由于消费高昂，服务对象只限于少数特权阶层，普通民众根本没有消费能力，因此，饭店数量仍然很少。在管理方面，尽管饭店内部分工已经形成，但一般只注重客人心理，并尽可能满足客人愿望，所以，总是以经验管理为主，谈不上科学管理。大饭店经营时期的代表人物是法国的恺撒·里兹，他所开办的恺撒·里兹大饭店，是当时世界上豪华饭店的代表，"Ritz"一词即由此而来，意为极其时髦、豪华。

阅读资料5-2

恺撒·里兹先生的服务格言

恺撒·里兹先生的服务格言是："我们是为女士和绅士提供服务的女士和绅士。"这一座右铭表达了两种含义：一是员工与顾客是平等的，不是主人和仆人或上帝与凡人的关系，而是主人与客人的关系；二是饭店提供的是人对人的服务，不是机器对人的服务，强调服务的个性化与人情味。

资料来源：http://blog.sina. com.cn/s/blog.

（三）商业饭店时期

产业革命引起了经济的繁荣。20世纪以后，商业旅行人数急剧增加，人们对价廉舒适的食宿设施的需求也随之增加，过去的大饭店或小客栈已无法满足这些需求，于是，商业饭店在美国应运而生。被称为美国饭店大王、饭店之父的斯塔特勒（Statler），他的饭店经营目标是提供普通民众能支付得起的世界第一流的服务。饭店的房间专为旅游者设计，每套客房都有浴室，而且设定了统一服务标准，并在管理中运用数据表格，制定客房预订制度、人才培训制度，开始由经验管理走向科学管理。20世纪20年代，饭店业迅速发展，许多商业饭店兴建起来，小城市采取兜售债券的办法集资兴建商业饭店。20世纪20年代中期，美国饭店客房平均入住率为86%。进入20世纪30年代后，由于经济萧条，饭店业陷入困境。

阅读资料5-3

酒店业客户体验的十大创新

酒店业需要不断创新以更好地为其客户服务。以下列出酒店业十大客户体验创新以及引领潮流的技术。

（1）人脸识别。一些酒店不再需要在前台排队办理入住手续，而是转向人脸识别扫描来吸引客人入住。例如，万豪国际正在其位于中国的酒店中测试这项技术，从而将入住办理时间从3分钟或更长时间缩短至不到1分钟。客人只需走到信息亭，扫描他们的脸，验证身份，然后扫描其身份证即可获取房间钥匙。

（2）语音控制室。许多酒店都推出了将AI和语音识别技术结合起来的智能客房，可以将虚拟助手集成到客房服务中。例如，洲际酒店集团在其位于中国的酒店中创建AI智能客房，可让客人使用语音控制技术并自然说话，从而获得商务和个人旅行的个性化帮助。

（3）机器人。机器人可以在酒店中扮演许多角色，从清洁工到前台服务人员。例如，雅乐轩酒店使用机器人管家Botlr来全天候为客人运送物品。如果有人打电话给前台需要牙刷或额外的毛巾，则Botlr可能是将物品送到他们房间的人。又如，纽约Yotel酒店的客人可以将行李寄存在机器人行李寄存处。

（4）RFID腕带。越来越多的酒店不再使用传统的房间钥匙，而是使用具备RFID技术的腕带。酒店会为客人提供这样的腕带，其中内含他们的房间信息、信用卡和门票，扫描腕带即可进入各自的房间或其他区域，并付款，而无须携带房门钥匙和钱包。简化的RFID腕带使客人可以轻松携带随身所有物品并保持双手自由。RFID腕带技术在迪士尼乐园和大狼屋等度假胜地很受欢迎。

（5）聊天机器人。聊天机器人让客人不必等前台回复就可以即时获取信息。例如，拉斯韦加斯的Cosmopolitan酒店设有AI礼宾Rose，可以帮助客人预订水疗服务和餐厅。又如，四季酒店使用“四季聊天”提供全天候聊天服务，以增强个人体验，并在90秒或更短的时间内响应消息。

（6）移动房间钥匙。结合自助登记和简化房间钥匙的想法，许多酒店都在使用移动房间钥匙。客人只需使用酒店的应用程序登记入住，即可在房间准备就绪后收到通知，无须在前台排队，就可以直接进入他们预订的房间，然后使用智能手机或智能手表打开房门。例如，希尔顿酒店推出了移动入住服务，旨在鼓励客人无缝办理入住手续，选择房间并通过应用程序解锁房门。

（7）智能设施。酒店客房内的智能设施可让客人完全定制自己的入住体验，并使房间尽可能舒适。例如，阿姆斯特丹CitizenM酒店的每个房间都配有MoodPad平板电脑，可让客人仅待在一个地方就能更改室内温度、电视频道、百叶窗设置、闹钟设置和照明等。又如，万豪的一些酒店设有智能淋浴门，客人可以在淋浴时记下自己灵光一现的想法，然后将图片通过电子邮件发送给自己，以备将来使用。

（8）VR。VR可让客人在线游览酒店、选择房间并直接预订。通过VR，客人还可以体验当地景点，这让他们在到达目的地之前对自己的旅行计划充满期待和信心。包括Radisson和美国Omni在内的许多酒店和度假村都提供了这项服务，从而提高了客户满意度和在线预订率。

（9）AR。AR可用于带客人参观酒店，展示酒店的设施并共享有关该地区的信息。例如，英国Premier Inn Hub酒店每间客房的墙壁都有当地的AR地图。当客人将智能手机对准地图时，他们可以了解当地景点，并获得有关最佳景点和活动的推荐。

（10）定位服务。现代化酒店可以定位客人和员工，从而能够提供更多个性化的服务。如果客人在酒店的酒吧，他们可能会收到有关酒水交易的推送通知。酒店工作人员可以根据客人在哪里度过时间来了解客人的喜好。例如，希尔顿在某些度假村使用定位服务，根据客人的位置提醒客人可能感兴趣的事件和活动。

资料来源：http://news.rfidworld.com.cn.

（四）新型大饭店时期

第二次世界大战以后，长期受到抑制的旅游需求暴涨。交通工具不断革新，人口迅速增长，人们收入水平提高，促使饭店业进入一个迅速发展的阶段，这个时期称为新型饭店时期。这个时期饭店业的主要特点是多样化。伴随着接待对象的大众化，饭店类型更加多样化，出现了会议饭店、商务饭店、常住型饭店、度假型饭店以及各种特色饭店等。饭店功能也更加多样化，除了提供必需的住宿和餐饮服务外，还增加了问讯服务、外币兑换服务、洗衣服务、房内用餐服务、电话服务、医疗服务、健身服务、交通服务等，此外饭店还配有游泳池、高尔夫球场、会议室、电影院、展览厅等，饭店因其多功能化被人们称为“城中之城”“国中之国”。同时，随着饭店业的日趋成型，出现了诸如希尔顿、假日、喜来登、马里奥特等许多跨国经营的饭店集团，它们有各自的经营管理特点，有完整的品牌系列，有迅速扩张的具体可行的措施，这些都加快了饭店业国际化经营的进程。

三、现代饭店集团的经营管理模式

第二次世界大战以后，随着现代饭店业发育成熟，饭店本身必须寻求更大的发展空间，这就要拓宽市场。同时，随着旅游业的迅速发展、其他行业的广泛联营，国际饭店业的竞争越来越激烈。为了适应自身发展，增强竞争力和扩大经济规模，饭店集团应运而生。纵观世界饭店集团的发展现状，基本上可将其划分为饭店连锁集团（hotel chains）和饭店合作集团（hotel consortia）两大类。

（一）饭店连锁集团

1. 饭店连锁集团的优势

饭店连锁集团就是一些饭店统一于某个集团公司的领导、监督、管理或指导，组成强有力的竞争实体。这类饭店在市场竞争中比单体饭店具有更明显的优势。这些优势大多来自集团化经营所享有的规模效益，主要表现在以下几个方面。

（1）资本优势。首先，饭店连锁集团由于实现了规模经营，本身资金实力比较雄厚。其次，当由于确实需要开发某些重大项目而面临一时资金短缺时，一方面有条件在本集团成员饭店间聚集和调动资金，以满足开发这些项目的资金需要；另一方面可凭借其资产实力作担保，能够比较容易地从金融机构获取贷款。

（2）技术经济优势。饭店连锁经营集团可根据成员饭店的分布情况，将某些设施设备集中起来，统一为各成员饭店服务。例如，某些食品的生产加工、大型工程设备维修、洗衣房等。同各饭店自行配备这些项目相比，这种集中提供的做法可降低单位成本。

（3）市场营销优势。饭店连锁集团各成员饭店使用统一的字号和品牌、统一规格的设施设备、统一的服务程序和服务标准，从而易于在市场上树立起本集团的形象，并可使消费者熟知每一成员饭店的产品和服务质量。另外，连锁集团可以采用集团促销、各成员饭店分摊广告成本的方式，使单个饭店促销费用得以减少。饭店连锁集团还可以利用集团优势开展具有影响力的产品开发、广告宣传等营销活动，提高单位营销费用的效益。一些大型连锁集团还投巨资开发并不断升级电脑预订系统，进行网站建设，建立顾客数据库等。这些都是只有大集团才可能开发并维持高技术水平的系统运作。

（4）物资采购优势。饭店连锁集团可为其成员饭店集中采购物资。通过集中采购，一方面，集团可以严格控制物资的质量，从而保证整个饭店集团的质量水平；另一方面，通过批量购买，可以增强企业的讨价还价能力，从而降低成本。

（5）管理优势。在管理方面，饭店集团的产品服务标准化以及管理模式的重复使用，使集团可以获得丰富的管理经验，从而使饭店在服务和管理上降低成本。另外，累计生产经验也带来了产品设计、服务程序和经营管理等方面的改善，进一步满足了市场需求，降低了成本。在人力资源方面，管理人员管理服务的扩大，使平均管理费用下降，同时，通过共享集团所有的培训和人力资源，可帮助饭店提高人才素质，还可以相互调配人力资源，实现集团人才资源使用在季节性、结构性方面的最佳效果。

（6）风险分散优势。饭店连锁集团能够通过成员饭店针对不同市场部分的多元经营，以及利用成员饭店在不同地域开展经营的分散性的特点，减少整个集团因某地季节或市场环境因素的不利变化而产生的经济风险。另外，一些饭店集团还利用集团优势开展纵向一体化经营，实现了饭店交易成本的降低。

（7）品牌优势。饭店产品具有无形性和生产与消费的同步性特点，顾客往往通过其品牌和等级来选择、购买饭店产品，这使得饭店业更加注重自身品牌的建设。同时，在饭店业经营中，非常注重回头客。据专家推算，吸引回头客的效益和成本的比值远远大于吸引一次性顾客，因此，饭店集团在着力进行品牌建设的同时，还需要通过品牌忠诚的建立获得顾客的持续青睐，进而占据市场优势。

2. 饭店连锁集团中成员饭店的类型

在扩大饭店经济规模的过程中，饭店位置的不可移动性造成了市场局限性，而采取异地投资兴建饭店这种形式则会受到资金、规模的限制，最终也会使集团化经营发展缓慢。当饭店集团在自身成长中意识到其他品牌、管理经验等具有像资本一样的有形价值时，便开始利用其非资本要素优势迅速进行扩张，获得市场增长的收益，这样，饭店集团中就形成了不同类型的成员饭店。饭店连锁集团也叫作饭店联号，饭店联号下属的成员饭店，称为联号饭店。联号饭店大致有以下几种类型。

（1）公司联号饭店。此类饭店是连锁公司自己拥有产权，并且自己经营的饭店。它们使用饭店联号统一的品牌和标识，其管理者来自联号内部。

（2）租赁经营联号饭店。此类饭店是饭店联号从房地产开发商或饭店业主手中租来经营的饭店。饭店所有者对饭店资产保留所有权，而将使用权、经营权转让给饭店联号，联号需根据租赁合同向饭店业主支付租金。因为这种方式有很大风险，不像特许经营和管理合同可带来稳定收入，所以现在采取这种形式扩张的公司较少。

（3）管理合同联号饭店。此类饭店是作为代理人的饭店联号根据同饭店业主签订的管理合同，由饭店联号派遣人员代为管理或协助饭店业主进行管理的饭店。饭店联号按双方签订的管理合同的规定，收取管理费用或按比例分享利润，业主不得干涉日常业务运营。这类饭店因通常属于不同的公司所有，只是由饭店联号进行管理，故一般没有统一的品牌。但是，在现代饭店集团化发展中，出于双赢的目的，有些饭店联号会对管理合同联号饭店进行投资或提供贷款。

（4）特许经营联号饭店。此类饭店是由不同的公司所有，通过与饭店联号签订特许协定，在交付特许使用费或利润分成的前提下，使用饭店联号的品牌。一般情况下，饭店联号不直接管理这类饭店，只是提供品牌、生产和经营中必须遵循的方法和标准，提供组织及预订和营销方面的帮助，从而确保业务有效运行，并定期对成员饭店进行检查，以保证市场中同一品牌的饭店产品质量的一致性。因此，品牌是此类饭店和联号的主要纽带。

知识链接5-2

世界十大酒店排名（全球酒店集团排行）

（1）洲际酒店品牌。洲际酒店集团总部位于英国，是一家全球化的酒店集团，前全球最大、网络分布最广的专业酒店管理集团。旗下的品牌有洲际酒店及度假村、假日酒店及假日度假酒店、皇冠假日酒店、智选假日酒店、英迪格酒店等。

（2）卓美亚酒店品牌。卓美亚集团隶属于迪拜控股，旗下业务众多，不局限于酒店和度假酒店管理。但是卓美亚酒店是世界上最奢华、最具创新意识的酒店，是酒店行业的领袖。它的代表性酒店是迪拜帆船酒店——全球奢华酒店的标杆。

（3）丽思卡尔顿酒店品牌。丽思卡尔顿酒店是万豪国际旗下的一个品牌，属于高级酒店及度假村，总部位于美国马里兰州。这里是名流、政要下榻的必选酒店。巴黎的丽思酒店更是全欧洲最豪华最神秘的酒店，瑞典、葡萄牙、西班牙的国王都曾经在这里入住或就餐。

（4）华尔道夫酒店品牌。华尔道夫酒店，位于美国纽约，它有着悠久的历史，见证了美国及世界历史上许多重要事件。在经历了拆除之后，又重新建造，华尔道夫酒店成为世界上第一家摩天大楼酒店，也是当时世界上最高最大的酒店。

（5）四季酒店品牌。四季酒店，总部位于加拿大多伦多，是一家国际性奢华酒店管理集团，是世界最佳酒店集团之一，也是大家最喜爱的酒店之一。四季酒店以创造满意的客人为宗旨，激励员工竭尽全力满足顾客需求。

（6）半岛酒店品牌。半岛酒店是香港历史最悠久的酒店，也是以豪华著称的酒店之一，是世界十大顶级酒店之一。有许多知名人士下榻于此，例如美国前总统理查德·尼克松、影星奇勒基宝、美国篮球明星迈克尔·乔丹、英女皇伊丽莎白二世等。

（7）文华东方酒店品牌。文华东方酒店集团，隶属于文华东方国际有限公司，总部位于百慕大，它是一个国际酒店投资和管理集团，旗下拥有的顶级豪华酒店及度假村，遍布世界各知名旅游胜地。

（8） 瑞吉酒店品牌。瑞吉酒店，总部位于美国纽约，是世界上最高档饭店之一，是绝对私人的高水准服务的代表。它重视选址，每一家酒店均位于全球最佳选址，以其无与伦比的奢华、妥帖周到的服务和典雅高贵的环境闻名于世，吸引世界各国的旅客。

（9） 安缦酒店品牌。安缦度假酒店是一家全球连锁酒店，有着独特发展方向。它名下的酒店都位于世界各国家或地区最美丽、最具历史特色、最迷人的景点。在这里客人既能欣赏景区的魅力，还能享受酒店高端的服务。

（10）悦榕庄品牌。悦榕控股有限公司是全球顶级的度假村、酒店及Spa的开发商和运营商。悦榕庄把环保意识与浪漫旅行融为一体，为旅客提供一个完全放松心灵的天堂。

资料来源：http://www.5izsw.com/article/detail-86293.html.

（二）饭店合作集团

饭店连锁集团实力的不断扩张对大多数独立饭店（也叫单体饭店）的生存和发展日渐构成严重的威胁。面对饭店连锁集团的市场竞争，越来越多的独立饭店已意识到单靠自己的力量远非饭店连锁集团的对手。为了增强自身的竞争实力，很多独立饭店开始谋求在某些方面的联合行动以抗衡饭店连锁集团，作为独立饭店，战略联盟的饭店合作集团由此产生。

饭店合作集团就是若干饭店为了在物资采购、房间预订、人员培训以及市场营销等方面采取联合行动而自愿建立起来的一种饭店合作组织。饭店合作集团通常设有一个中央机构，该机构不以营利为目的，只负责主持整个组织合作领域内的有关活动，成员饭店定期缴纳会费以使用合作集团的名称和标识。同时，集团为成员提供采购、预订、培训、营销和公共关系等方面的服务。目前，全球最大的饭店合作集团是最佳西方国际酒店集团。

参与战略联盟的各饭店之间的地位是完全平等的，这种关系不受经济实力的影响。一个饭店在一个战略联盟之外，还可以与其他饭店再组成一个新的战略联盟，目的就是开拓市场、提高竞争力。另外，随着饭店合作集团的发展，不少连锁集团的成员酒店也开始加入饭店合作集团，这样它们不仅可以享有自己所属饭店联号的优势，同时还可以分享合作集团在开拓市场方面的好处。

四、我国饭店业的发展概况

我国是世界上最早出现客栈的国家之一。早在三百多年前，我国就出现了供传递公文和来往官员使用的“驿站”，后经历朝历代的发展，到20世纪二三十年代，出现了现代意义上的饭店，比如，北京的北京饭店、上海的静安宾馆和锦江宾馆、广州的爱群大厦等。中华人民共和国成立前，我国主要的饭店类型有三种：一是外国人在沿海及大中城市建立的饭店；二是中国工商业者建立的饭店；三是当时的中国旅行社在各主要城市建立的饭店和旅社。

从中华人民共和国成立到1978年，我国有条件接待来访外宾的饭店仅100多家，其中一部分是中华人民共和国成立前遗留下来的老饭店；其余则是中华人民共和国成立后，为了接待来访的外国政府官员、华侨及来华工作、学习的外国专家、学者和学生而新建的国家宾馆、华侨饭店和高级招待所。实际上，这些接待设施虽冠以“宾馆”“饭店”名称，却都是招待所的性质，都采用行政事业单位的管理方式，享有国家的财政拨款和补贴，所以不太注意经济核算，几乎年年亏损。

1978年之后，随着我国逐步实行对外开放以及旅游业的发展，我国的饭店业在建设和经营方面发展迅速，成为最早向外资开放的行业之一。我国在饭店业的性质上确定了其自主经营、独立核算、自负盈亏的企业身份，同时改革管理体制和分配制度，推行多种形式经营责任制，使饭店管理由经验型转向科学化、现代化。为了更好地推动饭店管理的等级化、标准化、规范化，1988年，国家颁布了涉外饭店星级划分与评定的国家标准，并于1993年、1997年、2003年和2010年进行了四次修订，目前采用的是2011年1月1日正式实施的由国家质量监督检验检疫总局（现为国家市场监督管理总局）发布的《旅游饭店星级的划分与评定》。

我国饭店业经过40多年的发展，从1980年的203家涉外饭店、3万多间客房，到2000年星级饭店6029家、客房59.47万间，再到2006年星级饭店12 751家、客房145.98万间，截至2020年第4季度，全国星级饭店统计管理系统中共有星级饭店9717家，共有7222家星级饭店的统计数据通过省级文化和旅游行政部门审核。由以上数据可以看出，我国的饭店业在40年间取得了较大进步，不但数量上有了非常大的变化，而且设施更加齐全，设备更加先进，管理水平也得到了很大的提高。但近5年来，全国星级酒店数量有所下降，2015年全国有1万多家星级酒店，到2020年末降至7222家，酒店数量减少，一方面是因为经营成本上升、市场竞争激烈、监管趋严等，一部分星级饭店被淘汰；另一方面是因为近年来民宿业的兴起，部分酒店转型。

但是，我们也应全面认识我国饭店业的发展现状。一方面，虽然我国部分星级饭店，尤其是高星级饭店的硬件设施已经接近、达到或者超过国际水平，但同世界饭店业相比，我国饭店业的软件建设总体水平还相对落后，员工素质、服务质量、管理效率等还有待提高；另一方面，我国饭店数量大增，几乎国际上所有的大型饭店集团都已经以不同的方式进入中国，竞争局面已经形成，国内的饭店集团和管理公司在资金、管理水平和经营模式上亟待提高。

从我国现有饭店结构来看，高中低档饭店的数量呈“金字塔”状分布；从规范程度和发展水平来看，也呈现“上高下低”的局面。中高档饭店，尤其是高星级饭店，经营管理的国际化、专业化、规范化程度较高，市场效益也较好，基本能够满足中高端客源市场的需求。而中低档饭店，尤其是占绝大多数的社会旅馆，经营管理水平仍停留在较低层次，虽然面对庞大的中低端客源市场，但无法拿出有性价比和竞争力优势的产品，结果出现了这样的局面：一方面，中低档社会旅馆数量庞大；另一方面，消费者的需求无法得到满足，市场也无法得到充分的培育和发展。由此可见，我国原有饭店业结构在社会经济快速发展的新形势下已经出现了很大的市场空白，这也为我国饭店业的进一步发展提供了广阔的空间。那些价格适中、质量良好、经营规范的饭店将成为中国饭店业发展的新热点，中国经济型饭店就是在这种情况下应运而生并迅速发展起来的。目前，我国经济型饭店市场需求不断增加，市场供给也呈加速发展态势，国内出现了几个非常有实力和发展前景良好的全国性经济型饭店品牌、国际知名的经济型饭店品牌以及一些区域性的国内经济型饭店品牌。但是因为经济型饭店的发展尚处于起步阶段，发展中将不可避免地面临一些制约发展、亟待解决的问题。例如，旧行业管理体制难以对经济型饭店进行有效引导和指导，尚缺乏针对经济型饭店的行业标准与规范，星级评定标准难以适用于经济型饭店等，这些问题都有待在经济型饭店发展过程中进一步解决。

第四节 旅游交通业

旅游交通业的发展状况是一个国家或地区旅游业发展水平的重要标志之一，它与旅游饭店业、旅行社业一起构成旅游业的三大支柱，在旅游业中占有重要地位。

一、旅游交通业的含义与作用

（一）旅游交通业的含义

从各种有关旅游的定义来看，旅游交通业的一个共性就是旅游活动的异地性，这就使得旅游者要完成旅游活动，首先要完成从客源地到目的地的空间移动，同时在目的地内，随着旅游活动的进行，也需要进行空间移动，这些都有赖于交通。旅游交通就是指旅游者利用某种手段和途径，实现从一个地点到达另一个地点的空间转移过程，包括各种交通设施和与之相对应的一切旅游服务。

（二）旅游交通业的作用

从旅游业的发展进程来看，蒸汽机的出现并在火车和轮船上的应用，为人类的旅游活动创造了前所未有的便利条件；内燃机的出现预示了近代旅游向现代旅游的过渡；喷气推进技术在民用航空中的应用则标志了现代旅游的产生。每一次交通技术的重大进步都会带来旅游业的迅速发展，而某些因素（如原油涨价）也会通过影响交通运输业，进而对旅游业的发展产生不利影响。同时也应该看到，旅游活动的发展，又会推动交通运输业的发展。两者是相互制约、相互促进的。

旅游交通的作用体现在以下几个方面。

（1）从需求方面来看，旅游交通是旅游者完成旅游活动的先决条件。旅游者外出旅游不仅要考虑如何解决自身的空间移动问题，还要考虑不同旅行方式耗费时间和相应的交通费用，以及交通费用在整个旅游花费中所占的比例。

（2）从供给方面来看，旅游交通是旅游业发展的命脉。旅游业是依赖旅游者来访而生存和发展的产业。只有旅游者来到，旅游业的各类设施和服务才能真正发挥作用，才能实现它们的价值，才能将旅游目的地的资源优势进行转化，使其具有现实的经济功能。因此，作为旅游目的地，在旅游交通方面必须做到“进得来、散得开、出得去”，使旅游者旅游活动空间范围不断扩大，进而促进旅游业的发展。

（3）交通收入是旅游收入和旅游创汇的重要来源之一。人们离家外出旅游期间，无论是从客源地到目的地的空间转移，还是在旅游目的地范围内不同地点间的往来，一般都必须借助相应的交通运输服务，因而需要支付一定的交通运输费用。这些费用属于基本旅游消费，是旅游者在旅游活动中必须支付的。据统计，旅游者用于交通方面的支出平均占总支出的20%～40%。因此，交通收入是旅游收入的重要来源。

二、现代旅游交通的类型和特点

旅游业中，对旅游交通的基本要求是安全、快速、舒适、方便、经济。根据交通工具、交通线路和地理环境的不同，旅游交通可以划分为铁路、公路、水路、航空和特殊旅游交通等基本类型。

（一）铁路交通

在世界旅游发展史上，火车曾经是人们外出旅游的主要交通工具，对旅游活动的发展产生过重大影响。时至今日，火车在某些国家仍然是国内旅游的主要交通工具。到20世纪50年代以后，由于航空、高速公路及汽车的发展，火车在客运交通中的地位逐渐被飞机和汽车取代。一般来说，人们在外出旅游过程中，近程旅行多选择坐汽车，远程旅行则多选择乘飞机，而乘坐火车出游的人正在大量减少。此外，由于铁路本身运输技术方面的限制和铁路运输服务质量的问题，铁路运输在欧美国家中的地位逐渐下降。

尽管如此，铁路客运仍然有很多其他客运方式所不具备的优点：第一，运力大、费用低，这对收入不高或对价格比较敏感的旅游者来说是具有吸引力的；第二，火车是沿专用轨道运行，安全性高，且相对汽车、飞机来说，不易受到不良天气条件的影响；第三，车内活动自由，火车运行期间，乘客能够在车厢内自由走动，并且可以观赏沿途风光；第四，火车污染小，环保性强，铁路运输能耗较低，特别是人均能耗更是飞机、汽车无法相比的，运行噪声也比较小。

面对铁路运输市场的滑坡，从20世纪80年代开始，很多国家的铁路公司都采取了一些措施，试图通过推出新的服务项目、改进铁路运输技术和改善设施设备，维护和提高其在交通客运市场中所占的份额。这些措施主要包括以下几种：在主要城市间开设城际直达列车、提高列车座席的舒适度、开发和研制高速列车、利用火车开展专项旅游活动等。

（二）公路交通

第二次世界大战结束以后，随着世界各国经济的发展，特别是发达国家私人汽车拥有率的上升、高速公路网的建设以及配套设施（如汽车旅馆）的出现，越来越多的人在进行短途旅行时选择汽车这种交通工具。在西欧不少国家之间以及美国和加拿大、美国和墨西哥的跨国旅游中，自驾车旅游者都占有很大的比重。同时，公共客运汽车因经营成本较低，可以服务于对价格敏感的近距离旅游者。另外，因为汽车旅游客运成本较低，旅游公司也利用汽车组织包价旅游，直接派车接送旅游者，十分方便。旅游公司还为旅游者提供汽车租赁业务。

汽车作为旅游交通工具，具有灵活性大、适应性强，可以随时停留，任意选择旅游点等优点。公路建设与铁路相比也具有投资少、施工期短、见效快等特点。当然，汽车旅游也有其不足之处，汽车不适合长途旅行，运输量小，速度不如火车、飞机快，消耗能量大，特别是小汽车容纳的人数不多，相对来说汽车旅游费用较高，造成环境污染比较严重，受气候变化影响大，安全性较差。

（三）水路交通

水路客运业务主要有4种，即远程定期班轮服务、海上短程渡轮服务、游船服务和内河客运服务。

随着航空运输技术的发展，有固定航线的远程定期班轮服务已于20世纪50年代以后逐渐衰落了。

就世界范围来看，海上短程渡轮服务主要在希腊海域、英吉利海峡、爱尔兰海、地中海等地区流行。另外，新西兰南、北岛之间的库克海峡也是世界渡轮业务较多的地区之一。在我国，琼州海峡、渤海海峡是海上渡轮业务比较繁忙的地区。

游船目前已不再是解决交通问题的工具，它成为一种特殊形式的旅游项目。游船在劳动密集程度和投资额方面都较一般饭店要高，其价格不是普通民众所能接受的。利用游船享受海上巡游度假的特点是悠闲、舒适。在海上巡游过程中，人们既可以在不同的地点登岸旅游，又可随时回船休息，避免了每到一个地方上下搬运行李和寻找旅馆的麻烦。此外，船上还配备各种消遣娱乐设施，在帮助游客完成空间移动的同时，还可以满足游客住宿、饮食、娱乐的需求，被称为“漂浮的度假胜地”。因海上巡游航行速度不能太快，故闲暇时间较少的游客难以享用。目前，海上巡游最流行的区域是加勒比海和地中海海域，这些地区气候温暖，沿岸可参观游览的旅游地为数众多，相距还不是很远，是较为理想的游船活动区域。

内河航运在一些国家也是旅游交通的重要组成部分。例如，我国的长江、北美的密西西比河、南美的亚马孙河、爱尔兰的香农河、欧洲的多瑙河以及英国的泰晤士河等，都是重要的内河航运河道。但是大多数内河航运业务实际上已经向游船服务业务发展，或已形成水上旅游项目，而在单纯的交通运输方面内河航运的意义已经不大。

（四）航空交通

20世纪50年代后，喷气推进技术在民用航空运输中开始应用，航空旅游发展非常迅速。到了20世纪70年代，大型宽体喷气客机广泛应用，使得飞机的载客量大大增加，由此成为人们远程旅行的首选交通工具。

航空旅行最主要的优点就是快速高效，可以跨越地面各种自然障碍。另一个显著的优点是飞机座位设计合理，设备先进，机上服务周到，人们可以舒适地度过旅途生活。但是，航空旅游交通也有不足之处：飞机的购置费用太高，能耗大，运量相对较小，受气候条件影响大，只能完成远距离、从点到点之间的旅行。因此，航空交通必须和其他交通工具相互配合，才能共同完成运输服务。

一般而言，航空旅游交通分为定期航班服务和旅游包机服务两种。

定期航班服务是指民航公司在既定的国内或国际航线上按照对外公布的航班时刻表提供的客运服务。不论乘客多少，飞机必须按公布的航班日期和时间起飞开航（除非有意外情况发生），因此，定期航班服务最大的优点就是运营正常，旅行省时，比较适合重视效率的商务旅行者。同时，定期航班相对于旅游包机来说，服务好，可退换、转签、更改等。当然，定期航班服务价格也较高。在实际运营中，因为定期航班服务的固定时间和航班座位的不可储存性，航空公司在不同的季节，根据实际情况也会推出一系列廉价策略以争取更多的乘客，创造更理想的经济效益。

包机服务是一种不定期的航空包乘服务，它不必按固定的时间表飞行，并且一般也没有固定的经营航线。同时，因为包机运输只提供简单的机上服务，且经营管理、促销费用都比较低，而包机的载客率又较高，这使得其运输价格相对较低。包机服务比较适合旅游客人，尤其对旅游团来说，使用包机是比较合适的。欧美一些国家的大型旅游经营商不少都拥有自己的包机公司，或者同经营包机业务的航空公司有着密切的合作关系。我国的春秋旅行社不仅包机业务居全国首位，还成立了自己的航空公司。

三、我国旅游交通发展存在的问题

目前，旅游景区交通与旅游景观交通已经担负了旅游功能，但在旅游者支出比较大的由客源地至目的地的旅游交通还只是执行了空间转移功能。尽管存在旅游团队包机、包船、包车或者旅游专列等形式，但在“移动”的过程中，旅游者并未感受到旅游本身的愉悦。

（一）旅游交通的旅游功能尚弱

客源地至目的地的旅游交通存在着诸如经常不能准时发运、不能向旅游者提供准确和全面的信息服务、没有向旅游者提供旅游项目等问题，也就是不能让旅游者感受到旅游的愉悦，使旅游者在出游过程中不得不面对服务纠纷，从而失去了旅游休闲的本质意义。

（二）旅游交通规划发展不合理

旅游交通规则发展不合理的现象在旅游景区交通中体现得更为明显。景区内交通线路规划方面，往往为方便游人行走与车辆通行而对景观整体美和环境和谐造成毁灭性破坏，如炸毁山体、毁坏植被、硬化路面、因允许车辆大量进入造成环境污染、盲从修建索道、旅游交通标识设计与设置不合理、交通线路设计不符合旅游活动规律等。

（三）旅游交通的系统化、信息化管理水平不高

旅游交通的管理应在与交通系统协调的同时，按照旅游活动的规律，与旅游活动其他要素相联系，实现旅游要素的系统化及和谐发展。目前，我国旅游交通的管理水平明显滞后于快速增长的国内外旅游需求，这在客观上限制了旅游者及时、有序地出游。

（四）旅游交通的容量、安全与服务质量问题突出

虽然旅游交通发展迅速，但相对于庞大的旅游需求来说，旅游交通容量问题非常突出，旅游高峰期如黄金周期间更是如此，旅游高峰期发生的安全和服务质量问题引发大量旅游投诉，不利于旅游业的良性发展。

四、我国旅游交通发展的方向

随着旅游业的理性、快速发展，旅游交通也会朝着积极的方向发展和完善，对旅游业的发展发挥越来越重要的促进作用。

（一）科学合理地进行旅游交通规划

旅游交通规划与发展应遵循旅游活动规律，适应旅游者需要，符合交通业与旅游业规划发展的规律，维护生态环境的可持续发展，使旅游交通与旅游活动其他要素相得益彰，共同支持旅游活动的实现。

（二）加强旅游交通的理论研究和教育培训工作

理论研究的滞后使旅游交通发展失去正确的理论指导，造成了概念的模糊和统计上的混乱。因此，加强旅游交通理论研究以及对旅游交通人才的教育培训是旅游交通研究者的重要任务。理论研究和教育培训工作的进一步完善，能使旅游交通充分挖掘自身潜力，明

确发展方向。

（三）加快旅游交通设施建设，体现旅游功能，提高管理水平

为适应日益增长的旅游需求，应加快旅游交通设施建设。在建设时，应注意体现其旅游功能，并为提高旅游交通的系统化、信息化管理水平进行相应的设施配备。目前，很多高速公路、铁路沿线的旅游城市已经开始注意在路面两侧进行景观设计，这是实现旅游交通的旅游功能的一种方式，既愉悦了游客，又能为旅游企业、旅游城市做宣传。在提高管理水平时，需要旅游交通管理人员学习国内外同行业先进经验，提高自身综合素质；也需要全行业以系统化观念进行管理。

（四）合理设计旅游交通容量

根据旅游交通发展的规模与旅游业的需求，设计合理可行的旅游交通容量，采取适当措施进行容量管理，将旅游者“移动”过程中的担忧和纠纷降到最低限度。这样可以避免旅游交通和旅游业因投诉问题导致的恶性发展，提升旅游交通中的安全质量和服务质量。

（五）重视旅游景观交通的发展

未来旅游景观交通的发展将是旅游交通发展中的重要组成部分，将交通与旅游有机结合为“行路亦观景，观景亦行路”，不仅为旅游者提供了新的旅游兴趣点，也为当地居民提供了新的休闲娱乐方式。旅游景观交通的规划与发展，要与城市建设规划、旅游发展规划保持一致，要符合区域旅游的整体发展要求。

第五节 旅游景区业

一、旅游景区概述

（一）旅游景区的概念

国家质量监督检验检疫总局（现为国家市场监督管理总局）于2003年颁布的《旅游区（点）质量等级的划分与评定》（GB/T 17775—2003）国家标准，将旅游景区界定为，以旅游及其相关活动为主要功能或主要功能之一的空间或地域。本标准中，旅游景区是指具有参观游览、休闲度假、康乐健身等功能，以及相应旅游服务设施，并提供相应旅游服务的独立管理区。该管理区应有统一的经营管理机构和明确的地域范围，包括风景区、文博

院馆、寺庙观堂、旅游度假区、自然保护区、主题公园、森林公园、地质公园、游乐园、动物园、植物园及工业、农业、经贸、科教、军事、体育、文化艺术等各类旅游景区。

对旅游景区的概念可从以下几方面进行理解。

（1）旅游景区是一种空间或地域，在这一空间或地域中，旅游及其相关活动是其主要功能。

（2）旅游景区可以是某单一类型的旅游景点，也可以是多种类型的旅游地域的综合体。绝大多数的旅游景区都是在现有的休闲娱乐设施和公共服务设施基础上开展旅游接待的。

（3）旅游景区是由某一组织或企业对其行使管理权，即有明确的界线同外界相隔，设有固定的出入口，对游人的出入行使有效控制的、以游览点或参观点为主要组成部分的区域。所谓明确的界线，是指该景点的区域范围或圈以围墙，或设以栅栏，或借助某种天然条件（例如，河流、山沟等难以逾越的自然屏障）形成的边界，目的是使人们不能随便出入。

（二）旅游景区的特点

1. 专用性

旅游景区是指定的、供游人开展各类休闲活动的场所。这种专用性的指定说明旅游景区的职能是不可改变的，如有改变，就不属于旅游景区的范畴。例如，工厂、学校、乡村和部队军营都可以成为旅游者参观或游览的对象，但它们都不属于旅游景区。只有那些职能是专供游人参观、游览或开展休闲活动的场所，才能成为真正的旅游景区。

2. 长久性

旅游景区都必须有长期固定的场址，并利用这一场址发挥其固有职能。

3. 可控性

旅游景区必须有人管理，能够对游人的出入进行有效的控制；否则，便不属于真正的旅游景区，只能是一般的公众活动区域。

（三）旅游景点、旅游景区和旅游区、旅游区域的关系

广义的旅游景点是指任何一个可供游客参观游览或开展其他休闲活动的场所。这种场所可以很小，例如一座历史建筑、一处名人故居、一座博物馆等；也可以较大，甚至大到可以成为一个旅游景区。旅游景点广义的概念其实是人们通俗的说法，此定义可以包含旅游景区。严格来说，旅游景点和旅游景区是不同的，旅游景点是独立的、从事商业经营的、供旅游者参观、游览和娱乐的接待场所，可以是一个园林、一座宫殿、一座山峰等；而旅游景区则是集合性的旅游景点，即由多个相对独立的“点”共同构成，例如千岛湖旅游景区、杭州西湖旅游景区、承德避暑山庄及外八庙景区等。旅游区是由一定数量和一定质量的旅游景点组成的，且拥有一定质量的接待设施，在相应的分布范围内，足以供旅游

者停留一定时间的旅游空间。在旅游区内应有一个或一个以上的中心城市，作为游客集散中心。同时，旅游区内应存在一定数量的不同特色的旅游景点，以便连接短距离线路和串联各旅游景点，使旅游者保持情绪高昂，且能形成“进得来、散得开、出得去”的最佳格局。旅游区也可以是一座城市，例如我国的旅游城市北京、杭州、桂林、西安等。

旅游区域是由旅游自然资源和人文资源两方面结合及特定地理环境上有较多相似性的区域形成的。在地域上具有完整性，每个旅游区域在地域上必须连成一片，区域内有比较方便的交通，并照顾到现行行政区的完整；每个旅游区域都拥有相当数量和质量的旅游景点和旅游景区，可满足旅游者的各种旅游意愿；同时，旅游区域内必须有一个或几个交通枢纽，具有较完善的游客集散功能。区域内外要相互衔接，形成点、线、区的完整交流，以利于整个地区范围内必要的分工协作，如沪浙旅游区域、京津冀旅游区域等。

二、我国旅游景区的主要类型和等级评定

（一）旅游景区的主要类型

旅游景区类型很多，不同的划分标准有不同的分类。下面介绍几种常见的分类。

1. 按照其设立性质分类

按照其设立性质，可将旅游景区划分为纯商业性的旅游景区和公益性的旅游景区。前者指出资者完全出于盈利目的建造或设立的旅游景区，纯属企业性质；后者指政府部门或社会团体出于社会公益目的而建造或设立的旅游景区，虽然这类旅游景区也多采用收费准入的管理办法，但实行收费的目的不是收回其建设投资，更不是盈利。

2. 按照景区所依赖的吸引因素的属性分类

按照景区所依赖的吸引因素的属性，可将旅游景区划分为自然旅游景区和人文旅游景区。前者的旅游资源主要为自然旅游资源，是天然赋存的；后者的旅游资源无论是人类历史遗迹还是现代人造产物，都属于人为的结果。例如自然保护区、森林公园、地质公园、野生动物园等属于前者；而历史建筑、古代遗迹、主题公园等属于后者。这种分类方法只是一个大致的分类，因为确实存在一些既有独特的自然旅游资源，又有丰富的人文旅游资源的旅游景区。

知识链接5-3

国家级旅游度假区名单

至2020年12月，中国共有国家级旅游度假区45家，分布在全国23个省区市，涵盖多种度假类型，其中河湖湿地类16家，山林类8家，温泉类6家，海洋类5家，冰雪类3家，主题文化类5家，古城古镇类1家，沙漠草原类1家（见表5-2）。

表5-2 国家级旅游度假区名单

省市	名单
江苏	南京汤山温泉旅游度假区、天目湖旅游度假区、阳澄湖半岛旅游度假区、无锡市宜兴阳羡生态旅游度假区
浙江	东钱湖旅游度假区、湘湖旅游度假区、湖州市太湖旅游度假区、湖州市安吉灵峰旅游度假区
吉林	长白山旅游度假区
山东	凤凰岛旅游度假区、海阳旅游度假区、烟台市蓬莱旅游度假区
河南	尧山温泉旅游度假区
湖北	武当太极湖旅游度假区
湖南	灰汤温泉旅游度假区
广东	东部华侨城旅游度假区、河源巴伐利亚庄园
广西	桂林阳朔遇龙河旅游度假区
重庆	仙女山旅游度假区
云南	阳宗海旅游度假区、西双版纳旅游度假区、玉溪抚仙湖旅游度假区
四川	邛海旅游度假区、成都天府青城康养休闲旅游度假区
海南	三亚市亚龙湾旅游度假区
福建	福州市鼓岭旅游度假区
江西	宜春市明月山温汤旅游度假区
安徽	合肥市巢湖半汤温泉养生度假区
贵州	遵义市赤水河谷旅游度假区
西藏	林芝市鲁朗小镇旅游度假区

3. 按照景区内容和表现形式分类

按照景区内容和表现形式分类是国内外较常见的景区分类方法，主要分为以下几类。

（1）风景名胜区。风景名胜区是指具有较高的观赏、文化或科学价值，自然景物、人文景物比较集中，环境优美，且可供人游览、观赏、休息和进行科学文化活动的，并且经政府审定和命名的地域。按风景名胜区主体景观的属性，又可将旅游景区分为以下几类：山岳风景区、湖泊风景区、河川风景区、海滨风景区、森林风景区、瀑布风景区、矿泉风景区、历史文化风景区、宗教文化风景区等。

（2）自然保护区。自然保护区是指自然环境优美，动植物资源丰富，自然生态保存良好，为保护自然生态、物种和资源环境而划定的保护范围。按照我国的有关规定，自然保护区的任务是，保护赖以生存和发展的生态过程和生命系统（森林生态系统、草原及草地生态系统、沿海和淡水生态系统、农业生态系统），使其免遭破坏和污染；保护生物资源（水体、陆地野生动植物资源），使其能被永续利用；保护生物物种遗传基因的多样性；保护自然历史遗迹等。因此，设立自然保护区的主要目的是保护，旅游开发只是其次。故经常将自然保护区域划分为核心保护区、一般保护区、游览区。对于核心保护区，除非经特别批准的人员（主要是科研工作者），其他游人不得进入；对于一般保护区，必须严格限制游人数量，游人只能在规定的路线上活动，并且不得进行任何有碍保护的活动；游览区的要求则相对宽松，但应特别注意防火，禁止采伐。

（3）旅游度假区。旅游度假区是指旅游资源集中，环境优美，具有一定规模和游览条件，旅游功能相对完整独立，为游憩、休闲、修学、健身、康体等目的而设计经营的，能够提供旅游度假设施和服务的旅游目的地整体。旅游度假区在环境选择、设施配备、结构布局、功能分区等方面都有较高的要求。旅游度假区的基本设施一般包括交通设施、住宿设施、餐饮设施、康体娱乐设施、购物设施等；此外，还应有一些必要设施，如医疗、通信、银行等。根据其所处的位置和自然环境状况及与之相关的康体娱乐设施，可将度假区分为山地森林度假区、滨海旅游度假区、高山滑雪度假区、内湖（河）度假区、温泉度假区5种。

（4）文博院馆。文博院馆包括博物馆、美术馆等。美术馆多数以收藏和展览历史或传统美术作品为主。博物馆又可分为两大类：一类是以特定收藏品为展示内容的博物馆，例如科学博物馆、历史博物馆、军事博物馆、交通运输博物馆等；另一类则是以特定场址为展示内容的博物馆，例如我国的故宫博物院、英国的铁桥博物馆等。另外，博物馆还可按其收藏品的来源划分为国家博物馆、地区博物馆、地方博物馆等。

（5）地质公园、森林公园、动植物园。这些都是以具有特色的自然环境、植物景观或动物资源为主要内容的旅游景区。地质公园是以具有特殊地质科学意义、较高的美学观赏价值的地质遗迹为主体，并融合其他自然景观和人文景观构成的一种独特的、经国家审定批准挂牌的自然区域；森林公园是为了保护我国自然森林生态系统的多样性和完整性，促进林木资源的保护和持续利用，而在一些森林生态资源丰富和独特的地区设立的公园；动植物园则是收集、养殖或种植各种动植物，兼有观赏、科研、科普功能的园林。

（6）主题公园。主题公园是以某一种中心主题为基调而兴建的大型人造游览娱乐园区。现代主题公园的主题多种多样，如以本民族文化为主题的、以地方历史文化为主题的、以异域文化为主题的、以异地自然景观为主题的、以童话幻想为主题的、以科学技术和宇宙为主题的、以历史人物为主题的、以文学名著和电影场景为主题的。

除了以上类型，还包括一些诸如古代遗迹、早期产业旧址、城市公园等类型的旅游景区。因为大部分旅游景区的旅游资源都具有综合性，以上提供的也只是一个基本的划分方法，具体到某一景区，上述所列不同类别的旅游景区在某些方面很可能会出现重叠，但是完全重叠的可能性很小。

（二）旅游景区的等级评定

1. 旅游景区的分级

根据《旅游区（点）质量等级的划分与评定》（GB/T 17775—2003）国家标准，旅游景区（点）质量等级划分为五级：AAAAA级、AAAA级、AAA级、AA级和A级。等级标志、标牌、证书由国家旅游行政主管部门统一规定，由全国旅游景区质量等级评定委员会负责办理。

2. 旅游景区质量分级标准的内容

《旅游区（点）质量等级的划分与评定》国家标准适用于我国接待海内外旅游者的各

种类型的旅游景区。凡在中华人民共和国境内正式开业从事旅游经营业务一年以上的旅游景区，都可申请参加质量等级评定。景区评定标准主要有以下内容。

（1）旅游交通、景区游览及旅游服务提供方面。旅游交通要有较好的可进入性和可识性，交通设施完备，如高级公路、高级航道、车站码头等布局合理规范，要与景观环境相协调。旅游景区内有功能齐全的游客服务中心，有美观便利的引导标识，有优秀的导游员，旅游购物场所布局规范合理。景区内邮电通信设施一应俱全，通信方便。景区内的游览配套设施齐全，设计精美。

（2）旅游景区安全、环境方面。旅游景区的安全要保证严格执行公安、交通、劳动、质量监督及旅游等有关部门制定和颁布的安全法规。消防和救护等方面设备齐全、安全有效，突发事件处理能力较强。旅游景区环境整洁、卫生，娱乐场所达到《文化娱乐场所卫生标准》规定的要求，餐饮场所达到《饭馆（餐厅）卫生标准》规定要求，游泳场所达到《游泳场所卫生标准》规定要求，公共厕所布局合理，设计规范方便。旅游资源环境保护合理，空气质量、噪声质量、地面环境质量、自然景观保护均达到国家有关标准和规定，景区环境氛围优良，各项设施、设备符合国家有关环境保护的要求。

（3）旅游景区经营管理方面。旅游景区管理体制健全，经营机制有效，旅游质量、旅游安全、旅游统计等各项经营管理制度规范，贯彻措施得力，并定期检查监督，管理人员配备合理。旅游景区拥有正式批准的总体规划，开发建设符合规划要求。同时，景区拥有自己独特的产品形象、良好的质量形象、鲜明的视觉形象和文明的员工形象等。

（4）旅游景区资源质量方面。旅游景区要有观赏游憩价值或历史价值、文化价值、科学价值等；景区要有市场吸引力，有一定的知名度和美誉度，市场辐射力强，旅游景区年接待国际、国内旅游者数量要达到一定的标准，游客抽样调查也应有一定的满意度。

3. 旅游景区评定的总体情况

文化和旅游部负责旅游景区质量等级评定标准、评定细则的制定工作，负责对质量等级评定标准的执行情况实施进行监督检查。文化和旅游部组织设立了全国旅游景区质量等级评定委员会，负责全国旅游景区质量等级评定工作的组织和管理。各省级旅游行政管理部门组织设立本地区旅游景区质量等级评定委员会，并报全国旅游景区质量等级评定委员会备案。受全国旅游景区质量等级评定委员会的委托，省级旅游景区质量等级评定委员会进行相应的旅游景区质量等级评定工作的组织和管理。

AA级、A级旅游景区由县区旅游景区质量等级评定小组推荐，市级旅游景区质量等级评定委员会组织评定；AAA级旅游景区由市旅游景区质量等级评定委员会推荐，省级由省级旅游景区质量等级评定委员会推荐，国家级旅游景区质量等级评定委员会组织评定；AAAA级旅游景区由省旅游景区质量等级评定委员会审核检查合格后，向国家质量等级评定机构推荐；AAAAA级旅游景区从AAAA级旅游景区中产生。被公告为AAAA级旅游景区一年以上的方可申报AAAAA级旅游景区。AAAAA级旅游景区由省级旅游景区质量等级评定委员会推荐，国家级旅游景区质量等级评定委员会组织评定。

知识链接5-4

截至2021年5月19日，文化和旅游部共确定了306个国家AAAAA级旅游风景区（见表5-3）。

表5-3　中国各城市AAAAA级景区名单信息列表

省、自治区、直辖市名单	数量汇总	景点名称	评定年份
北京	8	东城区故宫博物院	2007年
		东城区天坛公园	2007年
		海淀区颐和园	2007年
		八达岭长城—慕田峪长城旅游区	2007年
		昌平区明十三陵	2011年
		西城区恭王府	2012年
		朝阳区奥林匹克公园	2012年
		海淀区圆明园	2019年
天津	2	南开区古文化街（津门故里）	2007年
		蓟州区盘山风景名胜区	2007年
河北	11	承德市双桥区避暑山庄及周围寺庙	2007年
		保定市安新县白洋淀风景区	2007年
		保定市涞水县野三坡风景名胜区	2011年
		石家庄平山县西柏坡景区	2011年
		唐山市遵化市清东陵	2015年
		邯郸市涉县娲皇宫	2015年
		邯郸市永年区广府古城	2017年
		保定市涞源县白石山风景区	2017年
		秦皇岛市山海关区山海关景区	2018年
		保定市易县清西陵	2019年
		承德市滦平县金山岭长城	2020年
山西	9	大同市云冈区云冈石窟	2007年
		忻州市五台县五台山风景名胜区	2007年
		晋城市阳城县皇城相府生态文化旅游区	2011年
		晋中市介休市绵山风景名胜区	2013年
		晋中市平遥县平遥古城	2015年
		忻州市代县雁门关风景名胜区	2017年
		临汾市洪洞县洪洞大槐树寻根祭祖园旅游景区	2018年
		长治市壶关县太行山大峡谷八泉峡景区	2019年
		临汾市乡宁县云丘山旅游风景区	2020年

（续表）

省、自治区、直辖市名单	数量汇总	景点名称	评定年份
内蒙古	6	鄂尔多斯市达拉特旗响沙湾旅游区	2011年
		鄂尔多斯市伊金霍洛旗成吉思汗陵旅游区	2011年
		呼伦贝尔市满洲里市中俄边境旅游区	2016年
		兴安盟阿尔山市阿尔山·柴河旅游区	2017年
		赤峰市克什克腾旗阿斯哈图石阵旅游区	2018年
		阿拉善盟额济纳旗胡杨林旅游区	2019年
辽宁	6	沈阳市浑南区沈阳植物园（沈阳世博园）	2007年
		大连市中山区老虎滩海洋公园·老虎滩极地馆	2007年
		大连市金州区金石滩国家旅游度假区	2011年
		本溪市本溪满族自治县本溪水洞景区	2015年
		鞍山市铁东区千山风景区	2017年
		盘锦市大洼区红海滩国家风景廊道	2019年
吉林	7	延边朝鲜族自治州安图县长白山风景区	2007年
		长春市宽城区伪满皇宫博物院	2007年
		长春市南关区净月潭国家森林公园	2011年
		长春市南关区长影世纪城	2015年
		延边朝鲜族自治州敦化市六鼎山文化旅游区	2015年
		长春市南关区世界雕塑公园	2017年
		通化市集安市高句丽文物古迹旅游景区	2019年
黑龙江	6	哈尔滨市松北区太阳岛风景区	2007年
		黑河市五大连池市五大连池景区	2011年
		牡丹江市宁安市镜泊湖国家级风景名胜区	2011年
		伊春市汤旺县林海奇石景区	2013年
		大兴安岭地区漠河市北极村	2015年
		鸡西市虎林市虎头风景名胜区	2019年
上海	4	浦东新区东方明珠广播电视塔	2007年
		浦东新区上海野生动物园	2007年
		浦东新区上海科技馆	2010年
		中国共产党一大·二大·四大纪念馆景区	2021年
江苏	25	苏州市姑苏区苏州古典园林（拙政园、虎丘、留园）	2007年
		苏州市昆山市周庄古镇	2007年
		南京市玄武区钟山风景名胜区—中山陵园风景区	2007年
		无锡市滨湖区中央电视台无锡影视基地三国水浒景区	2007年
		无锡市滨湖区灵山大佛景区	2009年

（续表）

省、自治区、直辖市名单	数量汇总	景点名称	评定年份
江苏	25	苏州市吴江区同里古镇	2010年
		南京市秦淮区夫子庙—秦淮风光带景区	2010年
		常州市新北区环球恐龙城景区	2010年
		扬州市邗江区瘦西湖风景区	2010年
		南通市崇川区濠河风景区	2012年
		泰州市姜堰区溱湖国家湿地公园	2012年
		苏州市吴中区金鸡湖景区	2012年
		镇江市润州区三山风景名胜区	2012年
		无锡市滨湖区太湖鼋头渚风景区	2012年
		苏州市吴中区太湖景区	2013年
		苏州市常熟市沙家浜·虞山尚湖旅游区	2013年
		常州市溧阳市天目湖旅游度假区	2013年
		镇江市句容市茅山风景名胜区	2014年
		淮安市淮安区周恩来故里旅游景区	2015年
		盐城市大丰区中华麋鹿园国家级自然保护区	2015年
		徐州市云龙湖风景区	2016年
		连云港市海州区花果山景区	2016年
		常州市武进区中国春秋淹城旅游区	2017年
		无锡市梁溪区惠山古镇	2019年
		宿迁市泗洪县洪泽湖湿地景区	2020年
浙江	19	杭州市西湖区西湖风景区	2007年
		温州市乐清市雁荡山风景区	2007年
		舟山市普陀区普陀山风景区	2007年
		杭州市淳安县千岛湖风景区	2010年
		嘉兴市桐乡市乌镇古镇	2010年
		宁波市奉化区溪口滕头旅游景区	2010年
		金华市东阳市横店影视城	2010年
		嘉兴市南湖区南湖旅游景区	2011年
		杭州市西湖区西溪国家湿地公园	2012年
		绍兴市越城区鲁迅故里—沈园	2012年
		衢州市开化县根宫佛国文化旅游区	2013年
		湖州市南浔区南浔古镇	2015年
		台州市天台县天台山旅游风景区	2015年
		台州市仙居县神仙居风景区	2015年

（续表）

省、自治区、直辖市名单	数量汇总	景点名称	评定年份
浙江	19	嘉兴市嘉善县西塘古镇	2017年
		衢州市江山市江郎山·廿八都景区	2017年
		宁波市海曙区天一阁·月湖景区	2018年
		丽水市缙云县缙云仙都风景区	2019年
		温州市文成县刘伯温故里景区	2020年
安徽	12	黄山市黄山区黄山风景区	2007年
		池州市青阳县九华山风景区	2007年
		安庆市潜山县天柱山风景名胜区	2011年
		黄山市黟县皖南古村落—西递宏村	2011年
		六安市金寨县天堂寨风景名胜区	2012年
		宣城市绩溪县龙川景区	2012年
		阜阳市颍上县八里河风景区	2013年
		黄山市徽州区古徽州文化旅游区	2014年
		合肥市肥西县三河古镇	2015年
		芜湖市鸠江区方特旅游度假区	2016年
		六安市舒城县万佛湖	2016年
		马鞍山市雨山区采石矶	2020年
福建	10	厦门市思明区鼓浪屿	2007年
		南平市武夷山市武夷山风景名胜区	2007年
		三明市泰宁县泰宁风景名胜区	2011年
		福建土楼（永定·南靖）	2011年
		宁德市屏南县白水洋—鸳鸯溪	2012年
		泉州市丰泽区清源山国家重点风景区	2012年
		宁德市福鼎市太姥山风景名胜区	2013年
		福州市鼓楼区三坊七巷	2015年
		龙岩市上杭县古田旅游区	2015年
		莆田市秀屿区湄洲岛妈祖文化旅游区	2020年
江西	13	九江市庐山市庐山风景名胜区	2007年
		吉安市井冈山市井冈山风景旅游区	2007年
		上饶市玉山县三清山风景名胜区	2011年
		鹰潭市贵溪市龙虎山风景名胜区	2012年
		上饶市婺源县婺源江湾景区	2013年
		景德镇市昌江区景德镇古窑民俗博览区	2013年
		赣州市瑞金市共和国摇篮景区	2015年

（续表）

省、自治区、直辖市名单	数量汇总	景点名称	评定年份
江西	13	宜春市袁州区明月山旅游区	2015年
		抚州市资溪县大觉山景区	2017年
		上饶市弋阳县龟峰风景名胜区	2017年
		南昌市东湖区滕王阁	2018年
		萍乡市芦溪县武功山风景名胜区	2019年
		九江市永修县、武宁县庐山西海风景名胜区	2020年
山东	13	泰安市泰山区泰山风景区	2007年
		烟台市蓬莱区蓬莱阁—三仙山风景区—八仙过海景区	2007年
		济宁市曲阜市明故城（三孔）旅游区	2007年
		青岛市崂山区崂山风景名胜区	2011年
		威海市环翠区刘公岛风景区	2011年
		烟台市龙口市南山景区	2011年
		枣庄市台儿庄区台儿庄古城	2013年
		济南市历下区天下第一泉景区	2013年
		临沂市蒙阴县沂蒙山旅游区	2013年
		潍坊市青州市青州古城	2017年
		威海市环翠区威海华夏城景区	2017年
		东营市垦利区黄河口生态旅游区	2020年
		临沂市沂水县萤火虫水洞·地下大峡谷	2020年
河南	14	郑州市登封市嵩山少林寺	2007年
		洛阳市洛龙区龙门石窟	2007年
		焦作市云台山—神农山—青天河风景区	2007年
		安阳市殷都区殷墟	2011年
		洛阳市嵩县白云山风景名胜区	2011年
		开封市龙亭区清明上河园	2011年
		平顶山市鲁山县尧山—中原大佛景区	2011年
		洛阳市栾川县老君山—鸡冠洞旅游区	2012年
		洛阳市新安县龙潭大峡谷景区	2013年
		南阳市西峡县中国西峡恐龙遗迹园·伏牛山老界岭旅游区	2014年
		驻马店市遂平县嵖岈山风景区	2015年
		安阳市林州市红旗渠—太行大峡谷旅游景区	2016年
		商丘市永城市芒砀山汉文化旅游景区	2017年
		新乡市辉县市八里沟景区	2019年

（续表）

省、自治区、直辖市名单	数量汇总	景点名称	评定年份
湖北	13	武汉市武昌区黄鹤楼公园	2007年
		宜昌市三峡大坝—屈原故里文化旅游区	2007年
		宜昌市夷陵区三峡人家风景区	2011年
		十堰市丹江口市武当山风景名胜区	2011年
		恩施土家族苗族自治州巴东县神农溪纤夫文化旅游区	2011年
		神农架林区神农架生态旅游区	2012年
		宜昌市长阳土家族自治县清江画廊风景区	2013年
		武汉市武昌区东湖生态旅游风景区	2013年
		武汉市黄陂区木兰文化生态旅游区	2014年
		恩施土家族苗族自治州恩施市恩施大峡谷景区	2015年
		咸宁市赤壁市三国赤壁古战场景区	2018年
		襄阳市襄城区隆中风景名胜区	2019年
		恩施土家族苗族自治州利川市腾龙洞风景名胜区	2020年
湖南	11	张家界市武陵源区武陵源—天门山旅游区	2007年
		衡阳市南岳区衡山旅游区	2007年
		湘潭市韶山市韶山旅游区	2011年
		岳阳市岳阳楼—君山岛景区	2011年
		长沙市岳麓区岳麓山—橘子洲旅游区	2012年
		长沙市宁乡市花明楼景区	2013年
		郴州市资兴市东江湖风景旅游区	2015年
		邵阳市新宁县崀山风景名胜区	2016年
		株洲市炎陵县炎帝陵景区	2019年
		常德市桃源县桃花源旅游区	2020年
		湘西土家族苗族自治州矮寨·十八洞·德夯大峡谷景区	2021年
广东	15	广州市番禺区长隆旅游度假区	2007年
		深圳市南山区华侨城旅游度假区	2007年
		广州市白云区白云山景区	2011年
		梅州市梅县区雁南飞茶田景区	2011年
		深圳市龙华新区观澜湖旅游度假区	2011年
		清远市连州市地下河旅游景区	2011年
		韶关市仁化县丹霞山景区	2012年
		佛山市南海区西樵山风景名胜区	2013年

（续表）

省、自治区、直辖市名单	数量汇总	景点名称	评定年份
广东	15	惠州市博罗县罗浮山国家重点风景名胜区	2013年
		佛山市顺德区长鹿旅游休博园	2014年
		阳江市江城区海陵岛大角湾海上丝路旅游区	2015年
		中山市孙中山故里旅游区	2016年
		惠州市惠城区惠州西湖旅游景区	2018年
		肇庆市星湖风景名胜区	2019年
		江门市开平市开平碉楼文化旅游区	2020年
广西	8	桂林市漓江风景区	2007年
		桂林市兴安县乐满地休闲世界	2007年
		桂林市秀峰区独秀峰·靖江王城景区	2012年
		南宁市青秀区青秀山旅游风景区	2017年
		桂林市两江四湖·象山景区	2014年
		崇左市大新县德天跨国瀑布景区	2018年
		百色市右江区百色起义纪念园景区	2020年
		北海市海城区涠洲岛南湾鳄鱼山景区	2020年
海南	6	三亚市崖州区南山文化旅游区	2007年
		三亚市崖州区南山大小洞天旅游区	2007年
		三亚市保亭黎族苗族自治县诺达雨林文化旅游区	2012年
		三亚市陵水黎族自治县分界洲岛旅游区	2013年
		三亚市保亭黎族苗族自治县槟榔谷黎苗文化旅游区	2015年
		三亚市海棠区蜈支洲岛旅游区	2016年
重庆	10	大足区大足石刻景区	2007年
		巫山区小三峡—小小三峡旅游区	2007年
		武隆区喀斯特（天生三桥·仙女山·芙蓉洞）旅游区	2011年
		酉阳土家族苗族自治县桃花源旅游景区	2012年
		綦江区万盛黑山谷风景区	2012年
		南川区金佛山景区	2013年
		江津区四面山景区	2015年
		云阳县龙缸景区	2017年
		彭水苗族土家族自治县阿依河景区	2019年
		黔江区濯水景区	2020年
四川	15	成都市都江堰市青城山—都江堰风景名胜区	2007年
		乐山市峨眉山市峨眉山景区	2007年

（续表）

省、自治区、直辖市名单	数量汇总	景点名称	评定年份
四川	15	阿坝藏族羌族自治州九寨沟县九寨沟风景区	2007年
		乐山市市中区乐山大佛景区	2011年
		阿坝藏族羌族自治州松潘县黄龙风景名胜区	2012年
		绵阳市北川羌族自治县羌城旅游区	2013年
		阿坝藏族羌族自治州汶川县汶川特别旅游区	2013年
		南充市阆中市阆中古城旅游景区	2013年
		广安市广安区邓小平故里旅游区	2013年
		广元市剑阁县剑门蜀道风景名胜区	2015年
		南充市仪陇县朱德故里景区	2016年
		甘孜藏族自治州泸定县海螺沟景区	2017年
		雅安市雨城区碧峰峡生态风景区	2019年
		巴中市南江县光雾山旅游景区	2020年
		甘孜藏族自治州稻城县稻城亚丁旅游景区	2020年
贵州	8	安顺市镇宁布依族苗族自治县黄果树大瀑布景区	2007年
		安顺市西秀区龙宫风景区	2007年
		毕节市大方县百里杜鹃风景区	2013年
		黔南布依族苗族自治州荔波县樟江风景名胜区	2015年
		贵阳市花溪区青岩古镇景区	2017年
		铜仁市梵净山（江口·印江）旅游区	2018年
		黔东南苗族侗族自治州镇远县镇远古城旅游景区	2019年
		遵义市赤水市赤水丹霞旅游区	2020年
云南	9	昆明市石林彝族自治县石林风景名胜区	2007年
		丽江市玉龙纳西族自治县玉龙雪山景名胜区	2007年
		丽江市古城区丽江古城景区	2011年
		大理白族自治州大理市崇圣寺三塔文化旅游区	2011年
		西双版纳傣族自治州景洪市勐腊县中科院西双版纳热带植物园	2011年
		迪庆藏族自治州香格里拉市普达措国家公园	2012年
		昆明市盘龙区昆明世博园景区	2016年
		保山市腾冲市火山热海旅游区	2016年
		文山壮族苗族自治州丘北县普者黑旅游景区	2020年
西藏	5	拉萨市城关区布达拉宫景区	2013年
		拉萨市城关区大昭寺景区	2013年
		林芝市工布江达县巴松措景区	2017年

（续表）

省、自治区、直辖市名单	数量汇总	景点名称	评定年份
西藏	5	日喀则市桑珠孜区扎什伦布寺景区	2017年
		林芝市米林县雅鲁藏布大峡谷旅游景区	2020年
陕西	11	西安市临潼区秦始皇兵马俑博物馆	2007年
		西安市临潼区华清池骊山景区	2007年
		延安市黄陵县黄帝陵景区	2007年
		西安市雁塔区大雁塔—大唐芙蓉园景区	2011年
		渭南市华阴市华山风景区	2011年
		宝鸡市扶风县法门寺佛文化景区	2014年
		商洛市商南县金丝峡景区	2015年
		宝鸡市眉县太白山旅游景区	2016年
		西安市碑林区城墙·碑林历史文化景区	2018年
		延安市宝塔区延安革命纪念地景区	2019年
		西安市未央区大明宫旅游景区	2020年
甘肃	6	嘉峪关市嘉峪关文物景区	2007年
		平凉市崆峒区崆峒山风景名胜区	2007年
		天水市麦积区麦积山景区	2011年
		酒泉市敦煌市鸣沙山月牙泉风景名胜区	2015年
		张掖市临泽县七彩丹霞景区	2019年
		临夏回族自治州永靖县炳灵寺世界文化遗产旅游区	2020年
青海	4	青海湖风景名胜区	2011年
		西宁市湟中区塔尔寺景区	2012年
		海东市互助土族自治县互助土族故土园旅游区	2017年
		海北藏族自治州祁连县阿咪东索景区	2020年
宁夏	4	石嘴山市平罗县沙湖旅游景区	2007年
		中卫市沙坡头区沙坡头国家级自然保护区	2007年
		银川市西夏区镇北堡西部影视城	2011年
		银川市灵武市水洞沟旅游区	2015年
新疆	16	昌吉回族自治州阜康市天山天池风景名胜区	2007年
		吐鲁番市高昌区葡萄沟风景区	2007年
		伊犁哈萨克自治州阿勒泰地区布尔津县喀纳斯景区	2007年
		伊犁哈萨克自治州新源县那拉提旅游风景区	2011年
		伊犁哈萨克自治州阿勒泰地区富蕴县可可托海景区	2012年
		喀什地区泽普县金胡杨景区	2013年
		乌鲁木齐市乌鲁木齐县天山大峡谷景区	2013年

（续表）

省、自治区、直辖市名单	数量汇总	景点名称	评定年份
新疆	16	巴音郭楞蒙古自治州博湖县博斯腾湖景区	2014年
		喀什地区喀什市喀什噶尔老城景区	2015年
		伊犁哈萨克自治州特克斯县喀拉峻景区	2016年
		巴音郭楞蒙古自治州和静县巴音布鲁克景区	2016年
		伊犁哈萨克自治州阿勒泰地区哈巴河县白沙湖景区	2017年
		喀什地区塔什库尔干塔吉克自治县帕米尔旅游区	2019年
		克拉玛依市乌尔禾区世界魔鬼城景区	2020年
		博尔塔拉蒙古自治州博乐市赛里木湖景区	2021年
		阿拉尔市塔克拉玛干·三五九旅文化旅游区	2021年
合计	306		

三、旅游景区在旅游发展中的地位和作用

旅游景区是旅游目的地的核心组成部分，它是目的地旅游业发展的主体，主要表现为以下两个方面。

第一，构成景区的基础是当地的旅游资源，而景区往往展现的是当地旅游资源的精华。我们知道，旅游资源是一个国家或地区旅游业赖以存在和发展的最基本的条件，因此旅游景区在目的地旅游业中的地位同旅游资源是一样的。

第二，在旅游业中，人们对交通运输产品和饭店产品的需求基本上都属于派生性需求，它们对旅游者的来访起着支持和保障的作用。而景区产品对旅游者来访则起到激发或吸引的作用，旅游者对景区产品的需求是根本性需求。因此，作为旅游资源的代表，旅游景区在目的地旅游业整体产品构成中居主导地位。

第六节 旅游购物业

一、旅游购物品

（一）旅游购物品的概念

旅游购物品也叫旅游商品，是指旅游者在旅游活动中购买的具有物质形态的商品，即

旅游中所购买的物品。对此概念，可从以下几方面理解：首先，此物品是旅游者因旅游而购买的；其次，此物品的所有权发生转移；最后，此物品为含有旅游信息或旅游目的地文化内涵的劳动产品。

（二）旅游购物品与旅游产品的关系

旅游购物品不同于旅游产品。从旅游者角度来说，旅游产品就是消费者支付一定费用后所完成的一次旅游经历；从供给方角度来说，旅游产品是为满足旅游者的需要而提供的各种旅游活动接待条件和相关服务的总和。旅游者的旅游活动包括食、住、行、游、购、娱6个方面，因此，旅游产品是一个综合概念。旅游购物品只是旅游产品的一个组成部分，或者说，旅游购物只是旅游活动的一个要素。

（三）旅游购物品的特点

1. 纪念性

旅游购物品的纪念性是其区别于其他普通商品的一个显著特点。旅游活动对旅游者来说是一份记忆，旅游购物品尤其是一些纪念品，是旅游者旅游活动的见证和物化，是日后重温美好旅游经历的载体。旅游购物品的纪念性主要体现在：旅游购物品或者能表现旅游目的地的地方特色和民族特色，或者能体现该次旅游活动的主题。

2. 艺术性

艺术性是指旅游购物品的整体设计新颖奇特、美观别致，具有艺术欣赏价值。旅游购物品只有具备艺术美才能给人以审美情趣，才能提高人们的审美能力，才具有特殊的欣赏价值和收藏价值。

3. 实用性

实用性是指旅游购物品应具有旅游者可使用和可消费的功能。只有将纪念性、艺术性、实用性巧妙地结合起来，旅游购物品才能受到旅游者的青睐。

4. 便携性

旅游购物品的设计要从结构、容积、重量上充分考虑，体现便于旅游者携带、收藏的特点。如果体积过大或者重量太重，既不利于旅游者随身携带，也不便于行李托运，旅游者就不会购买，该物品也就不能成为畅销的旅游购物品。

5. 礼品性

旅游购物品的礼品性是指旅游者购买的旅游购物品具有可以带回去馈赠亲友以便共同享受旅游美好感受的功能。这就要求旅游购物品不仅要做工精致，具有旅游目的地的文化内涵，还要有富有特色的礼品包装。

二、旅游购物品的类型和作用

（一）旅游购物品的类型

旅游购物品的类型很多，范围很广，有很多不同的分类方法。从目前我国市场经营的状况分析，大致可将其分为六大类、一百多个细类、十几万个品种。下面简单介绍以下几类。

1. 旅游工艺品

旅游工艺品主要有雕塑工艺品、陶瓷工艺品、金属工艺品、漆器工艺品、编织工艺品、绘画工艺品、民间工艺品等。

2. 旅游纪念品

旅游纪念品指以旅游点的文物古迹或自然风光为题材，利用当地特有的原料制作而成，体现当地传统工艺和风格，并且富有纪念意义的小型纪念品。

3. 文物古玩

文物古玩，如我国"文房四宝"中的笔、墨、纸、砚，出土文物复制品、碑帖、拓片以及不属于国家严禁出口的古玩等。

4. 土特产品

土特产品，如我国的名茶、名酒、中成药等具有地方特色的产品。

5. 旅游食品

旅游食品，如风味食品、大餐、小吃或方便食品等。

6. 旅游日用品

旅游日用品是指旅游者在旅游活动中所购买的具有实用价值的旅游小商品，如旅游鞋帽、日用化妆品、旅游包、地图指南和急救药品等。

（二）旅游购物品的作用

1. 对目的地经济产生积极影响

旅游购物是旅游外汇收入的重要来源和组成部分，发展旅游购物业，可以增加旅游者的消费，扩大就业机会，带动相关产业的发展，从而对目的地的经济产生积极的推动作用。

2. 促进传统手工艺的挖掘和保护

旅游者对具有地方特色或民族特色的传统手工艺品的青睐，能使目的地居民认识到传统手工艺的价值所在，从而自觉挖掘和保护传统手工艺，并积极创新和改良。

3. 传播旅游目的地形象

旅游购物品附带了旅游目的地的文化内涵和旅游目的地的各种信息，通过旅游购物品的生产和销售，以及游客的购买和馈赠，旅游目的地的形象也得以传播。

三、我国旅游购物业的发展现状与思路

（一）我国旅游购物业发展现状

近几年，我国的旅游商品创汇比重一直徘徊在20%左右，这与大约30%的世界旅游购物平均水平相比，存在较大的差距。

1. 入境旅游者购物花费分析

从发展趋势看，入境一日游游客的购物比例呈现稳步上升趋势，而过夜旅游者的购物比例并不稳定。从旅游组织形式看，团体旅游者的购物比例普遍高于散客。从旅游业的发展趋势看，散客是未来旅游市场的主流。因此，如何提高散客的购物比例，尤其是入境过夜散客的购物比例，是国内旅游购物业面临的一个重要问题。

2. 旅游购物品结构分析

我国以旅游纪念品、土特产品、实用工艺品等为旅游购物结构的主体，基本改变了过去物品品种比较单一的局面，层次逐步显现。我国入境旅游者感兴趣的旅游购物品主要是服装和丝绸、食品和茶叶、纪念品和工艺品三大类。

3. 旅游购物品市场分析

目前，在生产环节上，我国的旅游购物品生产总体上仍处于初步发展阶段。生产企业，以中小厂家为主，而大企业很少；生产旅游日常用品、工艺纪念品的企业居多，而生产大中型旅游用的设施和装备的企业相对较少。旅游购物品的技术水平较低、文化含量不高、具有地方和民族特色的不多；旅游购物品的设计、生产和销售各个环节结合不够紧密。

（二）中国旅游购物业发展思路

1. 开发国内旅游购物品市场

随着国内游客在旅游市场中逐渐占据主体地位，国内游客的消费能力有了一定提高，国内旅游购物品市场的潜力很大，因此，必须大力开发国内旅游购物品市场。

2. 加强旅游购物品的开发

事实上，旅游者的消费水平在逐年增加，而在旅游购物市场上缺乏有特色、多功能、高品质的旅游购物品，这就制约了旅游购物品市场规模的进一步扩大。因此，旅游购物品的开发成为提升我国旅游购物比例的一个关键。

3. 提高旅游购物的吸引力

“购”是旅游者旅游活动的六要素之一，也是旅游者旅游经历的重要组成部分。因此，不应把旅游购物看作单纯的交易过程，应该开动脑筋，将其作为一种活动，想方设法增加旅游购物过程的吸引力。

阅读资料5-4

故宫文创产品成功秘诀：“创意”二字至关重要

文创产品如何彰显文物的文化力量？故宫博物院原院长单霁翔在《中国经济大讲堂》演讲时指出，过去我们的文化产品，就是把故宫书画的复制品挂在那儿，把器物复制了放在那儿，结果很少有人买，今天我们知道文化产品中间最好加上“创意”两个字。

什么叫文化创意产品？首先，要深入研究人们社会生活，根据人们生活需要进行研发的产品，人们才会喜欢。其次，一定要深入挖掘自己的文化资源，把自己的文化资源提炼出来，跟人们生活需要所对接，人们才愿意把你的文化带回家。比如人们参观故宫，对我们的藻井印象很深，为了满足人们把藻井文化带回家，我们就做了藻井伞；为了满足人们把脊兽文化带回家，我们就做了衣服夹子。经过不断的研发，我们开始提出一个新的口号，“从数量增长走向质量提升”，更加注意品质。比如小小的笔记本，它的价格并不贵，但是它呈现的是故宫文化，每一个笔记本内容都是从故宫的文化资源中提炼出的。每个笔记本都要不同，满足不同人的需要，满足多样化的需求。再比如我们的口红，故宫的口红为什么受欢迎？因为它所有的设计都运用“故宫”元素，它是传统文化的呈现，和我们平常使用的口红是不一样的，故宫生产的口红带着我们的传统文化的气息，所以很受年轻人欢迎。同时，我们每一个展览都会推出一些文创产品，我们的《千里江山图》推出了一系列相关的文化创意产品。比如我们的《千里江山图》团扇，一个暑期就有4万把团扇被带回家了。所以，我们大量的文化创意产品也是根据展览应运而生的。故宫的商店今天也不叫商店了，我们叫文化创意馆，我们希望我们的商店能成为人们参观博物馆后，在离开之前想去的最后一个展厅，这里也是传播文化的地方，你可以不买，但是你依然会感受到文化。

资料来源：https://baijiahao.baidu.com/s?id=1670109972661752464&wfr=spider&for=pc.

第七节 旅游娱乐业

一、旅游娱乐业的基本含义和作用

（一）旅游娱乐业的基本含义

随着大众观光旅游逐渐向休闲度假旅游和专项旅游过渡，“娱”作为“六要素”中弹性最大的要素，因其越来越重要的地位而成为旅游消费支出的主要部分之一。旅游娱乐业高速发展的态势，不仅使旅游业结构更加趋于合理，为旅游业带来效益，使娱乐业本身成为旅游产业的核心部分之一，还为各国旅游者带来更多的交流机会，形成了一种独特的文化现象。旅游娱乐业是指通过向旅游者提供娱乐型产品，满足旅游者在目的地娱乐需求的行业。

（二）旅游娱乐业发展概况

从世界范围看，旅游娱乐业的兴起和发展是与社会工业化程度和人们生活水平的改善密切相关的。第二次世界大战以后，随着人们的生活方式日趋多样化、科技发展和经济繁荣，逐步形成了主题公园的旅游景观创新概念。“童话乐园”“探险乐园”“野生动物园”“假日乐园”等在欧美等地相继发展起来。特别是1955年，在美国洛杉矶建起第一个现代意义上的主题公园后，以主题公园为代表的旅游娱乐业在世界各地得到广泛发展，从规模到科技再到文化含量都有较大突破。而同样属于旅游娱乐业的旅游娱乐表演，一般都分布在世界各景点和各大城市，通常有民俗表演（歌舞和工艺品制作）、杂技马术、竞技体育、动物表演等内容，形式上有各景点、场馆的相对固定的表演形式，也有每年或若干年一届的极富风情和有相当规模的“节日”和“会议”。如西班牙的“斗牛节”、意大利的“柑橘节”、德国的“啤酒节”、巴西的“狂欢节”，西方国家较普遍重视的“感恩节”“万圣节”，日本等亚洲国家的“盂兰盆节”、泰国的“宋干节”，还有轮流在世界各地召开的各类博览会等，都通过高质量、极具民族特色的表演，吸引了大批外来观光客。

同发达国家相比，我国旅游娱乐业总体上还处于发展的初级阶段，但发展速度较快。自20世纪80年代初起步，到1985年前后，我国的旅游娱乐业以中小型游乐园为主，随后以广州“东方乐园”为代表的综合性的主题公园兴起。自20世纪80年代初起步，到1985年前后，我国的旅游娱乐业以中小型游乐园为主，随后以广州“东方乐园”为代表的综合性的主题公园兴起。经过30多年的发展，我国已建成有一定规模的游乐园（场）、主题公园达2500家。从总体来看，我国已经有不少娱乐项目同国际接轨。此外，以民俗风情、历史文化、影视特技为主要内容的旅游文娱表演，已成为旅游区（点）的重要内容。在游乐设备方面，世界上大型游乐园或者主题公园拥有的一百多种游乐设备，中国已经有90多种，但它们是零散分布的。

（三）旅游娱乐业的作用

1. 增加旅游活动的趣味性

旅游观赏是旅游活动产生的重要原因，观赏、欣赏作为旅游活动的组成部分，只是旅游活动的基本内容。旅游娱乐项目的开发极大地调动了旅游者的兴趣，满足了旅游者更多的旅游需求，使得整个旅游活动更加丰富，形式更加多样。

2. 提高旅游产品的竞争力

旅游娱乐项目作为旅游活动的一部分，是对旅游欣赏层次的补充和提高，优化了旅游产品结构，增强了旅游目的地的吸引力，提高了旅游产品乃至整个旅游目的地的竞争力。

3. 增加旅游业的经济收益

通过开发旅游娱乐项目，在满足游客旅游娱乐需求的同时，也会给当地旅游业带来一定的经济收益。同时，这些娱乐项目对当地居民也有一定的吸引力，尤其是在旅游淡季，可吸引当地居民参与其中，创造旅游收益、减小旅游活动的季节性效应。

4. 改善和提高目的地的旅游形象

旅游娱乐项目的引进在一段时间内具有一定的资源垄断性，其宣传和影响可以促进外界对目的地的了解。同时，因其相对完整的旅游产品结构能满足不同类型旅游者的旅游需要，其本身亦能够在市场上树立一个较好的旅游形象。

5. 丰富当地的文化娱乐生活

当地居民可以参与到旅游娱乐活动中来，这种参与是当地居民生活的一部分，可以提高旅游地居民的素质和生活水平，丰富当地居民的文化和娱乐生活，使娱乐活动成为社区文化的组成部分。

二、旅游娱乐产品的分类

（一）按娱乐设施的空间位置划分

根据娱乐设施的空间位置将娱乐产品分为室内娱乐产品和室外娱乐产品。

室内娱乐产品包括各种形式的俱乐部、舞场、保龄球室、室内游泳池、文娱室和健身房等。

室外娱乐产品包括游乐园、靶场、高尔夫球场、海水浴场和滑雪场等；极限运动如蹦极、攀岩、卡丁车、滑翔伞、野外生存、定向运动及潜水等。

（二）按娱乐设施的活动项目划分

根据娱乐设施的活动项目将娱乐产品划分为专项娱乐设施和综合娱乐设施。

专项的旅游娱乐产品仅满足旅游者一方面的需求，如现代主题公园中常见的急流勇进、天旋地转、太空穿梭、过山车以及四维电影等娱乐活动类型。

综合娱乐产品是多种旅游娱乐项目的汇总。目前我国很多主题公园都推出了一些综合性的娱乐产品，如苏州乐园、深圳的“欢乐谷”主题公园等。

阅读资料5–5

北京环球影城开园即“顶流”

《2021中国主题公园竞争力评价报告》显示，中国主题公园正在进入高速发展期。从增长数字看，2020年大型和特大型主题公园为50家，而2021年增长到了64家，这也意味着诸多国际主题公园巨头看好中国市场。

2021年9月20日，继洛杉矶、奥兰多、大阪、新加坡之后，全球第5个环球影城——北京环球度假区赶在国庆黄金周前盛大开园，一经启幕，就成为当之无愧的“流量C位”，不仅霸榜各大短视频和社交平台，还成功登上中秋全国最热门景区榜首，甚至以一己之力带火了主题乐园经济。

这座筹备了20年之久的环球影城已超越了传统意义的主题公园，目前开园的一期包括北京环球影城主题公园、北京环球城市大道以及两家度假酒店，包含一系列经典电影IP，不同年龄段的游客都能在其中找到熟悉的场景。

公开信息显示，北京环球影城主题公园日均可接待游客1.5万人，周末的游客量有3万人左右。正式开园后，其周边的酒店以及各种餐饮企业等也迅速被带火。

同时，对北京旅游市场的溢出效应也极为显著。北京第二外国语学院中国文化和旅游产业研究院副教授吴丽云指出，作为世界性的休闲度假娱乐项目，环球影城对于北京乃至周边京津冀地区来说，吸引力都是巨大的，它作为一个新的爆点，对于带动北京市的旅游产品升级，完善文旅业态结构将有非常大的帮助。

此外，北京环球度假区将成为北京城市副中心乃至北京经济发展的新引擎。据预测，开园后带动了周边上下游70多个门类、百余行业直接或间接受益，为周边提供数万个就业岗位，形成一条功能完备的文旅全产业链条。

资料来源：https://www.thepaper.cn/newsDetail_forward_16360944.

（三）按娱乐产品的功能划分

根据娱乐产品的功能将娱乐产品划分为三类，即康体类、休闲类、娱乐类。

三、旅游娱乐项目介绍

（一）康体运动项目

康体运动项目是凭借特定的健身设施和场所，通过适度的运动量来达到强身健体目的的运动项目。它往往集中在一个多功能的健身房内，对健身房的环境设计有一定要求，即应使参与者如同在大自然中运动健身一般。房内设有各种具有模拟运动功能的器械。

运动健身项目往往集田径、体操、举重等活动于一体，不同运动项目可以达到不同的健身效果，旅游者可以根据自身情况自行选择和有计划地进行康体活动。

（二）戏水运动项目

戏水运动，狭义上称为游泳运动，它是在不同环境、不同设施、不同形式的游泳池内进行游泳、潜水、嬉戏等活动的运动方式。戏水是一项很有锻炼价值和实用价值的运动，经常戏水可以增强内脏器官功能，特别是呼吸器官功能。根据戏水环境特点可以将戏水运动分为室内戏水和室外游泳。

（三）球类运动项目

球类运动是参与者利用各种体育设施，使用相应的体育器材和球体，运用专门技术进行运动，以达到健身和陶冶情操的目的。球类运动主要项目有乒乓球、网球和台球等。

（四）休闲康体项目

休闲康体项目是以趣味性强、轻松愉快的方式在一定的设施环境中进行的，既有利于身体健康，又有利于放松精神、陶冶情操的各种活动项目。

1. 保龄球

保龄球是在拥有符合严格规范要求的木板保龄球跑道上及各种辅助设施设备的保龄球房内，滚球击瓶的一种运动。它属于高雅的休闲康体活动。保龄球运动具有娱乐性、趣味性、竞技性和技巧性，给人以身体和意志的锻炼，是男女老少皆宜的特殊运动。

2. 高尔夫球

高尔夫（golf）由绿色（green）、氧气（oxygen）、阳光（sunshine）和步履（foot）的第一个字母组合而成。它是指在明媚的阳光下，脚踏绿色的草地，呼吸着新鲜空气，在大自然的怀抱里，充分伸展自己的肢体，是一项有益于身心健康、能够陶冶情操的运动，其主要形式有标准高尔夫球、微型高尔夫球和室内模拟高尔夫球。

标准高尔夫球也叫乡村高尔夫球，它是一项古典的不太激烈的贵族运动。参与者要在有一定要求的高尔夫球场使用不同的球杆、按一定规则将球击入固定的洞中。

微型高尔夫球，又叫迷你高尔夫球，是目前在欧美流行的休闲运动，与一般高尔夫球近似，只是其球场面积较小，在设有人工草坪的球道上打球。按照国际标准设计的微型高尔夫球场，每个球道上设置各种有趣的障碍，一般设计有9洞、12洞和18洞，使用专用的微型高尔夫球杆和球，沿着球道打球。

室内模拟高尔夫球是在拥有高尔夫球模拟设施的室内打球的高尔夫球运动。模拟设施主要是显示高尔夫球场的电子屏幕，参与者将球击在屏幕上，电子屏幕会显示出击球的运程和方向，从而达到与室外高尔夫球运动类似的效果。

3. 桑拿浴

桑拿浴是一种蒸汽浴，它是在气温高达45～70℃的房间里的蒸汽沐浴行为。沐浴者在这种享受过程中，出一身汗，能起到减肥健身、恢复体力、缓和情绪、振奋精神和保持清洁的作用。蒸汽浴有干、湿蒸汽浴两种。

干蒸汽浴，又称芬兰浴。整个沐浴过程中，室内高温使人有一种身临热带骄阳之下、被干晒着和身体水分被吸收的感觉。

湿蒸汽浴，又称土耳其浴。整个沐浴过程需不断地向散热器上加水，使整个房间里保持高温高湿。沐浴者仿佛置身于热带雨林之中，在这样又湿又热的浴室里，沐浴者必会大汗淋漓。

4. 按摩

按摩是通过专业按摩人员或特定的器械设备，作用于人体体表的特定部位，以调节肌体的生理状况，起到消除疲劳、恢复体力、振奋精神的作用，甚至达到一定的治疗效果的参与式休闲康体项目。

（五）文艺娱乐项目

文艺娱乐项目是指为旅游者提供一定的环境设施和服务，由旅游者积极主动地全身心投入娱乐，使其得到精神满足的活动。

1. 歌舞类娱乐项目

歌舞类娱乐项目是指旅游者在具有音响、舞台等条件的音乐气氛中，借助一定的效果唱歌或跳舞，从而达到放松精神、寻找自我等目的的娱乐项目。

2. 游戏类娱乐项目

游戏类娱乐项目是指旅游者借助一定的环境、专门的游戏设备和用具，运用智力和技巧进行比赛和游戏，以得到精神享受的娱乐项目。根据娱乐形式的不同，可将其分为电子游戏、棋牌游戏。棋牌游戏又可分为象棋、国际象棋、围棋、桥牌等。

3. 文化类娱乐项目

文化类娱乐项目是指旅游者通过画面或文字而得到精神享受、获取知识的娱乐项目。

复习思考与练习题

一、判断题

1. 旅游经营商不从事旅游产品零售业务。（ ）
2. 旅游购物能增加旅游者的旅游乐趣。（ ）
3. 在旅游接待中处于中心环节的是计调业务。（ ）
4. 旅游购物业在旅游收入中占比例最大。（ ）
5. 常用的旅游饭店等级划分法是星级制。（ ）

二、单选题

1. 下列选项中，不属于旅游业三大支柱的是（ ）。

A. 旅游饭店　B. 旅游景点
C. 旅行社　D. 旅游交通

2. 经营范围包括入境旅游业务、出境旅游业务和国内旅游业务的旅行社是（ ）。

A. 国内旅行社　B. 国际旅行社
C. 一类社　D. 二类社

3. 旅游业从根本上来看，是一项（ ）产业。

A. 文化　B. 科技　C. 经济　D. 社会

4. 景区按设立性质可分为纯商业性旅游景区和（ ）。

A. 旅游度假区　B. 自然保护区
C. 人文旅游景区　D. 公益性景区

5. 旅游购物品的整体设计要新颖奇特、美观别致，具有艺术欣赏价值。这体现了旅游购物品的（ ）特点。

A. 便携性　B. 艺术性　C. 实用性　D. 礼品性

三、多选题

1. 交通运输部门通常包括（ ）。

A. 航空公司　B. 长途汽运公司　C. 海运公司
D. 城市公共汽车　E. 铁路公司

2. 铁路客运的优点有（ ）。

A. 运输量大　B. 机动灵活　C. 费用低廉
D. 污染较小　E. 比较安全

3. 在短途旅行中占主导地位的是汽车，这是因为汽车旅行具有（ ）等优点。

A. 机动灵活　B. 耗能大　C. 适应性强
D. 污染程度低　E. 费用低廉

4. 航空旅行的主要优点在于（ ）。

A. 费用低廉　B. 舒适　C. 快速
D. 机动灵活　E. 安全

5. 青年旅舍的主要特点是（　　）。

A. 设备简单　　B. 收费低廉　　C. 自助服务

D. 适于疗养度假　　E. 康乐设施完备

四、名词解释

旅游业　旅行社　旅游饭店　饭店连锁集团　旅游景区

五、论述题

1. 试述旅游业的特点。

2. 试述旅行社的作用。

3. 试述饭店连锁集团的优势。

4. 试述旅游购物品的特点。

六、案例分析

加拿大的交通网络十分发达，高速公路在旅游业发展过程中起着重要的作用。目前，加拿大全国高速公路和普通公路总长140万千米。横贯加拿大的7725千米的1号高速公路，从太平洋东岸的维多利亚直达大西洋西岸纽芬兰的圣约翰斯，是全世界最长的国家级高速公路。这条公路路况好，修整及时，路标非常密集，路标内容详细。高速公路两侧设有很多休息区，休息区干净、整洁，另设有加油站、卫生间、座椅、零售店、咖啡店、旅游纪念品商店等。有的休息区会有照片展、小型展览等，让人既得到了休息，又学到了知识。

加拿大旅游景区的票价与我国国内略有不同。首先，针对不同人群和提供的不同服务项目会有不同的票价。按游客类型分为成人票、学生票、老年人票。赖丁山国家公园露营区的票价是根据购买不同服务组合而定价的，使用景区提供的水、电和排污设施票价为38.2加元，使用水和电票价为35.3加元，仅用电票价为32.3加元，三者都不使用票价为27.4加元，由此可见其票价管理的分类清楚、详细。其次，附近的几个景点联合起来出售联票，有不同的组合，供游客选择，价格较单买便宜。在多伦多市内，可以买到4个著名景点的联票，可以一周内游完，比单买便宜很多。另外，在我游览了Bata鞋博物馆后，工作人员告诉我，如果再有朋友来玩的话可以凭收据打8折。再次，有的景点门票中直接包括工作人员的讲解。这类景点主要是人文景区，如蒙特利尔的1976年修建的奥林匹克体育场。最后，还有许多景点实行免票。

讨论：

分别从旅游交通和旅游景区的角度谈谈加拿大旅游业的发展给我们的启示。

七、实训拓展

实训目的及要求：使学生了解旅游业各个部门的基本含义和发展状况，熟悉它们在旅游业中的地位和作用。

对你大学所在的城市进行实地调查，分别了解旅行社、旅游饭店、旅游景区的发展现状及现存问题，并整理成调查报告。

现代旅游关联知识问题篇

第六章

旅游市场

知识目标

1. 理解旅游市场的概念、特点及作用。

2. 了解旅游市场细分的方法。

3. 掌握我国三大旅游市场的发展状况和特征。

能力目标

1. 培养学生对旅游市场细分和目标市场选择的能力。

2. 使学生掌握国内旅游客源分布的分析方法。

素质目标

1. 提高旅游从业人员的素质。

2. 使学生具备旅游营销人员素养。

案例导入

2022年春节旅游市场

周边游、冰雪游领跑春节旅游市场。2022 年春节假期省内游、跨省游比例分别为78.3%、21.7%，近程游持续领跑国内旅游市场。叠加反向探亲影响，亲子游、主题公园游、冰雪游等短途休闲活动增量明显。预约向导、周边精致露营、租车自驾本地游、精致旅拍等近程休闲活动提质升级，品质化、个性化产品更加契合春节出游需求。

2022 年春节假期7天国内旅游出游2.51 亿人次，同比减少2%，按可比口径恢复至2019年春节假期同期73.9%；实现国内旅游收入2891.98亿元，同比减少3.9%，恢复至2019年春节假期同期56.3%。春节假期全国高速公路累计车流量2394 万辆次，比2021 年同期上升约9%，比2019 年同期下降约13%。

第一节 旅游市场的概念、特点及功能

在现代经济飞速发展的过程中，市场与人们经济生活的联系越来越密切，离开市场，人们各种需求就无法得到满足。旅游市场是市场的一部分，是旅游产品实现交换的场所，是连接旅游供给者和旅游消费者之间的桥梁和纽带。

一、旅游市场的概念

旅游市场是商品经济高度发展的产物，是随着社会经济的发展而发展的。旅游市场也有广义和狭义之分。狭义的旅游市场是指在一定时间、一定地点和条件下，具有旅游产品购买力、购买欲望和购买权利的群体。从这个意义上说，旅游市场就是旅游需求市场或旅游客源市场。广义的旅游市场是指旅游者和旅游经营者之间围绕着旅游商品交换产生的各种经济关系和经济活动现象的总和，包括旅游供给市场和旅游需求市场。它不仅包括旅游产品交换的各种有形市场，还包括一定范围内旅游产品交换中反映供求之间各种关系总和的无形市场。

二、旅游市场的特点

旅游市场是旅游需求市场和旅游供给市场的总和，反映国家之间、国家与旅游经营者之间、旅游经营者之间、旅游经营者与旅游者之间错综复杂的经济关系。

（一）鲜明的异地性

旅游市场一般都远离旅游产品的生产地，也就是说，旅游客源地与旅游目的地在空间上是分离的，因而到任何一个景点的主要旅游者都是非当地居民，旅游产品的交换和消费必须通过旅游者向目的地的移动才能实现。旅游市场的异地性特点，要求旅游企业必须了解市场信息，重视旅游客源地的研究，适应市场环境，掌握市场动态，根据市场需求确定相应的营销方式和竞争策略。

（二）较强的波动性

从旅游市场发展的整体上看，世界旅游市场始终保持着继续发展的态势，但是从市场发展过程的阶段性来看，旅游市场比一般商品市场的波动性更大些。因为旅游市场是综合性市场，因此，能够影响旅游市场的因素复杂多变，它影响和被影响的因素几乎涉及整个社会的方方面面。旅游市场与国际局势、国家间关系、世界经济状况、重大活动或突发事件、旅游者心理需求等因素均有关联，其中，任一因素发生变化都可能导致旅游市场的关联性的波动，甚至变局。如2018年3月中美贸易战正式开始，我国对赴美旅游签证实施严格管制，美国的旅游业遭受到重创；2019世界VR产业大会新闻发布会在南昌召开，世界VR5G产业大会吸引30多个国家和地区的“大咖”云集，VR/AR5G应用到旅游业，对旅游业发展起到极大的促进作用；新冠疫情的持续影响，旅游行业受到严重冲击。旅游市场的这一特点要求旅游企业应当密切注意各种因素的变化，及时灵活地做出反应，尽量避免旅游市场波动所产生的负面影响，尽量避免旅游市场的大起大落。

（三）明显的季节性

在一年之中的不同时间段，某一旅游市场的客源在量上存在着明显的差异，有的时段游客数量多，有的时段游客数量少，因此构成了旅游市场的季节性特点。旅游市场受自然条件及旅游者闲暇时间以及人们外出旅游的传统习惯等因素的影响，季节性十分明显，有旺季和淡季之分。旅游市场季节性的影响要素有以下几种：第一是自然因素的影响，如哈尔滨的冰雪节、三亚的海滨就有明显的季节性；第二是旅游者的闲暇时间表现出季节性，如中国的“十一”黄金周期间，北京故宫游客爆棚；第三是传统习惯因素的影响，如在德国，人们出国的高峰期在春季，而在法国、日本和新西兰，则分别集中在夏季和冬季。这就要求旅游经营者针对不同特点，采取一些行之有效的策略和措施，调节旅游客流量，缩短淡旺季之间的差距，促使旅游业协调发展。

（四）高度竞争性

有市场就有竞争，竞争和市场并存。导致旅游市场竞争的因素有三个方面：一是旅游资源本身具有不可代替的吸引力。吸引力大的旅游资源吸引了一定份额的旅游客源，造成了旅游市场需求的分块化。例如，每年都有几百万游客到埃及的金字塔、中国的长城参观游览，却几乎没有相同的旅游资源能与其展开激烈的竞争。二是旅游市场投资小、见效快、利润高，导致经营者增加，尤其面对同样的旅游市场，竞争更加激烈。三是旅游者增长率毕竟有限，导致了竞争者的期望焦虑，从而引发竞争。旅游经营者应该设法推出自己的品牌，创出自己的特色，占据一定的市场份额，以提高自身的竞争力。

三、旅游市场的功能

旅游市场是社会经济高度发展的产物，是旅游业赖以生存和发展的条件，它的产生和发展不但会促进旅游产品的生产和交换，还对旅游经济的发展起着十分重要的推动作用，具体表现在以下几个方面。

（一）旅游产品的交换功能

旅游市场是连接旅游产品供给者和需求者的纽带，承担旅游产品交换和价值实现的任务，旅游供给者和需求者通过旅游市场销售和选择旅游产品。因此，旅游市场把旅游供给和旅游需求衔接起来，解决了供求之间的矛盾，使旅游供给和旅游需求趋于平衡，从而更好地满足旅游者的需求，更充分地发挥旅游企业的接待能力，提供优质的旅游产品，促进旅游经济的健康发展。

（二）旅游资源的配置功能

资源配置是指在社会经济活动中，将人力、物力和财力等资源进行有效分配，以充分利用相对稀缺资源生产出更多、更好的产品。利用旅游市场的资源配置功能，可以促进旅游业的食、住、行、游、购、娱按比例发展，实现社会资源的优化配置。

（三）旅游信息的反馈功能

在市场经济条件下，旅游供求是通过旅游市场的动态变化表现出来的。旅游企业通过市场将旅游产品信息传递给旅游者，同时，旅游企业又根据市场反馈的旅游需求信息和市场供求状况，调整、变更旅游产品的生产和供给。由此可见，旅游市场是旅游活动的“晴雨表”，综合反映了旅游经济的发展状况。

（四）旅游质量检验的评价功能

旅游市场可检验旅游企业及其产品的质量，推动旅游企业改善经营管理，提高服务质量。在旅游经济活动中，旅游者因支付一定的旅游费用而成为旅游服务的权利享有者；旅游企业因获得一定的旅游收入而成为旅游服务的承担者，它们之间的相互关系是通过市场买卖的形式实现的。因此，旅游企业的产品能被市场接受，说明这家企业的经营是成功的；如果产品不被市场接受，企业需要根据旅游市场的需求及时调整旅游产品，不断改善和提高旅游企业的经营管理水平和服务质量，提供旅游者易于接受、乐于消费的旅游产品。

知识链接6-1

盘点高端旅游市场变化

随着高端消费者年龄、教育、收入、消费观念和消费者信心的变化，以及城市代际差、地域差等流动性变迁，使中国消费方式正在发生着革命性演化。多维度的改变叠加在一起，使得中国消费者的最终消费行为差异产生了更为多元的变化。与此同时，中国高端旅游消费市场也在无形中发生了深刻的改变。

（1）旅游人群构成。40岁以上的高端客户占据了85%，这类客户有着稳定的财务收入，短期经济变化等大环境对他们消费决策影响不大。极致之地和定制化旅行是这类人群的出游首选。

（2）旅游出行方式。高端人群出行对舒适度、自由度、隐私度要求更高，除了难以通过自由行抵达的极致目的地，可以参团旅行外，其他的目的地都愿意选择通过5人以内奢华小团或私人定制来完成。这一趋势预计在未来更加明显，因此也对高端定制化旅游服务机构提出了更高的要求，经验丰富的私人旅游规划师将成为高端人群出游标配。

（3）旅游计划性增强。对于一些人而言，往往缺乏提前规划旅行时间、频次周期的习惯。这一特点在高端人群中被率先打破。高端人群往往是最早进入出境游市场的游客，随着高端游客出游频次不断增加，出游经验不断积累，在高强度的工作压力下，促使他们提早规划自己的假期，更好地平衡生活与工作的关系。高端人群在私人定制师的引导及规划下选择利用年假、拼假、错峰等方式，为自己制订完善的出游计划，从而更为有效地控制成本、把控资源，错峰出游，拥有最佳的旅游体验。

资料来源：http://focus.lvyou168.cn/.

第二节 旅游市场细分

旅游市场是一个庞大而复杂多变的市场，在当今日益激烈的市场竞争中，只有找准市场定位，掌握市场需求，才能更好地定位营销目标，才能针对不同消费群体，制定不同的策略。

一、旅游市场细分的概念和意义

（一）旅游市场细分的概念

市场细分的概念最早是由美国的市场营销学家温德尔·史密斯（Wendell R. Smith）于20世纪中叶提出的。他指出，市场细分是根据消费者需求之间的差异性，把一个整体旅游市场分成两个及两个以上的消费者群体，从而确定企业目标市场的活动过程。

所谓旅游市场细分，是从旅游消费者的需求差异出发，根据旅游消费者消费行为的差异性，将整个旅游市场划分为具有类似属性的若干不同的消费群体，从而确定旅游企业的目标市场的过程。划分出来的每一个旅游消费群体也就是一个市场部分，通常称之为细分市场。

（二）旅游市场细分的意义

在现代旅游市场竞争激烈的情况下，一个旅游企业要想占领一定的市场份额并得到发展，必须对市场进行划分并分析其潜在需求，从而找到适合自己发展的细分市场，以获得最佳的经营效果。

对旅游市场进行细分很有意义，一般来讲，主要体现在以下三个方面。

1. 有助于旅游企业选定目标市场

任何旅游目的地和旅游企业都没有足够的实力满足所有消费者的需求。将旅游市场进行细分，有助于企业分析各细分市场的需求特点和购买潜力，从而可以依据自身的旅游供给或经营实力，有效地选定目标市场。

2. 有助于有针对性地开发旅游产品

旅游目的地和旅游企业目标市场选定后，企业应能够针对消费者自身条件与兴趣爱好，以及各地旅游资源的特点，结合自身的经营优势，来设计不同种类与档次的产品和服务。这样不仅可以避免因盲目开发产品而造成的失误和浪费，还可以提高旅游者的满意度。

3. 有利于有针对性地开展旅游促销

通常在旅游目的地和旅游企业目标市场选定后，再制定特定的市场营销策略，展开营销攻势。这样不仅可以避免因盲目促销而造成的浪费，也有助于提高促销的实效。

二、旅游市场细分的方法

旅游市场细分的方法很多，但大部分都是按照市场细分原则进行的。狭义的旅游市场是指旅游产品的买方市场是由其购买者或者有支付能力的需求者构成的。在众多的购买者或需求者中，有些人往往具有某些共同之处。这些共同之处也就成为对旅游市场进行细分的标准。以下从地理因素、人文因素、心理因素及行为因素4个方面对旅游者市场进行细分。

（一）按地理因素进行细分

所谓按地理因素进行市场细分，是指企业按照旅游者所在的地理位置来细分旅游市场，以便企业从地域的角度研究各细分市场的特征。

1. 按地区细分

世界旅游组织把旅游业划分为六大旅游市场：欧洲市场、美洲市场、东亚及太平洋（简称“东亚太”）市场、非洲市场、南亚（印度及其周边地区）市场以及中东（包括西亚和北非）市场。据有关统计，近20年来，旅游业发展和增长最快的地区是东亚及太平洋地区。还有的国家按行政区域细分。这些细分方法有助于了解旅游市场客源的分布情况，发现某些国家（或地区）旅游人数多少的原因，进而采取有效的营销策略。

2. 按气候细分

各地气候环境的差异将导致自然资源和环境的迥异，各地气候的不同会影响旅游产品的消费，影响旅游者的流向。按气候细分旅游市场可以更好地了解旅游者的流向，对旅游产品的需求。根据气候特点不同，旅游企业可将旅游市场划分为热带旅游区、亚热带旅游区、温带旅游区和寒带旅游区等。不同地域的人们对不同气候特征是有一定趋向性的，如东北地区的人冬季喜欢到三亚旅游，享受宜人的气候和充足的阳光；南方的游客喜欢冬季到北方哈尔滨赏冰玩雪。

3. 按空间位置细分

各地旅游者旅游需求的特征不仅与自己所在地地理环境与目的地地理环境的差异有关，还与所在地相对目的地之间的空间位置有关。费用、时间都将影响旅游者的出行。交通工具的现代化，缩短了旅行耗费的时间，消除了远距离的障碍，为旅游者远距离出行提供了方便。根据空间位置不同，旅游市场可细分为远程旅游市场和近程旅游市场。一般来说，远程旅游者都是条件十分优越的人士，他们虽然人数少，但在旅游目的地停留的时间较长，消费支出较高，这会给旅游目的地带来较高的旅游收入。近程旅游市场，尤其是相邻地区的旅游市场，具有距离近、时间短、费用低、生活方式相近、出入境手续办理方便等特点，备受旅游者的青睐，客源市场发展潜力很大，应作为开拓国际市场的重点对象。

（二）按旅游者人文因素进行市场细分

旅游者的人文因素特点可以体现在很多方面，如年龄、性别、家庭人数、家庭生命周期、收入、职业、受教育程度、社会阶层、种族、宗教、国籍等。这种细分方法较容易测量，对旅游企业进行市场细分可以提供十分重要的依据。

1. 按年龄细分

消费者在不同的年龄阶段对旅游产品的需求不同，因此，可按年龄范围细分出许多各具特色的旅游者市场，即儿童、青年、中年、老年市场。例如，儿童由于年龄小，喜欢参加夏（冬）令研学游、拓展训练等团体项目的旅游活动。青年追求时尚，寻求新奇、刺激的旅游产品，他们消费水平较低，但出游的人数较多，特别是大学生们有强烈的旅游欲望，因此，青年旅游市场必将形成“井喷式”的旅游热潮。中年旅游市场人数最多，喜欢与自己事业有关的商务、会议、观光、科技等方面的旅游项目，他们具有较强的经济实力，在外停留时间长，在服务方面要求高，是经济效益最为显著的旅游市场；截至2019年底，中国60岁及以上人口达2.54亿，在这个规模庞大的老年群体中，老年人每年旅游人数占全国旅游总人数20%以上。“新老年人”正成为旅游的主力军，他们是“50后”，这代人普遍受过良好的基础教育，甚至高等教育，有一定的求知欲和好奇心，对于人文景观和自然风光的探索需求更旺盛。他们大都身体健康，并且有时间、有精力，也有一定的经济基础和提高自己生活品质的愿望，使得老年旅游，包括“候鸟”养老、旅居养老等逐渐成为其喜闻乐见的养老基本服务形式。当前和未来一段时间，健康活力老年群体对老年旅游服务的需求只会越来越强烈，度假住宅、康体疗养两大产品有望成为未来中国老年旅游的主流，因此，老年旅游市场开发有很大的潜力和发展空间。

2. 按性别细分

按性别可将旅游市场划分为男性、女性两大旅游市场。他们在产品的需求、购买行为、购买动机、购买角色方面有很大差别。如男性喜欢参加富有知识性、运动性、刺激性的旅游活动，他们通常对价格不敏感；女性喜欢结伴出行，注重自尊、人身、财产安全，喜欢大都市，喜欢购物，对价格较敏感。随着社会的发展，女性收入的迅速提高、工作和家庭压力的增大，外出旅游的女性人数急剧增多，女性旅游市场正成为旅游业关注的客源市场。

3. 按收入细分

按人们收入状况可将旅游市场划分为豪华型、普通型、经济型。人们的收入水平，不仅会决定其购买旅游产品的性质，还会影响其购买行为和购买习惯。如收入较高的人喜欢选择高端、大气、上档次的旅游产品，喜欢到高档饭店消费，喜欢享受高品质的服务；普通旅游市场由中等收入人群组成，他们需要安全、简洁、舒适的产品和服务；而收入较低的人通常在普通饭店消费，更愿意选择实用、简便、价格低廉的设施和服务。由此可见，收入不同的人群，在食、住、行、游、购、娱等方面的消费上会有很大的差别。

4. 按种族或民族细分

在世界范围内，可将旅游市场按人种分为白种人、黑种人、黄种人旅游市场。在中国范围，可将旅游市场分为56个民族，不同的民族有不同的传统习俗、生活方式，从而呈现对旅游产品的不同需求。按民族进行细分，可以更好地满足不同民族的不同需求，从而进一步扩大旅游企业的产品市场。

5. 按职业细分

按职业可将旅游市场细分为专业技术人员、管理人员、官员、老板、普通职员、农民、退休人员、学生、家庭主妇、失业人员等旅游市场。例如，专业技术人员喜欢科技、历史、考古等方面的旅游产品；农民喜欢观光、探亲等旅游产品。从事不同职业的人，由于其职业特点不同，其消费需求自然会存在差异。

6. 按受教育程度细分

根据受教育程度，一般可将旅游市场分为小学或小学以下、中学、中专、大专和大学本科、硕士及以上等旅游市场。旅游者受教育程度不同，其兴趣、生活方式、文化素养、价值观念、审美偏好等方面都会有所不同，在对旅游产品的需求、购买行为及购买习惯上也存在差异。如硕士以上的群体对科技含量较高的旅游产品比较欣赏；中专以下学历的旅游者对吃、娱比较重视。

阅读资料6-1

大学生旅游市场细分

推出多种有特色的旅游产品，满足大学生旅游者的需要，这是从根本上有效地开发大学生旅游市场的途径。基于大学生的心理和生理特点，应适当安排有特色的旅游产品，以下旅游产品值得关注。

（1）修学旅游。许多大学生利用闲暇时间外出旅游，以增长知识、开阔视野。他们出游常常带着一定的学习目的，如广西的大学生到阳朔西街旅游，其目的之一就是练习英语口语。旅游企业可设计一些学习目的较强、能增进社会实践经验和开阔眼界的修学旅游，如英语学习夏令营、革命根据地考察游、少数民族地区文化采风游等。

（2）体育旅游。大学生精力充沛，活泼好动，很多人酷爱体育运动，可根据这一特点开展具有健身和娱乐性的旅游活动，如滑雪、游泳、冲浪、沙滩排球等。这些体育活动都可成为体育旅游的卖点。

（3）探险旅游。大学生追求个性化，喜爱标新立异，且好奇心重，喜欢进行探险或参与惊险、刺激的旅游活动。旅游企业在游客个人安全得到保障的条件下，可开展漂流、攀岩、丛林探秘等探险旅游活动。

（4）生态旅游。新时代的大学生环保意识很强，许多高校还成立了环保社团。针对大学生崇尚自然、保护环境的心理，设计生态旅游产品，将会受到大学生的青睐。

资料来源：http://www.lwlm.com/zhiyejiaoyu/201109/562766p2.htm.

7. 按宗教细分

根据宗教的不同，可将旅游市场细分为佛教、道教、天主教、基督教等。旅游目的地和旅游部门要格外尊重他们的宗教信仰和习俗，尤其要格外注意他们的饮食习惯。

（三）按旅游者心理因素进行市场细分

所谓按心理因素细分，就是按照旅游者的生活方式、态度、个性等心理因素来细分旅游市场。同一人文统计特征群体中的人，受心理因素影响，旅游者的欲望、需要和购买行为可能表现出极大的差异，其细分方法主要有以下几种。

1. 按生活方式细分

按生活方式细分，即按人们生活和花费时间及金钱的模式划分。生活方式是影响旅游者欲望和需要的一个重要因素，所以，很多旅游企业都按照旅游者的生活方式来细分旅游市场。如针对家庭观念强的旅游者，旅游企业可推出“合家欢旅游”和“追忆往昔旅游”；针对事业心重的游客，可推出公务旅游、修学旅游；针对准备结婚的新人，可推出新婚旅游。设计不同的产品，企业对于市场来讲会更有吸引力。

2. 按态度细分

按态度细分，即根据旅游者对企业及其产品和服务态度进行分类。旅游者对企业产生不同态度的主要原因有两点。其一，企业宣传力度不够；其二，企业产品质量有待提高。针对这些问题，企业应把促销工作做细，并改进产品及服务质量，提高企业形象，努力满足不同旅游群体的要求。

阅读资料6-2

从旅游方式看出一个人的性格

旅游是很多人钟爱的休闲方式，那么你知道观察一个人的出游方式，就能推测他的潜在性格吗？来试试吧！

（1）旅游时会选择报个旅行团，方便又省事。

解说：这样的人通常很有理智，做事喜欢计划得井井有条，“不求无功、但求无过”，不期待什么意外惊喜，也不希望出任何“漏子”，跟他们在一起会很有安全感。

（2）旅游时喜欢背包自助游，甚至选择露营、自驾等“另类”方式。

解说：这样的人个性独立、富于创造性，很少被传统思想束缚，与他们在一起，一定少不了惊险、刺激的新奇感。

（3）旅游时非常喜欢去海边玩。

解说：通常他们个性上略显保守，不喜欢与很多人混在一起，渴望远离喧嚣、享受孤独，但做起事情来一心一意、认真投入。

（4）旅游时特别喜欢爬山、攀岩。

解说：这样的人通常充满活力，喜欢挑战自我，但为人谨慎、责任心强、说到做到。

（5）喜欢利用旅游的机会，各处探访朋友。

解说：这种人往往性格开朗热情，擅长与不同的人打交道，从而让生活充实。他们为人诚实可靠，对朋友关怀备至，甚至有些“爱心泛滥”。

（6）爱好出国旅游。

解说：这样的人往往富于幻想、追求潮流，懂得调剂自己的心情，向往逍遥自在的生活，不希望被生活的重担压垮。

资料来源：https://www.sohu.com/.

（四）按旅游者行为因素进行市场细分

旅游者行为因素是指旅游者的购买因素，主要包括购买动机、利益、购买时间、购买频率、品牌信赖程度、广告敏感程度等。行为变量是市场细分的重要依据，根据旅游者对旅游产品的了解程度、利益、消费情况或反应，可将他们划分为不同的群体。

1. 按购买目的细分市场

按一般旅游者外出旅游的目的来细分旅游市场，大体上可划分为以下几种：度假旅游市场、商务旅游市场、会议旅游市场、探亲访友市场、宗教旅游市场、购物旅游市场、探险旅游市场、生态旅游市场等。由于旅游者购买目的不同，这些细分市场对旅游产品的需求特点也有差异。如购物旅游者不仅关注目的地商品的丰富程度、特色品种和价格情况，还关注交通是否便利、进出境手续是否简便等，他们的活动不受季节的限制，消费水平高；商务旅游者出游频率高、时间短、无季节性、消费水平高，对设施设备、服务质量要求较高，已成为旅游市场中的主要客源。

2. 按购买时机细分市场

根据旅游者产生需要、购买或消费产品和服务的时机，可将旅游市场区分开来。例如，某些产品和服务主要适用于某些特定的时机，诸如五一国际劳动节、十一国庆节、春节、寒暑假等。旅游企业可以把购买时机作为细分指标，专门为某种特定时机的特定需求设计和提供旅游服务，如文旅融合下的亲子游市场。“亲子旅游”是从家庭旅游中分化而出的一种具有儿童旅游属性的、可增进亲子感情、开阔父母与孩子视野、促进孩子健康成长的旅游形式，所以亲子游吸引了一大批城市年轻的家长们前来观光旅游。

3. 按旅游者寻求的利益细分市场

一般来说，旅游者购买某种产品，都是在寻求某种特殊的利益。因此，企业可以根据旅游者对所购产品追求的不同利益来细分市场。旅游企业在采用这种方法时，首先要确定旅游者对旅游产品有哪些追求，追求产品各方面利益的又分别是什么类型的人，各种旅游产品提供了哪些利益，然后根据这些信息来采取相应的市场营销策略。例如，有的商务旅游者往往把豪华舒适的设备设施、周到完美的服务作为追求的利益衡量标准；而有的商务旅游者则把快捷高效的服务作为利益衡量标准。

4. 按使用者状况细分市场

旅游市场可细分为某一产品和服务的从未使用者、曾经使用者、潜在使用者、首次使用者和经常使用者。在某种程度上，经济状况将决定企业把重点集中在哪一类使用者的身上。市场占有率高的品牌特别重视将潜在使用者转变为实际使用者，而一些小企业只能以经常使用者为服务对象。

5. 按使用率细分市场

使用率是指旅游者使用某种产品和服务的频率，按使用率可将旅游市场细分为少量使用者、中度使用者和大量使用者市场。例如，旅游业的研究报告指出：旅行社的经常性游客在假日出游的比例较不经常出游的高，因为这些游客出游的经验丰富，对旅游市场推出的新产品格外关注并喜好，可称其为游客的意见带头人，因此，旅行社营销人员应该把他们作为重点的促销对象。大量使用者市场的人数可能并不很多，但他们的消费量在全部消费量中占有很大的比重。因此，吸引这些旅游者继续购买是旅游企业工作的重点。

6. 按旅游者忠诚程度细分市场

旅游者忠诚程度是指一个旅游者更偏好购买某一品牌产品和服务的一种持续信仰和约束的程度。根据旅游者的忠诚状况，可将旅游者分为以下4类。

（1）坚定忠诚者，即始终不渝地购买一种品牌的消费者。

（2）中度的忠诚者，即忠诚于两种或三种品牌的消费者。

（3）转移型的忠诚者，即从偏爱一种品牌转换到偏爱另一种品牌的消费者。

（4）多变者，即对任何一种品牌都不忠诚的消费者。

有些旅游者经常变换品牌，另外一些旅游者则在较长时期内专注于某一个或少数几个品牌。通过了解旅游者品牌忠诚情况，以及品牌忠诚者、品牌转换者的各种行为与心理特征，不仅可为企业细分市场提供依据，同时有助于旅游企业了解为什么有些旅游者忠诚于本企业产品，而另外一些旅游者则忠诚于竞争企业的产品，从而为企业选择目标市场提供了启示。

第三节　我国的旅游市场

在国内旅游市场迅猛增长的同时，我国迅速成为世界重要客源输出国并保持世界主要旅游国的地位，并有望成为世界最大的旅游市场。

我国旅游市场主要分为三部分：入境旅游市场、国内旅游市场、出境旅游市场。我国旅游发展的总体方针是“大力发展入境旅游、积极发展国内旅游、适度发展出境旅游”。

一、我国入境旅游市场

我国是发展中国家，入境旅游是我国旅游业“三大市场”中开发最早、发展最快的市场。

（一）我国入境旅游市场概况

根据旅游组织的解释，入境旅游是指所在国的居民在该国的疆域内进行的旅游。根据我国目前对入境旅游者所做的界定，我国旅游业的入境旅游客源主要是由外国人（包括外籍华人）、海外华侨、港澳台同胞组成。目前，我国最大的入境旅游市场是我国港澳台市场；世界范围内最大的外国旅游市场是亚洲旅游市场，其次是欧洲旅游市场，第三是美洲旅游市场，第四是大洋洲旅游市场，第五是非洲及其他旅游市场。图6-1是2012—2019年中国入境旅游人数走势，图6-2是2014—2019年中国国际旅游外汇收入及增速。

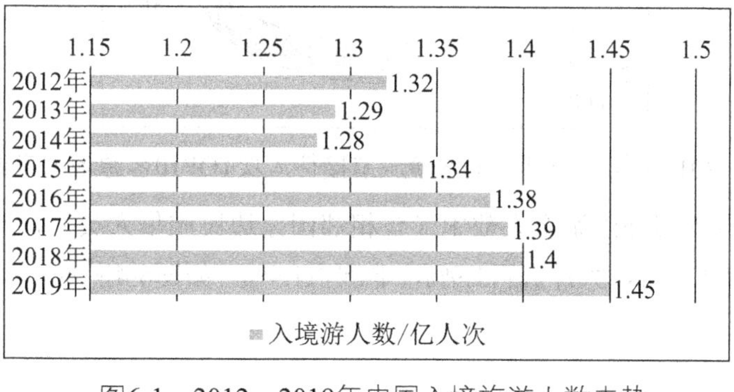

图6-1　2012—2019年中国入境旅游人数走势

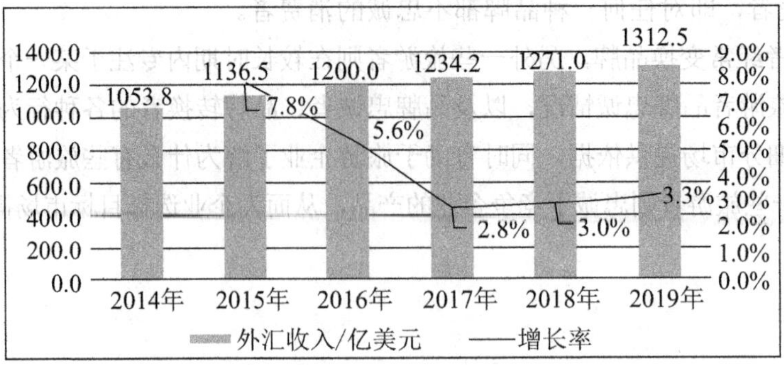

图6-2　2014—2019年中国国际旅游外汇收入及增速

由图6-1可以看出，中国入境旅游市场持续保持2015年以来的恢复增长，市场结构持续优化。2019年，我国提倡实施了一系列的通关便利政策，加之旅游产业快速发展，2019年出入境人数创新高。据国家统计局数据显示：2019年全年入境旅游人数1.45亿人次，比上年同期增长2.9%。其中，外国人3188万人次，增长4.4%；香港同胞8050万人次，增长1.4%；澳门同胞2679万人次，增长6.5%；台湾同胞613万人次，与2018年同期基本持平。由图6-2可以看出，2019年旅游外汇收入1312.5亿美元，国际旅游外汇收入一直平稳增加。

（二）我国入境旅游客源市场的空间分布

2019年第三季度，亚洲地区仍然是我国入境旅游主要客源地，占比达到68%，超过一半比重。其中由高到低依次为中国香港、中国台湾、韩国、中国澳门、马来西亚、日本、新加坡、泰国。香港地区、台湾地区和韩国入境人次占比分别达到29%、19%和16%。除了亚洲国家或地区，还包括美国、俄罗斯及其他客源地，占比分别为5%、4%和23%。如图6-3所示。

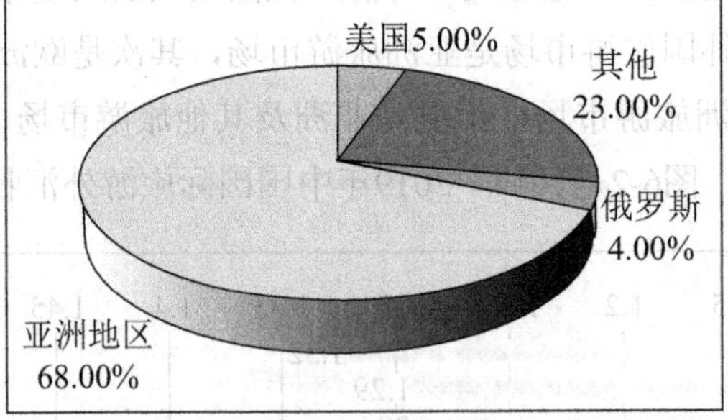

图6-3　2019年第三季度中国入境旅游接待人次TOP10客源地国家或地区

2019年，中国入境外国游客人数中（含相邻国家边民旅华人员），亚洲占75.9%，美洲占7.7%，欧洲占13.2%，大洋洲占1.9%，非洲占1.4%，如图6-4所示。

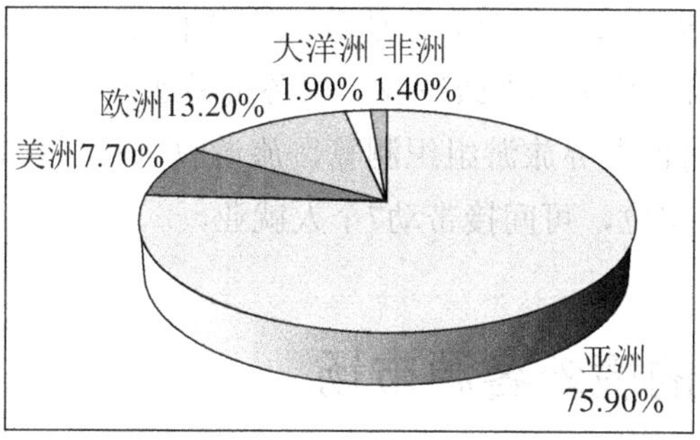

图6-4　2019年中国入境外国游客来源地占比

按入境旅游人数排序，我国主要国际客源市场前20位国家如下：缅甸、越南、韩国、俄罗斯、日本、美国、蒙古国、马来西亚、菲律宾、新加坡、印度、泰国、加拿大、澳大利亚、印度尼西亚、德国、英国、朝鲜、法国、意大利（其中缅甸、越南、蒙古国、印度、朝鲜含边民旅华人数）。

2019年，国际旅游收入1313亿美元，比2018年同期增长3.3%。其中，外国人在华花费771亿美元，增长5.4%；香港同胞在内地花费285亿美元，下降2.0%；澳门同胞在内地花费95亿美元，增长9.4%；台湾同胞在大陆花费162亿美元，下降0.2%，如图6-5、图6-6所示。

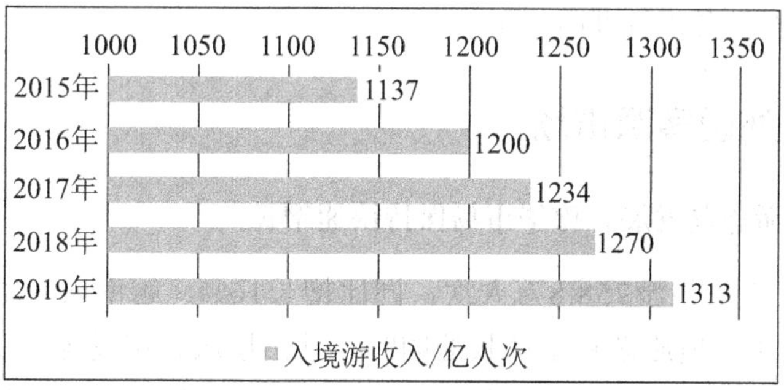

图6-5　2015—2019年入境旅游收入走势

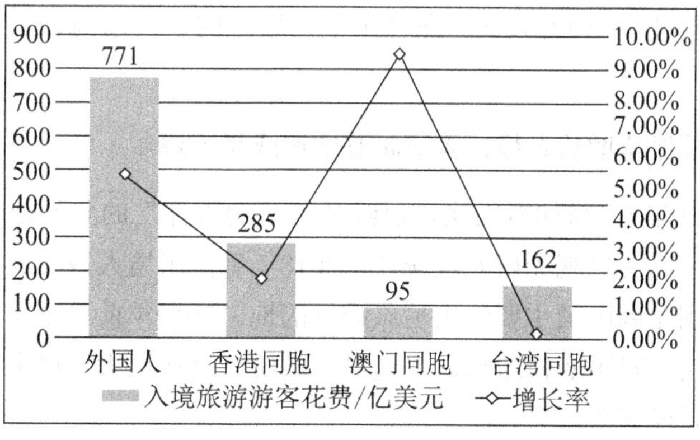

图6-6　2019年入境旅游游客花费情况走势

据测算，如果我国每年入境旅游人次达到法国的程度，旅游外汇收入达到美国的水平，则将形成万亿级产值，从根本上改变我国服务贸易逆差状况，形成外汇收入新来源，抵消外贸走低的压力。另据世界旅游组织测算，旅游收入每增加1元，可带动相关行业增收4.3元。每增加1个就业岗位，可间接带动7个人就业。

二、我国主要的境外客源市场

我国的境外客源市场是由两部分组成的，一部分是外国人入境客源市场，另一部分是我国港澳台和华侨客源市场。其中，我国港澳台客源市场是我国入境客源市场的主体。

（一）我国港澳台市场

受相关情况影响，中国香港赴内地及中国台湾赴大陆的旅游人数或将出现不同程度的下滑。其中，数据显示，2019年前三个季度，台湾居民首站赴大陆旅游的人数为302万人次，同比下降4.1%。香港、澳门特别行政区政府旅游局的数据显示，港珠澳大桥和高铁开通后，在“一桥一铁”带动下，2019年元旦开始，香港、澳门居民“观桥”旅游的人数快速增长，多家旅行社业务出现井喷状态。

（二）主要外国客源市场

1. 越南出境旅游蓬勃发展，旅华市场保持快速增长

2018年，越南赴华旅游758.8万人次，同比增长16%，越南成为中国第二大入境旅游客源市场。在越南入境旅游稳定增长的同时，其出境旅游市场也表现出蓬勃发展的态势。根据万事达发布的《2016—2021年亚太区游客出境旅游未来》报告，2016—2021年期间，越南出境游的年增长率约为9.5%，其增长速度在亚太区排名第二；到2021年，越南出境旅游总人数将达到750万人次。预计未来一段时间里，越南来华旅游将大概率保持快速增长。

2. 韩国出境旅游保持增长态势，旅华旅游增速或将下调

2018年，韩国赴华旅游419万人次，已经从“萨德事件”的负面影响中走出来，同比增速高达8.5%。据韩国文化观光研究院统计，2018年韩国出境人数达2870万人次，同比增长8.3%。日本和中国是韩国最主要的出境旅游目的地。2019年前三个季度，韩国居民出境旅游人数2123万人次，同比增长2.6%，增速显著放缓。这在很大程度上意味着2019年韩国赴华旅游增速或将同样下调。

3. 日本出境旅游保持快速增长，旅华市场持续回升

2018年，日本赴华旅游269万人次，同比增长仅0.3%，增长乏力，这一增速远低于同期外国游客赴华旅游市场整体的平均水平（4.7%）。据统计，2018年日本出境旅游1895万人次，同比增长6.0%。2019年1—8月，日本出境旅游1331万人次，同比增长7.5%。2019年，日本出境旅游有望保持较高速增长，带动其赴华旅游实现自2016年来第4个年头的连续增长。

4. 美国出境旅游持续快速增长，旅华市场增幅显著

2018年，美国赴华旅游249万人次，同比增长达7.4%，再次超过俄罗斯，成为中国第五大客源市场，且持续是中国第一大远程客源市场。在经济增长、有利的汇率以及消费者信心指数提高等因素的带动下，美国居民出境旅游保持快速增长。根据美国旅行与旅游数据，前往亚洲的游客625万人次，同比增长8.4%。2019年第一季度，美国居民出境旅游2128万人次，同比增长6.7%，依然保持较快增长，但中美贸易战对2019年全年赴华旅游产生负面影响。

5. 俄罗斯出境旅游增长较快，旅华市场增速或将上调

2018年，俄罗斯赴华旅游242万人次，同比增长2.5%。同年，俄罗斯出境游市场稳定上升，达到4455万人次，同比增长6.1%。土耳其是俄罗斯第一大出境旅游目的地，中国位居第六。最新数据显示，2019年上半年俄罗斯居民出境旅游1989万人次，同比增长6%。其中，首站到访中国的游客108万人次，同比增长达19%。这一高速增长或将抬高2019年全年俄罗斯赴华旅游市场的增速。

6. 新加坡出境旅游稳步增长，旅华市场继续回升

根据新加坡旅游局的统计数据，新加坡居民出境旅游超过1000万人次，达1038万人次，同比增长5%。中国是新加坡的主要旅游目的地之一。2019年，新加坡赴华旅游继续保持增长，实现其赴华旅游连续第4年的增长。

7. 印度出境旅游市场高速增长，旅华市场增长较快

在经济增长、庞大且日益富裕的中产阶级以及持续的航空运输自由化等因素的推动下，印度已成为世界上出境游发展最快的国家之一，仅次于中国。自2000年以来，印度出境旅游市场保持快速增长态势，年均增速超过10%。中国作为印度居民主要的出境旅游目的地之一，也将从印度出境市场这个不断变大的“蛋糕”中获得更大的份额。

8. 加拿大出境旅游出现下滑，旅华市场稳步增长

加拿大是中国第二大远程客源市场。根据加拿大统计局公布的数据，2019年1—8月，加拿大出境旅游2190万人次，同比下降1.9%，其中首站来华游客53万人次，同比增长5.4%。

三、中国入境旅游发展面临的机遇与挑战

（一）战略机遇

1. 全球入境旅游市场持续繁荣，为中国入境发展营造良好环境

全球入境旅游自2010年从金融危机中恢复增长以来，到2019年一直持续增长，而且继续高于全球经济增长水平。全球入境旅游市场的繁荣意味着有更多的国际游客可能选择来华旅游，中国的潜在入境旅游市场规模更大。中国旅游研究院与谷歌联合开展的入境游客行为与态度调查也显示，中国潜在客源国家居民的出境旅游意愿较高，六成被访者计划在未来一年开展出境旅游。

2. 各级政府对提振入境旅游达成共识，政策支持力度加大

提振入境旅游是中国实现从旅游大国到旅游强国目标的重要内容。除了经济层面的考虑，入境旅游作为向世界人民展现中国文明文化，分享经济发展成果的重要媒介，也更加受到重视。在促进入境旅游发展的实践过程中，国家及地方政府继续在放宽签证、购物退税、对入境旅游服务商实施奖励等政策上不断探索创新，为中国入境旅游发展提供良好的政策环境。国家和地方政府陆续出台促进入境旅游发展的意见、行动计划，凝聚社会各界发展入境旅游的共识，为入境旅游发展指明方向。

3. 文旅融合为中国入境旅游发展提供新动力

2018年，国家文化和旅游部正式组建完成，随后省市县各级文化和旅游行政部门机构改革任务也基本完成。中央和地方各级政府根据“宜融则融、能融尽融”的总思路，秉持“以文促旅、以旅彰文”的理念，积极探索文旅融合发展的新道路。文旅融合发展在促进文化和旅游产业高质量发展，满足广大人民群众美好生活需要的同时，也正为入境旅游发展凝聚新动力。一方面，文旅融合发展将直接丰富旅游供给，提升旅游服务和产品的品质，增加其文化特色和异域风情，更好地满足赴华入境游客，尤其是外国游客了解中国文化的需求。另一方面，在文旅融合发展的新时期，海外旅游目的地营销可以更好地整合海外文化和旅游机构的力量，丰富并创新海外旅游目的地营销推广活动，提升营销绩效。此外，文旅融合发展也将促进复合型人才的培养，并吸引一批优秀的人文艺术专家进入入境旅游市场，为入境旅游的持续、健康发展提供人才储备。

4. 出入境游客证件便利化应用提升入境游客在华旅行便利度

2019年5月，国家移民管理局联合15部委印发《关于推动出入境证件便利化应用的工作方案》，提出对港澳同胞和华侨提供互联网出入境证件身份认证服务，在2019年底实现港澳同胞和华侨的入境证件在交通运输、金融、通信、医疗、住宿等公共服务领域的便利应用。港澳同胞和华侨可分别凭借港澳通行证和华侨护照，像本地居民使用身份证一样，

可进行线上机票、火车票预订、手机电话卡购买等业务，线下快速办理银行开户、住宿登记等业务。出入境证件便利化应用将直接促使部分入境游客率先实现“一部手机游中国”。虽然互联网出入境证件身份认证和身份证件在公共领域服务的便利化应用仅限于港澳同胞和华侨，但这种便利化政策也意味着在条件成熟时应用于外国游客的可能性，这一实践经验也将为未来中国实行入境签证电子化及外国人证件在华便利化使用等提供了宝贵经验。

（二）问题挑战

1. 国际政治经济形势存在不和谐、不稳定因素

世界经济出现逆全球化趋势，2016年以英国脱欧为标志，逆全球化初现。2017年，美国总统特朗普上台后，实行贸易保护主义，推崇“美国优先”，逆全球化趋势进一步凸显。国际政治、经济形势并不太平，一定程度上可能给中国主要入境客源市场（如美国市场）带来负面影响。

2. 周边旅游目的地国家对我国入境旅游构成较强竞争压力

距离相近、风土人情相似的周边国家作为一国入境旅游主要客源市场的同时，往往也是一国入境旅游最主要的竞争对手。根据中国旅游研究院与谷歌联合开展的入境游客行为和态度调查结果，受访者未来一年计划去的旅游目的地中，中国与澳大利亚和加拿大排在第五位，排在前四位的客源国家中有中国周边的日本、韩国、新加坡和泰国，其中日本独占鳌头，排在首位。这间接表明，这些中国周边的国家对全球主要客源市场具有较高的吸引力，是中国更强有力的客源竞争对手。

3. 旅游基础设施和便利化水平仍有改善空间

经过多年发展，中国旅游基础设施已有明显改善，但国际化程度、公共服务配套及便利化水平仍显不足。中国旅游研究院与谷歌联合开展的入境游客行为和态度调查结果显示，多数受访者（70%）认为交通和基础设施是其来华旅游的障碍。其中，超过三成的受访者对公共厕所卫生、住宿场所及景点/活动等设施提出更高要求。

入境游客在中国旅游的便利度有待进一步提升。中国旅游研究院开展的入境游客消费行为调查结果显示，游客对城市建设的评价中，对便利程度的评价相对较低。外国游客对城市公共服务的评价中，他们对包括目的地交通（出租车及长途客运）及手机信号覆盖的评价相对较低，间接反映出交通和移动通信方面的便利度有待提升。

知识链接6-2

预计2025年中国旅游人次或将突破100亿人次

总体来看，截至2019年，我国旅游行业的发展势头迅猛，市场运行情况良好。但2020

年初，疫情暴发，疫情防控期间，人们的出行受到限制，大部分旅游景点关门，本该是旅游小高峰的春节节期却四下无人，对我国的旅游行业造成了一定的打击。旅游人数与旅游收入骤减。

当然，旅游市场上还是存在着一些乐观的观点，认为，由于疫情防控期间人们久居家中，在疫情结束后的出行需求将会得到释放，或将在暑期以及“十一”黄金周期间产生报复性旅行消费，从而对2020年全年旅游行业的紧张局势造成一定的缓解，经中国旅游研究院（文化和旅游部数据中心）测算，八天长假期间，全国共接待国内游客6.37亿人次，按可比口径同比恢复79.0%。

由此，前瞻产业研究院初步预测2020年全国旅游人次将会出现一定程度的下降，随后在2021年迅速攀升回正常水平，预计2021—2025年期间我国旅游市场将会继续迅猛发展，2025年全国旅游人次或将突破100亿人次。

资料来源：https://bg.qianzhan.com/trends/detail/506/200407-b4a46701.html.

四、我国国内旅游市场

近年来，随着我国综合国力的显著增强和人民群众收入水平的不断提高，旅游业实现了持续快速增长，已经成为国民经济的重要产业。

（一）国内旅游市场现状

随着我国经济的快速增长、国内游客数量大量增加，2019年中国国内游客数量为6006百万人次，同比增长8.4%。2014—2019年中国国内游客数量及增速如图6-7所示。

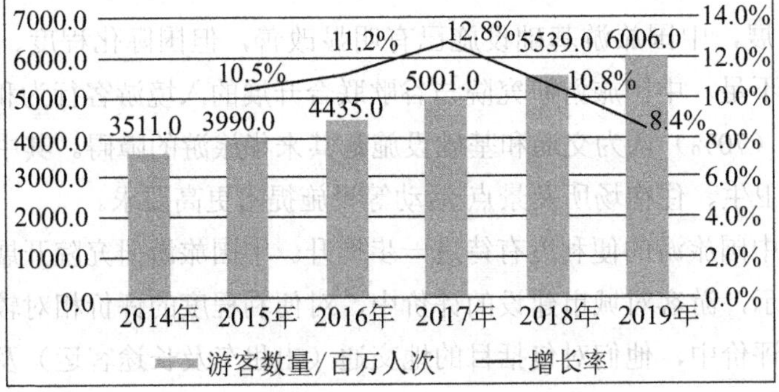

图6-7 2014—2019年中国国内游客数量及增速

随着农村居民的经济条件越来越好，农村居民也加入旅游大潮。2014—2019年国内游客城镇居民与农村居民数量对比如图6-8所示。

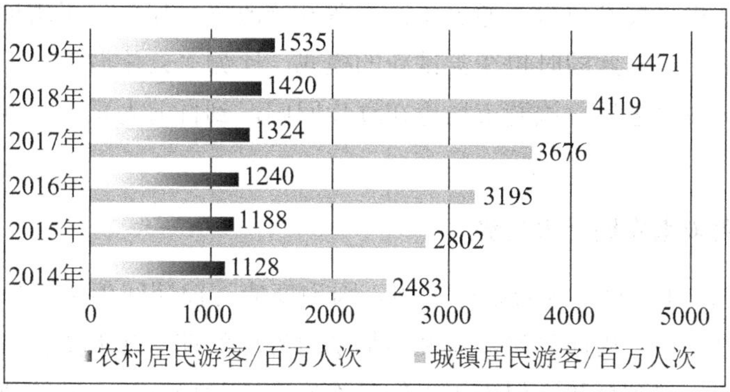

图6-8　2014—2019年国内游客城镇居民与农村居民数量对比

中国旅游花费越来越高，自由行、豪华团慢慢占据着市场。四川、云南、贵州、广西、湖南、山东等省受疫情影响非常严重。此外，因资源类型不同，旅游市场受影响程度也有差异，如北方冬季滨海旅游、湖泊、避暑等冷门景区直接损失比较小，而民俗风情、节庆活动、都市旅游等市场受损比较严重。2014—2019年中国旅游人均花费及增速如图6-9所示。

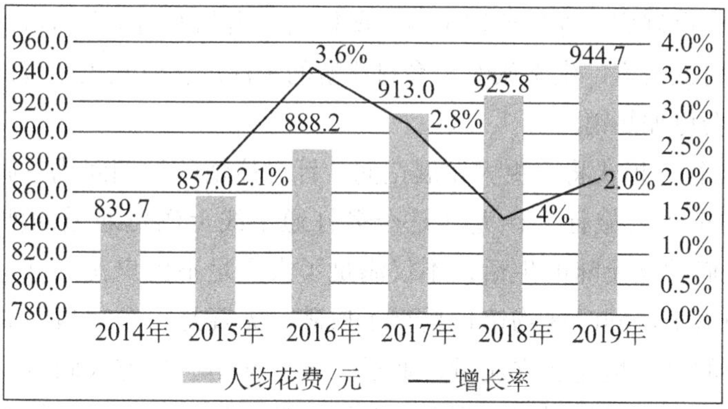

图6-9　2014—2019年中国旅游人均花费及增速

有关数据显示，随着全域旅游、文旅融合、文旅和科技融合、文旅和交通融合等旅游新模式新业态的协同发展，新兴消费群体的个性化、体验性要求更加显著。

（二）近年来国内旅游市场特点

1. 疫情对我国旅游市场的冲击

疫情的暴发无疑给旅游业带来了巨大的冲击，基本切断了线下业务，出现断崖式下跌现象。为防止疫情扩散，全国各地加强了防控力度，具体表现为给游客退订酒店机票、旅游景区暂停营业等。

自疫情暴发以来，国家及文化和旅游主管部门积极应对，出台了一系列扶持类政策帮助旅游企业排忧解难，包括退还旅行社质保金、出台旅游业复工复产指导意见等。这些措施不仅缓解了旅游机构及企业的短期压力，更促进了旅游业恢复发展甚至是转型升级。

旅游企业也在积极展开自救，通过景区设备升级改善，加强员工培训，为提高景区整体服务水平方式蓄力，与此同时也在尝试新的模式，比如“云旅游”“无接触服务”等新模式。在疫情逐渐恢复之后，旅游市场也在逐步回归，到目前为止，全国旅游景区总体运行较为平稳。

2. 我国旅游业未来发展三大趋势

（1）周边游、自驾游会成为旅行主题。因为疫情防控期间倡导不外出，许多人长时间待在家里，日复一日，周而复始，无疑增加了对外出的期待和渴望。被压抑的旅游需求将在疫情结束后逐步得到释放，但由于人们对不确定因素仍存在一定的戒备心理，会更多选择在现居住地周边旅行，既能满足外出愿望又有一定的地域保障，因此周边游会日渐火热，在疫情过后的初期成为大多数人的出行首选。

因此，疫情过后，对于旅游企业来说，可以更加注重本地游客的旅游需求，将旅游活动渗透进人们的日常生活中，重点推出周末、节假日等短期旅行项目，既满足人们“出去透透气”的需求，又不会因为行程太远或者时间太长而有心理负担甚至排斥。

（2）低密度康养式旅游体验将更受人们青睐。新冠疫情唤醒了人们的危机意识，促使人们更加看重生命健康，养生意识也将有所提高，由此人们想获得健康、舒适等体验的呼声高涨。人们对低密度、生态旅游、乡村旅游的关注度会有较大幅度的提升，相应的康养类旅游产品也会更加热销。

（3）“云旅行”模式将有更大发展空间。针对疫情防控期间线下旅游市场的萎缩，不少旅游景区推出“云旅行”，尤其是众多打通了线上浏览通道的博物馆。“云上文博”悄然进入人们枯燥无味的生活，不仅满足了大众足不出户就可以一饱眼福，也响应了他们对文化的需求，同时博物馆也赢得了口碑，无疑是一个共赢的局面。对博物馆方面来说，在闭馆的日子里先建立流量，通过“云上文博”的方式刺激人们的感官体验，进而激发他们对线下参观的渴望，到重新开馆之后再把这些流量转化为线下收益。“云旅行”虽火爆于疫情防控期间，但对旅游业未来的发展却有很大的借鉴作用。随着经济社会的不断发展，虽然人们的消费水平提高，但工作会越来越忙碌，空闲时间越来越碎片化，而“云旅行”可以合理利用人们的忙碌时间打造线上旅行，通过线上传播引流客户到线下旅游景点参观。

综上所述，我国旅游业越来越发达，尤其是国民经济的发展夯实了旅游业消费的物质基础，并且在疫情防控期间，旅游业虽受到沉重的打击，但仍在继续创新发展模式，在不断的探索和实践中为未来旅游业的发展谋求新的生存法则。

五、我国出境旅游市场

中国旅游业经过二十多年的发展，已经越来越受到世界各国的关注。中国出境旅游发展虽然起步较晚，但在整个旅游产业中的地位日益突出，已经成为旅游业增长最快的市场，它的快速发展令世人瞩目。

（一）出境旅游市场的组成

1997年3月，原国家旅游局、公安部颁布了《中国公民自费出国旅游管理暂行办法》，该办法的颁布标志着我国出境旅游市场的形成。经过多年发展，我国已跻身全球出境旅游消费前十名，是全球增长最快的新兴客源输出国。目前，我国出境旅游市场分为以下三个市场：出国旅游市场、边境旅游市场、港澳旅游市场。

1. 出国旅游市场

出国旅游市场是指我国公民作为其他国家客源的市场。它分为两部分，一部分是指中国公民自己支付费用，由经国家旅游行政主管部门批准特许经营中国公民自费出国旅游业务的旅行社组织的，以旅游团的形式，前往经国家批准的中国公民自费出国旅游目的地国家或地区的旅游活动。另一部分是经由其他有关部门或机构办理出国手续的旅游，它包括因公和因私两种。公费出境人数占总出境人数的比例逐年降低，自费旅游人数占绝对优势，目前，我国公民自费出国的旅游目的地已达到150多个国家和地区。

2. 边境旅游市场

边境旅游市场是指我国公民作为毗邻国家特定区域客源的市场。边境旅游指经批准的旅行社组织和接待我国及毗邻国家的公民、集体从指定的边境口岸入境，在双方政府商定的区域和期限内进行的旅游活动。边境旅游是我国旅游业的一个重要组成部分，它既是国际旅游也是国内旅游的延伸，也是一种非常有潜力的旅游形式。1987年，我国首先开放“辽宁丹东—朝鲜新义州”一日游，经过十多年的发展，旅游接待环境逐渐改善，边境旅游迅速升温，现在已在全国范围内开办边境旅游业务50多项，涉及我国7个省（区），时间也从1～3日游扩展到最多15日游。边境旅游的发展，不仅对繁荣边境经济、巩固边境地区的稳定起着积极的作用，还对中国旅游业的发展以及整个国家的对外开放、国际经贸合作的发展发挥着重要作用。

3. 我国港澳旅游市场

我国港澳旅游市场是指我国内地居民将我国香港、澳门地区作为旅游市场。我国港澳旅游市场始于1983年11月15日，广东省组织其省内居民“赴港探亲旅游团”。近几年，随着个人游的放宽，我国港澳游已在内地开展得轰轰烈烈。如今，内地游客的访港澳人数已经远远超过了日本游客访港澳人数，内地成为其最大的客源市场。

（二）出境旅游的现状

近年来，随着中国经济实力的不断增强，人民生活水平的提高以及出境旅游相关政策的变动，出境旅游渐渐成为国民休闲生活的新时尚。2019年，中国公民出境旅游人数1.55

亿人次，比2018年同期增长3.3%，增速相比于2018年的14.7%有明显放缓。具体来看，2019年，我国澳门游人次同比增长10.5%，我国台湾游人次同比增长0.7%，我国香港游人次同比下滑14.2%，港澳台游合计下滑5.8%，预计主要受局部事件及部分城市取消赴台个人游试点影响，拖累出境游整体增长。与此同时，2019年出国游人数同比增长13.9%，较2018年的15.7%略微放缓，韩国游、日本游分别增长25.8%、13.7%，表现较好，泰国线低基数下同增6.2%（上半年沉船事件影响还未完全消退）。主要出境游目的地增长状况如图6-10所示，出境游构成与增长情况如图6-11所示。

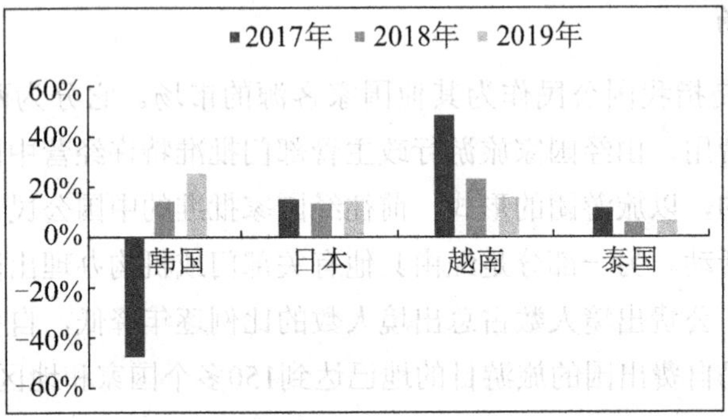

图6-10 主要出境游目的地增长状况

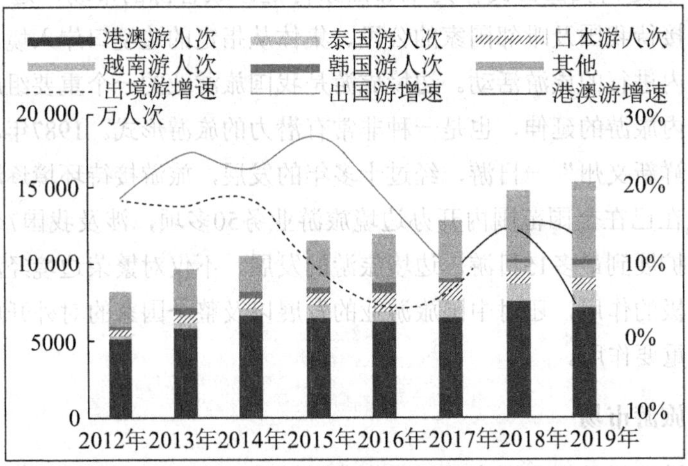

图6-11 出境游构成与增长情况

六、旅游市场宣传

为了让旅行社和游客对旅游资源和产品更加了解，吸引更多游客来观光旅游，旅行社有必要通过旅游市场对旅游产品进行宣传。

（一）旅游市场宣传方式

旅游市场宣传方式很多，现在主要介绍以下5种。

1. 广告

根据旅游景点景区所选择的媒介，旅游景点景区广告可分为以下几种。

（1）大众传媒广告，主要指报纸广告、广播广告、电视广告、网络广告等。

（2）户外广告，主要指户外牌、广告画、交通工具广告等。

（3）自办宣传广告，主要指旅游画册、旅游手册、宣传小册子、明信片、挂历、录像带、VCD光盘、新闻电影、配有广告的纪念品等。

2. 销售促进（营业推广）

销售促进指旅游景点景区针对旅游者、旅游中间商、销售人员开展促销活动，促进产品销售的方法。

针对旅游者的促销，常用的方法有赠送纪念品、赠送旅游景区风情画册、赠送折价券、减价、进行抽奖等。

针对中间商的促销，常用的方法有批量折扣、现金折扣、联营促销和提供宣传画册、音像制品等。

针对销售人员的促销，常用的方法有推销提成、推销竞赛、推销佣金等。这种宣传方式需要企业严格招聘宣传推销人员，并对他们进行培训、指导，在工作结束后还要对员工进行考评，以激励其工作的积极性。

3. 公关与宣传

公关与宣传活动主要针对新闻界与社会公众进行，旨在建立和加深旅游者与客户对旅游景区的良好印象。常用的公关与宣传方法有以下几种。

（1）主题活动，如哈尔滨每年定期举办的冰雪节。

（2）节庆活动，如各地区、各民族自己的传统节日。

（3）体育娱乐活动，即旅游景区充分利用自身优势举办各种体育娱乐活动，如攀岩比赛、风筝比赛、水上运动项目。

（4）创作艺术作品。邀请作家和其他艺术家深入景区体验生活，以景区为背景创作作品，把他们的感受写成文艺作品，拍成电影、宣传片，以此来推动旅游景区的社会影响力。

（5）旅行尝试。邀请旅游中间商熟悉景区，亲身体验推出的产品，以更好地向旅游者宣传推销。

4. 直接营销

直接营销，即直接派销售人员向旅游者或客户销售产品。可采用的直接促销方法是人员推销。人员推销指旅游景点景区派推销人员直接在游客较集中的车站、机场等设立咨询处，也可以直接上门拜访客户，通过赠送宣传资料、解答他们提出的问题等方式，引导他们购买旅游产品。

5. 电子销售

电子销售也称为技术辅助式购买、自助销售或网络销售。电子销售系统的问世使销售人员可以从繁重的订单处理、客户联络等工作中摆脱出来，集中更多的精力专注于高价值的活动。

阅读资料6-3

互联网宣传

互联网宣传是境外宣传的有效方式，只花非常少的入网费，可大大节省成本，同时扩大促销对象范围。网上促销信息可根据需要随时进行补充和调整，网上公布促销信息易使查询者产生深刻印象并能随时了解我国的旅游发展状况。

（二）改善我国旅游宣传不足的几点建议

我国的旅游宣传、旅游产品介绍办法不是很多，创新力度略显不够，做法、样式往往会雷同，“文化搭台，经济唱戏”的模式也不应屡屡使用，而应在当地特色上下功夫，应在民族特色上挖潜力。

旅游宣传的好坏决定着旅游市场开拓、竞争的成败，进而会影响到旅游产业的健康、持续、快速发展。加强旅游宣传主要从以下几方面着手。

1. 加大旅游宣传力度

重视旅游宣传是旅游业赖以生存发展的重要手段。加大宣传力度，做到反复宣传，才能加深人们对旅游产品的印象，加深游客的记忆。如在中央电视台黄金时段，黑龙江的旅游宣传广告语“北国风光，美在黑龙江”多次播放，就会加深人们对黑龙江的印象，使其家喻户晓、人人皆知。另外，还可以在机场、火车站等出口处的电子宣传屏幕上进行反复宣传。

2. 采取多样化的宣传方式

在宣传上，也可以采用多样化的宣传方式。如通过举办旅游产品展销会、各行业交流会、缔结友好城市、组织友好访华团、发放各种图文并茂的印刷品等。

根据我国旅游业促销的发展趋势，政府指导的促销方式也呈现新的发展点。如在促销发展上，从“思想重视”向“实际推进”转变；在促销规模上，从“小打小闹”向“热热闹闹”转变；在促销主体上，从“企业吆喝”向“政府领衔”转变；在促销方式上，从“单兵游击”向“联合作战”转变；在促销形态上，从“以静制动”向“动静结合”转变；在促销手段上，从“单调单一”向“多样多元”转变。

3. 把握市场发展导向，有针对性地拓展旅游市场

旅游宣传不仅要顺应瞬息万变的市场需求，还要探索和依据市场的潜在趋势，创造新的需求。客源地与旅游目的地之间的传统文化、宗教信仰、生活习俗、价值观念等，因地域的不同而不尽相同。例如，夏威夷在日本客源市场之所以竞争力大，重要原因是突出“冲浪、海泳、夏威夷歌舞”等自身特点；我国对日本客源市场则突出“文化古迹、民族特色、佛教圣地”等特点。因此，要开拓旅游市场，确保客源增长，首先必须将市场调研作为宣传促销的有机组成部分和前提条件，把宣传促销工作建立在扎实的市场调研基础上，运用科学的方法和手段，加强市场调研，并据此对旅游市场进行科学的分析和预测，宣传促销工作才能从实际出发，有计划、有步骤、有针对性地进行。

复习思考与练习题

一、判断题

1. 旅游市场是旅游者和旅游经营者之间围绕着旅游商品交换产生的各种经济关系和经济活动现象的总和，包括旅游供给市场和旅游需求市场。（　　）

2. 利用旅游市场的资源配置功能，尽管可以促进旅游业的食、住、行、游、购、娱按比例发展，但不能实现社会资源的优化配置。（　　）

3. 所谓旅游市场细分，是从旅游消费者的需求差异出发，将整个旅游市场划分为具有类似属性的若干不同的消费群体。（　　）

4. 我国旅游发展的总体方针是“积极发展入境旅游、大力发展国内旅游、适度发展出境旅游”。（　　）

5. 在旅游目的地和旅游企业目标市场选定后，再制定特定的市场营销策略，展开营销攻势。（　　）

二、单选题

1. 旅游市场竞争的主要对象是（　　）。

A. 旅游价格　　B. 宣传方法
C. 客源　　D. 服务质量

2.（　　）是世界上国际旅游业最发达的地区，在旅游接待人次和国际旅游收入上都高居首位。

A. 欧洲　　B. 美洲
C. 东亚和太平洋地区　　D. 南亚

3. 根据年龄、性别、家庭人数、家庭生命周期、收入、职业、受教育程度、社会阶层、种族、宗教、国籍等细分旅游市场属于按旅游者（　　）因素进行市场细分。

A. 地理　　B. 人文　　C. 心理　　D. 行为

4. 我国的境外客源市场是由（　　）部分组成的。

A. 两　　B. 三　　C. 四　　D. 一

5. 在一年之中的不同时间段，某一旅游市场的客源在量上存在着明显的差异，有的时段游客数量多，有的时段游客数量少，因此构成了旅游市场（　　）特点。

A. 异地性　　B. 波动性　　C. 季节性　　D. 竞争性

三、多选题

1. 狭义的旅游市场的构成包括（　　）。

A. 旅游者　　B. 旅游支付能力　　C. 旅游产品

D. 旅游经营者　　E. 旅游消费欲望

2. 我国出境旅游市场分为（　　）。

A. 我国港澳台旅游市场　　B. 欧美旅游市场

C. 出国旅游市场　　D. 亚洲旅游市场

E. 边境旅游市场

3. 我国主要的客源市场是（　　）。

A. 俄罗斯　　B. 非洲　　C. 韩国

D. 我国港澳台　　E. 日本

4. 旅游市场宣传方式主要包括（　　）。

A. 广告　　B. 销售促进　　C. 公关与宣传

D. 电子销售　　E. 直接营销

5. 旅游市场细分的方法很多，按旅游者人文因素进行市场细分有（　　）。

A. 按年龄细分　　B. 按性别细分　　C. 按收入细分

D. 按职业细分　　E. 按地区细分

四、名词解释

旅游市场　旅游市场细分　旅游市场细分的方法

五、论述题

1. 试述我国旅游市场发展前景。

2. 为什么在全球国际旅游人次总量中，近距离的国际旅游占很大比重？

六、案例分析

我国文化和旅游部2019年10月7日披露，2019年国庆七天假日，全国共接待国内游客7.82亿人次，同比增长7.81%；实现国内旅游收入6497.1亿元人民币，同比增长8.47%。

国庆假日期间，中国各地文化活动丰富多彩，爱国主旋律引领国庆假日旅游市场。国家博物馆延长多个展览的展期。江西省博物馆首次开启夜游模式，让游客体验不一样的“博物馆奇妙夜”。天津市文博场馆推出“我与祖国共成长”等100场文博展览。各地文艺院团推出了丰富多彩的文艺节目。调查表明，66.4%的游客假日期间参观了人文旅游景点，59.45%的游客参观了历史文化街区，86.36%的游客参与了两项以上文化活动。

讨论：

1. 针对红色旅游成为国庆假日旅游市场主旋律，谈谈你的看法。

2. 为保证旅游业可持续发展，相关部门应采取哪些措施调控供需矛盾？

七、实训拓展

实训目的及要求：使学生掌握旅游市场的概况和相关知识，为更好地学习本门课程奠定坚实的基础。

1. 以小组为单位组织学生到旅游景区实地调查各景区市场细分情况。

2. 结合学到的相关知识，各小组派代表谈谈各自调查的市场细分的优点和缺点，把具有建设性的意见送交相关部门作为参考。

第七章 旅游的影响

知识目标

1. 了解影响旅游发展的因素及预防和控制对目的地消极影响的基本措施。
2. 掌握旅游对经济、文化、环境的积极影响和消极影响。
3. 掌握实现旅游可持续发展的途径。

能力目标

1. 理论联系实际，学会更好地控制旅游带来的消极影响。
2. 使学生掌握经济、社会、文化对旅游的影响。
3. 运用可持续发展理论，指导旅游实践。
4. 树立正确的可持续旅游发展观。

素质目标

1. 使学生透过现象把握旅游业发展的内在规律。
2. 培养学生良好的行为习惯，使其做一位生态旅游的倡导者、示范者。

案例导入

2020年4月23日媒体报道，新冠病毒疫情导致全球96%的旅游目的地关闭，在现代世界历史上，甚至在第二次世界大战期间，这种情况从未发生过。联合国世界旅游组织（UNWTO）新近发布的一份报告显示全球新型冠状病毒疫情对世界旅游业造成了毁灭性的影响。

随着旅游业暂停，这一行业带来的好处受到威胁：数百万人可能失业，在平等和可持续经济增长领域取得的进展可能倒退。

资料：http://mil.news.sina.com.cn/2020-04-23/doc-iircuyvh9434827.shtml.

第一节 旅游对经济的影响

我国的旅游业是第三产业中的支柱产业之一，涵盖了景区、客运、餐饮、住宿、文旅表演、旅游工艺品销售等多个产业，甚至成为某个地区的支柱性产业。随着旅游活动的不断发展，旅游业在国民经济中的作用越来越明显，同时，旅游业的发展也会对社会、经济和文化的发展产生较大的影响。

一、旅游对经济产生的积极影响

旅游者出行的过程几乎都伴随着经济上的支出，同时，旅游目的地通过接待旅游者获得经济收入。旅游业对国民经济产生的积极影响，主要体现在以下几个方面。

（一）增加外汇收入，平衡国际收支

外汇是以外币表现的用于国际金融结算的支付凭证。任何国家要扩大对外经济合作，就必须增加外汇收入。国家增加外汇收入有三条途径：一是贸易外汇收入，指商品出口获得贸易外汇收入；二是非贸易外汇收入，指有关国际保险、运输、旅游、利息、居民汇款、外交人员费用等方面的外汇收入；三是资本往来收入，指对外投资和贷款方面的外汇收入。旅游外汇收入是非贸易外汇收入的重要组成部分，旅游业创汇与其他贸易创汇相比具有以下特点。

1. 换汇成本低

我国一些学者认为，旅游业是“出口风景”，而风景大都是永远输出不完的，并且旅游者必须前来旅游产品的生产地点进行消费，这种出口节省了一般商品出口过程中的运输费用、仓储费用、保险费用、有关税金等开支以及与外贸进出口有关的各种手续。旅游创汇是一种“无形进口”，从一开始，各国均在努力提高旅游外汇收入，减少旅游外汇支出，并以此来平衡贸易逆差。旅游创汇主要靠经营、服务，吸引外国游客上门，进而把本国的劳务和物资迅速转化为外汇，通过发展旅游业来帮助赚取外汇，对支援国际贸易、弥补贸易逆差和平衡国际收支是一种理想的方法。

2. 换汇率高

旅游产品的换汇成本低于外贸商品的换汇成本。旅游地迎接国内国外旅游者前去观光，旅游企业为其提供劳务服务就可以赚取外汇。而旅游者必须到旅游产品的生产地点进行消费，这可以为我国节省掉商品外贸过程中必不可少的运输费。国际旅游者要按照我国现行人民币汇率兑换外币，按照我国旅游企业公布的产品价格消费，因此换汇成本较低。旅游景观产品出售的仅是观赏权而不是所有权，可重复多次出售，永续利用，重复创汇。

3. 结算及时

旅游出口中，旅游产品不发生空间位移，旅游者的流向和支付款项的流向是一致的，即都是从客源国（或地区）流向目的地国（或地区），旅游者需要采用预付或现付的方式

结算，这将有利于旅游接待国的资金周转和安全，因此，目的地国（或地区）能立即得到外汇，资金可及时投入到周转使用中去。在传统的商品出口中，外贸商品从出口发货到结算支付往往要间隔很长时间，甚至要长达几年。而出口商品与支付款项的流向是相反的，从发货到结算支付往往要间隔一段较长的时间。

4. 免关税

在国际商品出口中，进口国往往会对进口商品实行配额限制，超过这一数额，便会提高进口商品的关税。发展中国家有时也运用关税壁垒，抵制别国低价物品的倾销。而在旅游产品出口方面，通常不存在对客源国实行类似的关税壁垒的情况。例如，目前我国国际贸易出现顺差，因此，国家对公民出境旅游不加限制，这使出境旅游外汇支出远远高于入境旅游外汇的收入，出现巨额逆差，这为平衡国际收支起到一定的作用。

（二）扩大内需，促进货币回笼

为使整个社会经济得以正常运转，政府应有计划地投放货币和回笼货币，控制货币流通量。因为在商品投放量不变或增加不大的情况下，人们持有的货币量超过了流通的商品价格总量，就有可能出现通货膨胀，产生货币贬值。因此，国家必须监督和控制货币的投放与回笼，以保持社会上流通的货币量与流通的商品量协调一致，维护社会经济的正常运行。国家货币回笼的渠道主要有4个：一是商品回笼，即通过出售各种商品来收回货币；二是服务回笼，即通过各种服务行业的收费来回笼货币；三是财政回笼，即通过国家所征收的各种税款来回笼货币；四是信用回笼，即通过吸收居民存款来回笼货币。在国家的物质商品生产能力有限的情况下，国家往往通过转移人们的购买趋向，来鼓励旅游消费，这是扩大内需、回笼货币的一个重要途径。旅游业为旅游者通过提供各种服务获取货币收入，属于服务回笼的一种；旅游业还向游客提供各种购物品，满足人们的购物需要，从而获取货币回收，属于商品回笼的一种。2019年，美国政府频频“关门”、英国“脱欧谈判”陷入僵局、欧盟机构领导人换届选举、地缘政治冲突持续升级等事件影响相互叠加、中美贸易摩擦，波及全世界，影响了中国的进出口行业。中国政府兼顾抑制通货膨胀和保持国际收支平衡，采取了一系列措施，其中最重要的是扩大内部消费需求，在政府部门、旅游企业和消费时尚的引导下，国内旅游规模迅速扩大，显示出扩大内需拉动消费的强大作用。

阅读资料7-1

2020年“十一”黄金周景区票价优惠

“十一”黄金周是旅游旺季，对于因疫情宅在家里多月的民众来说，利用假期外出旅游是首选。而各地为了提振旅游业、刺激消费，也在此前纷纷推出了景区票价优惠政策。湖北、山东、云南、山西等省份都出台了不同举措，吸引游客。

例如，8月8日起，湖北全省近400家A级旅游景区对全国游客免门票，全国疫情低风险地区游客，实名预约，测温、扫健康码后便可进入景区。据报道，湖北的此次活动将一直持续到2020年底，包括“十一”黄金周在内。此外，湖北还通过设立旅游包机、旅游专列、旅游包团等项目奖补，欢迎省外游客入鄂。

在山东，2020年8月1日起至年底，山东省的泰山、三孔、天下第一泉等81家国有景区将大幅降低门票价格，部分低至两折。

旅游大省云南此前也印发通知，明确“实行政府指导价的A级以上旅游景区，年内门票价格一律优惠50%”。目前，云南全省有137家A级旅游景区实行政府指导价。

资料来源：https://economy.gmw.cn/2020-09/04/content_34154232.htm.

（三）扩大就业机会

旅游业属于劳动密集型、服务型的第三产业，旅游业涉及的领域广泛，对人才的需求也呈现多样化趋势，由于行业门类和岗位层次的不同，不同层次的劳动者均可以找到自己适合的岗位。这个产业既需要一些高学历的管理、规划方面的人才，又需要具备简单技能的普通劳动者。在旅游接待工作中，许多工作需要员工手工操作，而且需要面对游客提供富有情趣的直接服务，这就使旅游地文化程度普遍不高的农村剩余劳动力得到了有效利用。

经文化和旅游部批准，中国旅游研究院（文化和旅游部数据中心）授权发布《2019年旅游市场基本情况》。报告指出，2019年国内旅游人数60.06亿人次，比2018年同期增长8.4%；出入境旅游总人数3.0亿人次，同比增长3.1%；全年实现旅游总收入6.63万亿元，同比增长11%。旅游业对GDP的综合贡献为10.94万亿元，占GDP总量的11.05%。旅游直接就业2825万人，旅游直接和间接就业7987万人，占全国就业总人口的10.31%。目前，世界各地有超过3.19亿人的工作是依赖旅游业提供的，占所有就业人口的10.0%，也就是全世界有1/10的就业岗位和旅游业相关。在过去5年里，旅游业为全球新增就业数量贡献了1/5。预测显示，未来10年全球旅游业将新增1亿个就业岗位。这意味着在未来10年内，旅游业将创造1/4的新就业机会。由此可见，旅游业不仅就业容量巨大，就业潜力也很大，它将成为我国今后一段时期就业的重要途径。

（四）旅游业关联带动性极强

旅游业是一个涉及吃、住、行、游、购、娱六大行业的综合性产业，旅游业直接、间接关联的部门有一百多个，如餐饮业、交通业、住宿业、娱乐业等，因此，旅游业的发展会带动相关行业发展，促进招商引资，促进城镇化建设。许多旅游业比较发达的国家和地区的成功经验表明，旅游业的发展能极大地促进相关产业的长足发展，特别是与旅游业关系密切的外贸、民航、建筑业等，人们把旅游业称为第三产业的龙头。

世界旅游组织资料显示，旅游行业每直接收入一元钱，相关行业的收入就能增加4.3元；旅游业每增加1个直接就业机会，社会就能增加5～7个间接就业岗位。据统计，截至

2013年底，新疆旅游直接就业人数30万人，间接就业人数达120万人，新增旅游直接就业2万多人。

随着人们收入水平的提高，旅游已渐渐成为人们新的消费时尚。近年来，我国旅游业飞速发展的现实表明，旅游已经成为我国不容忽视的新的消费热点。实践证明，凡是旅游业发达的地区，第三产业相对发达。因此，发展旅游业，可以促进相关行业的发展，产生“一业兴，百业旺”的带动作用。

（五）增加目的地的经济收入

旅游业的发展可以使旅游目的地经济收入增加，缩小地区间的差别。国内旅游是把国内财富从一个地区转移到另一个地区，虽然不能使国家财富总量增加，但能调节地区购买能力，起到将国内财富在有关地区进行再分配的作用；而对于国际旅游来说，入境旅游者的消费是一种外来的经济“注入”，即将客源国的物质财富转移到接待国，这在某种程度上起着对世界财富进行再分配的作用。例如，乡村和相对贫困落后地区开发旅游项目，建立旅游区，吸引国外和国内发达地区的居民前去旅游，通过游客的消费，增加贫困地区的经济收入，这有力地促进了贫困落后地区的发展和全国经济社会的城乡、区域平衡发展。

改革开放以来，我国已经出现了一大批通过发展旅游实现人民脱贫致富和地区经济社会快速发展的典型，革命老区如井冈山、延安、西柏坡等；贫困山区如张家界、黄山、长白山等；少数民族地区如九寨沟、西双版纳、丽江和延吉等。

（六）改善投资环境，扩大国际合作

旅游吸引了许多外国旅游者，他们通过旅游活动了解各地的历史文化、风俗民情、建设成就、政策法规，因此，旅游在客观上促进了一地的对外开放，为吸引外部资金和对外贸易创造了机会，为环境保护增加了资金。旅游业的发展可以从多方面改善投资环境，吸引外资，扩大出口，加深国际经济交流和合作。

二、旅游对经济产生的消极影响

旅游业的快速发展对国民经济的发展起到促进作用，但我们也应该看到，发展的过程中，既有积极的一面，又有消极的一面。旅游对经济产生的消极影响体现在以下几个方面。

（一）游客大量涌入有可能引起物价上涨

一般说来，旅游者的收入水平是比较高的，他们有很强的消费能力，能以较高的价格购买食、宿、行中所需要的物品，所以难免会引起旅游地的物价上涨，而这势必会影响当地居民的经济利益。另外，随着旅游业的发展，旅游地的地价也会迅速上扬。大量事实表明，在某些早期游客不多的地区兴建饭店，对土地的投资只占全部投资总额的1%，但

是当这些地区旅游业发展具有一定规模后，新建饭店的土地投资很快上升到占全部投资的20%，而地价上涨不仅会影响当地的经济，也会影响当地居民的住房建设与发展。

（二）有可能影响产业结构发生不利变化

产业结构合理化是指各产业之间相互协调，有较强的产业结构转换能力和良好的适应性，能适应市场需求变化，并带来最佳效益的产业结构。产业结构合理会大大促进国家经济和社会的发展；反之，会阻碍经济和社会发展。过去以农业为主的地区，发展旅游业后，个人从事旅游服务收入高于务农收入，因此常使得大量的农村劳动力转而从事旅游业，从而造成田地荒芜或减产。这种产业结构不正常变化的结果是：一方面，旅游业的发展扩大了对农副产品的需求；另一方面，农副产品产出能力下降。当地居民失去了赖以生存的基本生产方式，一旦危机袭来，就会产生社会问题，还可能会影响社会安定和经济的稳定。

（三）过重依赖旅游业有可能影响国民经济的稳定

旅游业是敏感产业，受政治、经济、社会、季节等诸多因素的影响，一旦这些因素发生变化，也会使旅游需求随之改变，因此，一个国家或地区过重地依赖旅游业的发展，一旦旅游业发展受到影响，处理不当，则会产生严重的经济和社会问题。

1. 旅游活动具有季节性

旅游业的季节性波动加大了供需之间的矛盾。虽然这种季节性波动可以采取一些措施来减轻和缓解，但毕竟不可能完全消除。如旅游黄金周游客爆棚，面临消费高峰，消费品供不应求，要应付黄金周期间的这种巨大的消费需求，旅游业就要扩大生产能力，满足旅游者的需求；但淡季时就会造成旅游设备的闲置、旅游从业人员的失业、当地物质剩余，从而导致物价下跌，给接待国或地区带来严重的经济问题和社会问题。

2. 旅游活动受市场的影响较大

旅游需求在很大程度上取决于客源地居民的收入水平、闲暇时间和有关旅游的流行时尚，而这些都是旅游区不能控制的。如果客源地出现经济不景气，其旅游的需求势必会下降。另外，一旦客源地居民对某些旅游地的兴趣爱好发生转移，也将会直接影响旅游地的市场。例如，按照惯例，往年的9月和10月都是入境游的高峰期，不过2020年例外。2020年，新型冠状病毒在全球传播，人们蜗居在家，旅游人数大跌，只有极少数的人出来旅游。2020年上半年以来，我国入境旅游人数1454万人次，同比下降80.1%，旅游外汇收入较2019年同期下降了八成。

从总体上讲，旅游对经济的影响是利大于弊的。我们应正确认识旅游业对于发展国民经济和社会、文化所能产生的积极影响；努力抑制旅游业可能带来的消极影响，这对于实现旅游业的可持续发展具有重要意义。

第二节 旅游对社会文化的影响

社会文化是旅游活动的制约因素之一。旅游活动对社会文化的积极影响是非常显著的。这不仅表现在对旅游地社会文化（旅游地居民）与客源地社会文化（旅游者）方面的积极影响，还表现在对整个人类社会文化的积极影响。其中，既包括文化层面的积极作用，又包括广泛的社会层面的积极作用；既有对物质、行为、组织、制度文化的积极促动，又有对精神文化，特别是价值观的积极促动。

一、旅游对社会文化的积极影响

从宏观来看，旅游促进了不同国家、民族与地域，甚至时代文化的交流、交融，从而加强了不同国家、民族与地域，以及人们的相互了解与沟通，有利于人类社会的和谐共处。

（一）促进文化的交融

通过人类社会文化的沟通与交流，实现了不同文化的互补互动，进而促进社会和谐进步、人类和平共处，这是人类一直的梦想。文化的交流有多种途径，但通过旅游活动的交流更为直观和深刻。旅游是旅游者之间、旅游者与旅游地人民之间的社会交往和文化交流，不仅有助于加深人民之间的感情联系，还可以对国家外交关系的建立与发展，以及世界和平的维护发挥积极作用。例如，2020年中国国际服务贸易交易会以“线下为主、线上补充”的方式举办，是在全球经贸形势严峻复杂和国际疫情持续蔓延的背景下我国线下举办的第一场重大国际经贸活动。经上海市政府同意，上海作为唯一的主宾市应邀参展。上海主宾市展区以“卓越服务、链接全球”为主题，集中展示上海服务贸易30年来的创新发展成就，活动旨在宣传推介上海服务贸易整体营商环境，展示海外市场拓展的公共服务新成果、企业最新产品与服务，吸引国际企业、跨国投资机构落户上海。此次活动同时也增进了国与国之间的文化交融，扩大了国际交流和合作，促进了经济的发展，为我国创造了巨大的经济效益和社会效益，宣传和扩大了我国的知名度和美誉度，促进了社会文化的繁荣和进步。2020年上半年，新冠肺炎疫情全球暴发，疫情对上海服务贸易发展带来前所未有的挑战，同时也带来了数字化加快发展的新机遇。2020年上半年，上海服务贸易出口303亿美元，实现同比正增长。

（二）促进国民素质的提高

古语有云：“读万卷书，行万里路。”旅游过程中，可以亲眼看到、亲身体验各种历史悠久的文化名城，领略异地他乡的风土人情，从而丰富自身的文化内涵。在国内旅游，目睹祖国的伟大成就，会激发人们强烈的爱国心及民族自豪感。例如，西藏是一个美丽、独特而又神秘的地方，这里有举世闻名的珠穆朗玛峰，世界第一大峡谷——雅鲁藏布大峡谷，令人神往的神山圣湖，涛声阵阵的原始森林，雄伟壮观的布达拉宫，风格独特的寺庙建筑，历史悠久的文化。这些令每一位旅游者印象深刻。“你见过后，再也忘不了了”，这是一位旅游者的感受。

（三）促进民族文化的保护和发展

民族文化是各民族在历史发展进程中对人类的重要贡献，是物质文明和精神文明建设的重要内容，也是旅游业发展所依托的重要资源。民族文化是旅游资源的重要组成部分，文化是旅游发展的灵魂，旅游是文化发展的依托。随着旅游业的发展，为了满足不同层次旅游者的需求，旅游地原来一些几乎被遗忘的传统习俗和文化活动得到了开发和恢复。例如，云南丽江的纳西族大研古城、西双版纳的傣族泼水节、杨丽萍的原生态大型歌舞《云南映象》、少数民族的婚俗、宗教祭祀仪式等，都是对民族文化充分理解和挖掘运用的典型。

二、旅游对社会文化的消极影响

旅游目的地是旅游者所要到达和游览的地方，也是旅游的主要活动和接待工作展开的地方。旅游者和当地居民是相互作用和相互影响的，当前不少地区发展旅游业主要着眼于它所产生的经济效益，而对旅游浪潮给当地社会文化带来的负面影响则重视不足，这给该地区旅游业的可持续发展埋下隐患。旅游浪潮对旅游目的地社会文化的消极影响主要表现在以下几个方面。

（一）旅游目的地历史文化遗产遭到破坏

旅游者到达旅游目的地参观、游览，给当地带来经济效益，同时使旅游目的地历史文化遗产也遭受不同程度的破坏，文化生态环境逐渐恶化。由于游客特有的物质摄取心理及不检点的猎取行为，使得旅游者“随心所欲”，有的偷偷地掀下古庙的一片瓦，有的在游览点随意刻上“某某到此一游”。而更加普遍也更令人棘手的是，因旅游开发所导致的对旅游资源的客观上的损害。例如，2016年9月，薄太后陵陪葬坑被盗墓团伙盗掘。盗墓贼刘奇（化名）等7人携带洛阳铲、探杆、钢钎、铁锨等盗墓工具，先后从薄太后陵的丛葬坑盗掘出彩绘男立俑、彩绘女立俑等文物108件，彩绘陶俑头、彩绘跽坐俑等文物49件。经鉴定，其中包括二级文物5件、三级文物103件、一般文物49件。最终盗墓主犯刘奇获刑15年。案件虽经公安机关侦破，多数文物被追回，但仍有部分文物损毁、流失。

（二）不良的示范效应

旅游者以其自身的意识形态和生活方式介入旅游接待地社会中，引起接待地居民的思想变化，从而产生各种影响，这种作用称为示范效应。示范效应是旅游者对接待地社会文化产生影响的主要途径。旅游接待地的居民对旅游者的模仿最直接、最明显地表现在日常生活的言行当中，这种模仿既包括动态的言语、表情、手势等，也包括静态的衣着、仪表等。同时，这种影响在旅游企业的从业人员身上也有明显反映，尤其是涉外酒店的员工。由于他们长期工作于不同文化交叉并存的环境之中，很容易受旅游者影响，严重情况下，会造成旅游企业员工的心理失衡。旅游业的发展不但改变了旅游接待地居民的生活方式，而且改变了当地的社会结构，改变了当地妇女对自我原有角色的认知。旅游业使旅游接待地妇女走出家庭，改变了她们原有的经济地位和社会地位，这种角色的转化又引起了家庭婚姻状况及人际关系的变化。

（三）地方文化的独特性逐渐消失

文化的独特性与地理环境的封闭性紧密相连，而旅游的发展却与当地的可进入性息息相关。随着交通的改善，地理环境的封闭性被打破，旅游地文化的独特性也必然受到旅游者所携带的异地文化的冲击。一个国家、一个地区的人们在历史长河中所形成的生产方式、生活方式和思维方式，如果没有受到外界的影响，该地区的文化就能长期保留其固有的特征，而无实质性的变化。例如，在桂林冠岩景区表演的摩梭少女，随着外来文化的冲击，表演结束后，大多脱下传统服饰换上日常服饰，她们衣着时尚，外表与一般城市女孩已没有太大的区别。

（四）民俗文化丧失本义

旅游从本质上来说，就是人们对异地文化的体验与追求。少数民族独特的传统文化可以满足游客求新、求异、求奇的心理需求。但是，某些旅游地往往以现代艺术形式对民族传统文化进行不恰当的包装和改造，使之失去了原有内涵；有的地方为了迎合某些旅游者的需要，把一些陈规陋俗、低级趣味的东西搬上舞台；有的地方不懂各民族传统文化的内涵和区别，照搬照抄，形成不伦不类的假民族文化；还有的地方受利益驱使，在寺庙设置功德箱，出售纪念品，以多种方式盈利，改变了宗教的本色。所有这些做法，都导致民族传统、宗教文化的庸俗化。如八廓街是拉萨最繁华的街区，出售各种藏族手工艺品，近些年来，过度的商业化改变了当地古朴的民风，许多商人唯利是图，出售的民族手工艺品不仅在选材、工艺和风格上与民族传统存在很大差别，有些外来的“伪民族手工艺品”甚至大行其道，致使西藏民俗旅游吸引力大大减弱，侵犯了旅游者的利益，造成西藏民俗被旅游者误解。

（五）干扰目的地居民的正常生活

旅游发展带来的巨大经济、社会效益，使得旅游地把有限的国土、资源发展的优先权让渡给旅游投资者，这导致当地的房价上涨。旅游资源的开发，吸引了大量旅游者，他们的到来，不仅造成目的地的物价上涨，还带来交通堵塞、停车场不足、景区景点爆棚、公共设施紧张、环境变脏、垃圾增多、犯罪率上升等问题，这些都干扰了当地居民的正常生活。还有些旅游者高傲自大，对当地的风俗不予尊重，这都会引发当地居民的不满，甚至对发展旅游业产生抵触情绪，从而造成旅游者和当地居民之间的矛盾日益突显，甚至发生正面冲突。例如，在冬季，尤其是春节前后，由于大量旅游者涌入三亚，本地的小贩为赚取更高利润而抬高物价，使当地一些较贫困的居民在此期间不得不缩减开支以维持正常生活，当地居民对此抱怨很多。

知识链接7–1

游客自带垃圾下山

为了更好地保护五指山的生态环境，海南省五指山国际度假寨开展了登山环保旅游项目，即对旅游登山者所携带的饮食物品在出发前实行登记，登山者必须做到把饮食后剩下的罐盒、袋等垃圾品全部带回，由五指山按每件的市场回收价付给他们环保费。反之，客人每少带回一件登记品则缴纳100元，作为环保资金专用。为了减轻旅游者的身体负荷，方便客人游览，五指山国际度假寨在登山游览区沿途设置多个“登山环境保护引导站”，摆放垃圾篓，有专业环境保护人员负责收回，方便客人回寨“报销”。环境保护项目实施以来，得到旅游登山者广泛支持。

资料来源：https://max.book118.com/html/2020/1028/7133161045003012.shtm.

第三节　旅游对环境的影响

旅游业是在国民经济中占有重要地位的产业，它的存在和发展以环境为物质基础，同时，旅游业又是在环境保护及可持续发展方面具有天然优势的产业。通过对旅游资源及环境的合理开发利用可实现旅游的良性循环与发展，可以为环境的保护和改善提供物质基础和条件，对环境保护起到促进作用。

一、旅游对环境的积极影响

生态环境是以生物为主体，是对生物生长、发育、繁衍等行为和分布有影响的环境因子的综合。有效保护资源和环境，是实现旅游业可持续发展的基础。在旅游业发展中，人类的旅游活动强烈地依赖良好的资源和环境，生态环境和旅游业的发展密不可分，旅游对环境的贡献主要表现在以下几个方面。

（一）旅游资源得到合理开发

在旅游资源开发中，有不少旅游资源原本就存在一些生态问题，可采取旅游生态建设和污染治理的措施，使开发出来的旅游资源比原来的生态环境质量更高，既开发美化了生态环境，还能保持生态环境，对开发出来的旅游资源进行科学的管理，使当地生态环境良性发展。将部分旅游业收入投入环保，可提高人们的生态环境保护意识，促进景区和区域的生态环境保护建设。

（二）旅游对环境保护具有促进作用

环境是旅游业的基础，旅游业如果要长久发展下去，需要对目的地的风光和历史遗产进行保护。保护重要的旅游资源也就是对潜在的旅游业进行投资。旅游对环境保护的促进作用体现在以下几点。一是旅游促进了历史遗迹、古建筑、纪念馆的修复。如武汉重修黄鹤楼；南昌修复滕王阁。二是旅游促使一些旧的建筑被改造成旅游设施。如北京大量的人防工程随着旅游业的发展被改造成旅馆；福建一些土楼被改造成高级宾馆；傣族竹楼、苗族的吊脚楼接待游人后被赋予了新的内容。三是旅游为自然资源的保护提供了推动力。坦桑尼亚和其他非洲国家公园的野生动物数量大增，而且动物保护工作开展得很好，就是因为当地政府认识到野生动物是旅游业发展的物质基础，能给国家带来经济效益。四是为了保持环境质量以及向旅游者提供满意的体验，全球范围内各国政府都积极宣传环境保护，提高人们的环保意识，同时制定了《动植物保护法》《森林保护法》等法律法规。

（三）美化环境提高环境质量

旅游目的地为了给旅游者提供满意的体验，对大气污染、水污染、垃圾污染和噪声污染等环境污染问题采取措施进行综合整治，从而提高了环境质量，促使环境的全面净化，改善和美化了当地的环境。例如，对于机动车尾气，采用安装净化器装置的方式，减少有毒气体排放；对排放废气的工业企业，限令其进行技术改造，做到排放的气体达到国家标准，而对于那些既不达标又不改造者，则令其搬迁或关闭。对于水体污染，控制污染源是解决问题的关键所在：对于排污企业，则令其进行整改，并收取治理费用和相应罚款；而对于那些拟建的有污染嫌疑的项目，要严加限制。对于垃圾污染，首先要采取宣传教育与强制管理双管齐下的方式，杜绝污染源；其次要使用技术手段做好垃圾的分类处理、净化、利用等工作。对于噪声污染，要致力于时间和空间两方面的整治：在时间上，在人们午休或夜休期间，建筑施工及其他噪声较大的工作应尽量停止；在空间上，那些噪声分贝大的如交通站、娱乐场所、工厂等要与行政办公区、文化区、居民区分隔开，并将噪声分贝降低到国家规定的范围内。

（四）改善基础设施和服务设施

旅游开发过程中，除了对资源进行合理规划与有效管理外，还应有计划地加强旅游区的基础设施和服务设施的建设。旅游服务设施主要是供外来者使用的，一般包括住宿、餐饮、交通、娱乐场所等服务设施，其中一部分也为本地居民的生活提供服务。大部分旅游基础设施能为旅游地的居民生产和生活提供便利，如水、电、热、气、通信、安全保卫设施等。政府部门应将更多资金投入到基础设施建设中，完善旅游基础设施和服务设施，从而更好地满足旅游者和当地居民的需求。

二、旅游对环境的消极影响

改革开放政策和经济的高速发展，使我国旅游业得到了迅猛的发展，并由此产生了可观的经济效益。2019年，全国旅游外汇收入为1312.54亿美元，比2018年增长了41.51亿美元，同比增长3.27%。但我国旅游业资源被破坏、旅游区环境质量下降的问题也日益突出。为使旅游业持续、协调发展，有必要分析造成旅游景区环境被破坏、环境质量下降的原因。其原因概括起来有如下几个。

（一）人类经济行为的不当破坏了旅游环境

人类经济活动发展的过程中，有时只考虑到局部利益而忽略了整体利益，人类的经济行为导致旅游环境遭到破坏，具体表现在以下三方面。

1. 废物及噪声污染

在经济发展过程中，工业生产排放的废物及产生的噪声污染了旅游区的自然环境，扰乱了旅游区应有的宁静。一方面使旅游区丧失了以往清新的空气、明净的水体、静谧的氛围；另一方面使旅游者游览的兴致因环境污染而遭到破坏。

2. 不合理的生产活动

不合理的资源利用与农业生产方式破坏了旅游区的自然生态平衡，使旅游资源直接受到影响。例如森林砍伐、过度开采地下水、开山炸石等活动造成水土流失、游览水体水位下降、奇山丽景惨遭破坏等。

3. 景区内不合理的建设

在经济结构、生产力布局、城市发展规划中，忽视旅游资源的存在，使得区域经济结构类型、生产力布局方式、城市发展方向与旅游业正常、持续发展对环境条件的要求不相适应。如在云南石林旅游区建设大型水泥厂，在北京周口店遗址建设灰窑、煤窑等。

（二）旅游活动对旅游区环境影响

旅游活动本身对旅游区自然生态平衡及环境的影响，主要体现在以下三方面。

1. 部分旅游者的不当行为

随着旅游活动规模的扩大，由于旅游区本身设施的不完善、旅游者素质不高，景点垃圾遗弃量日益增加。旅游区内大量垃圾随意抛洒堆积，破坏了自然景观，污染了景点水体，使旅游区水体富营养化。我国许多旅游区水体都遭到了不同程度的污染，其中相当一部分旅游水体的透明度、色度、嗅味等指标均超过国家规定的旅游水体标准，漂浮物、悬浮物、油迹污染物已经影响旅游者感官，使其旅游兴致降低。

2. 景点游客超载

景点超量接待游客，超过其承载能力的旅游活动将使旅游区生态系统结构发生变化，旅游区旅游功能的丧失，将会破坏旅游区自然生态系统的平衡。主要表现在大量旅游者将旅游区土地踏实，使土壤板结，树木死亡；大量旅游者在山地爬山蹬踏，破坏了自然条件下长期形成的稳定落叶层和腐殖层，造成水土流失、树木根系裸露、山草倒伏，从而给旅游区生态系统带来危害；还有的旅游者乱刻乱画、对文物古迹的偷盗、对野生动物的偷猎等行为，给旅游区的良性发展造成阻碍。旅游区一旦忽视这类影响，只注重短期效益，盲目扩大规模，无限制地接待游客，将给旅游业未来的可持续发展带来严重损害。

3. 旅游开发和建设造成景区破坏

在旅游资源开发利用过程中，有关设施建设与旅游区整体不协调，将给旅游资源、旅游区生态环境造成破坏。例如，古迹复原处理不当，新设项目与旅游区景观不协调，改变或破坏了旅游区原有的且应当保留的历史、文化、民族风格和气氛等。忽视旅游区的整体协调及其所蕴藏的内涵，盲目开发，只会造成景点的不伦不类，进而丧失其旅游价值，使旅游者的旅游兴致减退。有900多年历史的周庄古镇，1988年为了开发旅游，“告别摆渡”，建了一座水泥大桥，从此旅游客车长驱直入，破坏了周庄的原生态。

知识链接7-2

广州的“老字号”问题

广州历史上曾经有一百多家百年老店，仅广州中山四、五、六路一带，就集中了全市七十多家老字号店铺，骑楼两旁的店铺招牌密密麻麻，老店鳞次栉比，呈现一派繁华的商都景象。

从20世纪80年代末期开始，广州开始了大规模的“旧城改造”和地铁兴建，中山四、五路被划为主要改造范围。由于该地段位于传统商业中心，具备巨大的升值潜力，房地产开发商纷纷涌入，导致诸多老字号从中山路消失了。

资料来源：http://baike.baidu.com/link?url=zeCEs1fnFpGcGylrqNT6dQAW5bkUHfsUJedCOPLZKBuk3NfWt1fQwUhMHZ1ZqF7Sxf4rCtfutjug587RwL95La7.

第四节 旅游业与可持续发展

随着旅游业迅速发展，旅游对全球经济的促进和带动作用日益突出，旅游业已成为世界各国经济新的增长点。旅游业的快速发展也带来生态恶化、资源濒临枯竭、传统文化湮灭等一些负面影响。“可持续发展”已成为世界各国协调经济、人口、资源、环境之间关系的重要战略。旅游业可持续发展的理念随着“可持续发展”的提出而出现。目前，各国各地区都在积极寻求人类与生态环境和谐共存的途径，研究旅游业的可持续发展对解决旅游业面临的问题具有重要意义。

一、可持续发展的内涵

人类社会已经在经济增长与环境保护相背离的道路上行进了数百年，而两者的背离又突出表现为人类在追求发展的过程中往往牺牲生态环境换取经济增长，这种涸泽而渔的做法短期内可能会降低自然资源的恢复和自净能力，长期则会导致环境恶化。

（一）可持续发展理论的产生

1962年，美国生物学家卡森（R. Carson）出版了《寂静的春天》一书，这标志着人类开始关心环境。1980年3月5日，联合国大会向全世界发出呼吁：“必须研究自然的、社会的、生态的、经济的，以及利用自然资源过程中的基本关系，确保全球的持续发展。”但由于当时大部分人尚未体察到环境的恶化，此呼吁未能在全球范围内引起足够的共鸣。直到1987年，以挪威首相布伦特兰夫人任主席的“世界环境与发展委员会”（WCED）出版了《我们共同的未来》一书，这本书在世界各国引起了经济和社会持续发展的共识。

（二）可持续发展的概念

1987年，由世界环境及发展委员会发表的布伦特兰报告书所载的可持续发展定义，即为可持续发展的广泛定义，报告称：“可持续发展是既满足当代人的需求，又不对后代人满足其需求的能力构成危害的发展。”

由于可持续发展涉及自然、环境、社会、经济、科技、政治等诸多方面，不同研究者对可持续发展所做的科学性定义也就不同。

1. 生态学家

生态学家认为，可持续发展是不超越环境、系统更新能力的发展。

2. 世界自然保护同盟、联合国环境规划署、世界野生生物基金会

世界自然保护同盟、联合国环境规划署、世界野生动物基金会认为，可持续发展是在生存于不超出维持生态系统涵容能力的情况下，改善人类的生活品质。

3. 经济学家

经济学家认为，可持续发展是在保持自然资源的质量及其所提供服务的前提下，使经济发展的净利益增加到最大限度。

4. 科学家

科学家认为，可持续发展是转向更清洁、更有效的技术——尽可能接近“零排放”或“密封式”，工艺方法——尽可能减少能源和其他自然资源的消耗。

综合以上学者对旅游的定义，本教材提出，可持续发展是既满足当代人的需求，又不对后代人满足其自身需求的能力构成危害的发展。

（三）可持续发展的基本内容

可持续发展涉及生态可持续、经济可持续和社会可持续三方面的协调统一，要求人类在发展中讲究经济效率、关注生态和谐和追求社会公平，最终达到人的全面发展。这表明，可持续发展虽然起源于环境保护问题，但作为一个指导人类进一步发展的理论，它已经超越了单纯的环境保护。它将环境问题与发展问题有机地结合起来，成为一个有关社会经济发展的全面性战略。

1. 生态可持续发展方面

可持续发展要求经济建设和社会发展要与自然承载能力相协调。发展的同时必须保护和改善地球生态环境，保证以可持续的方式使用自然资源和环境成本，使人类的发展控制在地球承载能力之内。

2. 经济可持续发展方面

经济的增长能够体现国家实力和社会财富。经济可持续发展要求追求经济发展的质量，改变传统的以“高投入、高消耗、高污染”为特征的生产模式和消费模式，实施清洁生产和文明消费，以提高经济活动中的效益、节约资源和减少废物。

3. 社会可持续发展方面

世界各国的发展阶段可以不同，发展的具体目标也可以各不相同，但发展的本质应包括改善人类生活，提高人类健康水平，创建一个能够保障人们的平等、自由、人权和免受暴力的社会环境。

（四）可持续发展的内涵

2002年，中国共产党第十六次全国代表大会把“可持续发展能力不断增强”作为全面建成小康社会的目标之一。可持续发展是以保护自然资源环境为基础，以激励经济发展为条件，以改善和提高人类生活质量为目标的发展理论和战略。它是一种新的发展观、道德观和文明观，其内涵如下。

1. 共同发展

地球是一个复杂的巨系统，每个国家或地区都是这个巨系统的子系统。该巨系统的最根本特征是其整体性，每个子系统都和其他子系统相互联系并相互作用，只要一个系统发生问题，都会直接或间接影响其他系统，甚至会诱发系统的整体突变，这在地球生态系统中表现最为突出。

2. 协调发展

协调发展包括经济、社会、环境三大系统的整体协调，也包括世界、国家和地区三个空间层面的协调，还包括一个国家或地区经济与人口、资源、环境、社会以及内部各个阶层的协调。持续发展源于协调发展。

3. 公平发展

世界经济的发展呈现因水平差异而表现出来的多层次性，这是发展过程中始终存在的问题。但是这种发展水平的多层次性若因不公平、不平等而引发或加剧，就会由局部而上升到整体，并最终影响整个世界的可持续发展。

4. 高效发展

公平和效率是可持续发展的两个“轮子”。可持续发展的效率不同于经济学的效率，可持续发展的效率既包括经济意义上的效率，也包含着自然资源和环境的损益的成分。

5. 多维发展

人类社会的发展表现出全球化的趋势，但是不同国家与地区的发展水平是不同的，而且不同国家与地区又有着异质性的文化、体制、地理环境、国际环境等发展背景。此外，因为可持续发展又是一个综合性、全球性的概念，还要考虑不同地域实体的可接受性。

二、旅游业的可持续发展

可持续发展是人类寻求与生态环境和谐共存的一个长期探索的过程。可持续发展的核心，就是谋求人口、资源、环境的协调发展。旅游业也必须遵循可持续发展这一原则，实现“旅游与自然、文化和人类生存环境成为一个整体”。保护生态环境和文化遗产，推动旅游业向可持续旅游业转变，是当今世界环境与发展面临的一个重大而紧迫的问题。

（一）旅游业可持续发展理论的产生

旅游业的可持续发展在1995年联合国教科文组织（UNECO）、联合国环境规划署（UNEP）和世界旅游组织（UNWTO）于西班牙召开的可持续发展会议上通过的《可持续旅游发展宪章》，以及在世界旅游组织的《旅游可持续发展——地方规划指南》中得到具体界定：在维持文化完整、保护生态环境的同时，满足人们对经济、社会和审美的要求，它能为今天的主人和客人提供生计，又能保持和增进后代人的利益，并为其提供同样的机会。

（二）旅游可持续发展的含义

旅游可持续发展可以被认为在保持和增强未来发展机会的同时，满足目前游客和旅游地居民当前的各种需求。旅游可持续发展的实质是要求旅游与自然、社会、文化和人类的生存环境成为一个整体。旅游可持续发展具有三重含义。

1. 满足需要

发展旅游业首先是通过适度利用环境资源，实现经济创收，更好地改善旅游接待地居民的生活，满足旅游者更高享乐层次的需要。

2. 环境限制

资源满足人类目前和未来需要的能力是有限的，这种限制体现在旅游业中就是旅游环境承载力。旅游环境承载力是旅游环境系统本身具有的自我调节功能的度量，而可持续旅游的首要标志是旅游开发与环境的协调。因此，作为旅游环境系统与旅游开发中间环节的环境承载力，就成为判断旅游可持续发展和增长是否能够实现的重要指标。例如，景区开展智慧旅游，利用智慧景区客流统计平台，统计景区内外客流数据、实时客流数据、客流总数、区域客流排名、新老客户占比、游客停留时长、各时段客流人数、历史客流等数据，并以图表的形式直观展示。监测人员可以实时查看对应监测点的实时客流数量，通过对全景区重点客流监测区域的实时监测和预警处理，提高预警处置能力。

3. 平等

平等包括同代人之间的平等和上下代人之间的平等。首先，在同代人之间要保持经济收益的平等。作为发展中国家发展旅游业是有益的，但是如果盲目提高对外接待人数，虽然从表面上看经济增长了，但是实际上造成的环境污染则从另一方面抵消了旅游所带来的经济效益。其次，各代人之间的不平等是指虽然现存一代获得了利益，但这是牺牲了资源的隐藏价值而取得的，对于下一代来说就是应该利用的资源价值的一种损失。这也是可持续发展中的一个中心问题。

（三）旅游可持续发展的目标

1990年，在加拿大温哥华召开的全球可持续发展大会旅游组织行动策划委员会会议，提出了旅游业发展的目标，包括如下几个。

（1）增进人们对旅游所产生的环境、经济效应的理解，强化其生态意识。

（2）促进旅游的公平发展。

（3）改善旅游接待地的生活质量。

（4）向旅游者提供高质量的旅游经历。

（5）保护上述目标所依赖的环境质量。

（四）旅游可持续发展的途径

目前，我国旅游业的现实情况主要表现为：基础设施较为薄弱；国内旅游市场庞大；旅游服务的配置设施发展跟不上旅游消费扩大的步伐；政府投入不高，基本上延续着“以旅游养旅游”的方式。另外，我国旅游业还存在一些问题，例如，行业基本上处于无序状态，旅行社经营者无长远的计划，市场定位不够明确；受经济利益的驱使，也出现了很多不正当经营行为；旅游业涉及的交通、娱乐、餐饮、商业文化部门没有一体化概念，分散经营缺少有效的管理；不恰当的开发经营严重降低了旅游景区自身的格调，影响了旅游业发展的形象。面对这些问题，旅游可持续发展应该遵循一定的途径。

1. 以保护环境为旅游可持续发展的根本保证

优良的生态环境和人文环境是旅游业赖以生存和发展的重要根基，自然环境是旅游业发展的物质基础，成功的旅游业应该建立在优质的环境之上，所有旅游参与者应该树立可持续发展的意识，保护我们宝贵的旅游资源。

2. 规范细化景区分类

旅游资源的种类繁多，它的分类涉及面广，景区的细化有利于突出景区特色，使旅游者能更完整地体验到景区的真正内涵，同时，使景区的管理更具针对性，更有利于对资源的利用、管理及保护。

3. 建立有效合理完善的旅游开发标准体系

制定旅游开发标准体系时，要进行全面、认真、科学的规划，认真研究、精心设计，尊重生态环境的自身发展规律，人性化地开放景区以及对游客量进行控制，全面考虑旅游与生态因素、环境因素的“时序性”，以可持续发展思想为引导，兼顾经济效益、社会效益和环境效益，切实健全旅游业发展具体规范。

4. 提高旅游参与者自身素质

旅游者作为旅游的动态参与者，所进行的活动会对景区的自然环境和其他旅客的感受带来影响，景区管理者和导游人员以及广大游客必须提高自身的道德素质，以最为和谐的面貌去面对他人，实现旅游过程中的自我升华，使参与者在自然与文化间得到最独特完美的旅游体验。

5. 加强旅游科技创新

加强旅游科技创新，即以现代的先进科学技术为依据进行旅游产品开发，以人与自然的和谐为前提去开发自然、人文古迹等，加大旅游产品的科技含量，提升旅游者的旅游体验，并以科技作为旅游发展的后盾来提高景区管理水平，监督管理维护景区的旅游资源。例如，智慧旅游导览助力景区。景区采用手机导览系统，让游客通过手机即可获取一对一的智慧导游服务，满足游客景区信息查找需求；帮助景区实现全景展示、语音讲解、路线规划、信息传递等一体化导览服务，从而提升景区服务质量，改善游客游览体验。

复习思考与练习题

一、判断题

1. 旅游业是劳动就业的支柱产业。（　　）

2. 我国旅游业走的是一条入境旅游—国内旅游—出境旅游的常规旅游方式。（　　）

3. 旅游业可持续发展实质上是一个系统复杂工程，它主要包括经济的发展、社会的发展、文化的发展。（　　）

4. 旅游业回笼货币手段，主要是靠物质商品销售。（　　）

5. 黄山为了更好地满足旅游者的需求，景区内可以多修索道和宾馆。（　　）

二、单选题

1. 对旅游地环境保护起着关键作用的是（　　）。

A. 导游　B. 旅游者　C. 旅游地居民　D. 酒店员工

2. （　　）年在加拿大温哥华召开的全球可持续发展大会旅游组织行动策划委员会会议，提出了旅游业发展的目标。

A. 1990　B. 1991　C. 1992　D. 1989

3. 在景区内修建网吧是旅游对（　　）的消极影响。

A. 经济　B. 社会　C. 文化　D. 环境

4. 旅游业每增加（　　）个直接就业机会，社会就能增加5～7个间接就业岗位。

A. 1　B. 2　C. 3　D. 4

5. 在1972年10月的第27届联合国大会上通过了联合国人类环境会议的建议，确定了（　）为“世界环境日”。

A. 6月4日　B. 6月5日　C. 6月6日　D. 6月7日

三、多选题

1. 旅游创汇的优势表现在（　　）。

A. 换汇成本高

B. 换汇成本低

C. 结算时间长

D. 结算方式为现付或预付

E. 免受进口国关税壁垒的影响

2. 就国内旅游而言，它对经济的重要作用体现在（　　）。

A. 创汇

B. 回笼货币

C. 提供就业机会

D. 带动相关行业的发展

E. 平衡地区间经济差别

3. 旅游业发展可能导致物价上涨，主要原因有（　　）。

A. 游客的到来加大了对当地商品的需求

B. 游客的到来加大了对当地服务的需求

C. 旅游者的支付能力一般较高

D. 旅游的发展使当地土地价格和建筑原材料价格上涨

4. 旅游换汇率较高的原因包括（　　）。

A. 旅游出口无关税壁垒影响

B. 旅游出口是一种无形贸易

C. 旅游出口无运输费用

D. 旅游出口无仓储费用

E. 旅游产品成本低

5. 旅游业能为社会提供大量就业机会，主要优势突出体现在（　　）。

A. 就业容量大

B. 就业门槛低

C. 就业岗位层次众多

D. 技术含量高

四、论述题

1. 试述旅游对经济、社会文化、环境的影响。

2. 试述实现旅游可持续发展的途径。

五、案例分析

发展全域旅游

肇庆市位于广东省中西部，西江干流中下游，东部和东南部与佛山市、江门市接壤，西南与云浮市相连，西及西北与广西壮族自治区梧州市和贺州市交界，北部和东北部与清远市相邻。秦始皇三十三年（公元前214年）境域内设置的四会县，是广东省4个最古老的县之一。

随着大众旅游方式的转变，目前游客的旅游习惯从景点旅游转变为全域旅游。肇庆市应该大力发展全域旅游，构建全域旅游发展格局；引导社会各类产业向旅游业渗入和参与，强化旅游产业与各行各业的跨界融合和跨业融合，扎实开展“旅游+”战略，积极创新“旅游+农业”“旅游+文化”“旅游+音乐”“旅游+商品”“旅游+健康”“旅游+体育”等新模式；大力发挥旅游行业协会作用，搭建好市场之桥，推动旅游活动向市场化运作转变。

讨论：

1. 结合以上案例，谈谈发展全域旅游的意义。

2. 你所在的区域是如何开展全域旅游的？发展全域智慧旅游对旅游业可持续发展具有什么意义？

六、实训拓展

实训目的及要求：使学生掌握旅游的影响因素和旅游业可持续发展的相关知识，为将来从事旅游行业工作奠定坚实的基础。

1. 分小组到某旅游景区（景点）实地调查，收集资料，分析旅游给景区（景点）带来的影响。

2. 各小组派代表谈谈各组调查的结果，把具有建设性的意见反馈给相关的旅游管理机构，供其参考。

3. 意见反馈后，各小组跟踪调查旅游管理机构针对问题出台了哪些相关措施和法律法规，为促进旅游业可持续发展贡献力量。

第八章 旅游体验

知识目标

1. 掌握旅游体验的概念。
2. 熟悉旅游体验的过程。
3. 掌握旅游体验的质量要求。
4. 掌握智慧旅游体验。

能力目标

1. 运用现象学的视觉分析旅游体验的内容与特点。
2. 运用所学知识分析主题公园发展的必要性。
3. 运用所学知识体会景区开发智慧旅游的必要性。

素质目标

1. 使学生具备一定旅游体验的基本知识。
2. 培养学生良好的行为习惯，为将来成为一名优秀的旅游从业者奠定良好的基础。

案例导入

新业态带来新体验

随着旅游消费升级，较之传统旅游，人们如今对旅游体验提出了更高要求。住进民宿感受当地风俗、戴上VR看一场超级大片、穿上古装来一场穿越之旅……拥有更多体验感和参与感的沉浸式旅游越来越受到游客的追捧。

“参与感”是旅游新业态的关键词。在河北省第四届省旅发大会观摩项目中，鹿泉工贸旅游创新区成为人们的“打卡”热点。在该区的君乐宝奶业小镇，不少家长带着孩子开启了一场以牛奶为主题的研学之旅。作为国内首家将牧场、工厂、牛奶文化科普与工业旅游有机融合的工业旅游景区，在这里，游客不仅可以观看一杯酸奶从收奶、配料、发酵、灌装到打包的生产全过程，深入了解酸奶的起源发展、科普知识，还能和奶牛来一场近距离互动。

“沉浸式”是旅游新业态的新看点。“以前外出旅游，更喜欢住标准酒店。现在外出旅游，基本上都会住民宿。”北京市海淀区一家互联网公司员工辛迪是个资深“驴友”。在他看来，人们更加青睐民宿的一个重要原因，是能享受一次“沉浸式旅游”，和民宿的房东聊天，感受当地风土人情，而不再仅仅把住处当成一个睡觉的地方。

“互联网+”是旅游新业态的新特征。动动手指，即可网上预约门票，然后刷脸入园参观，省去排队烦恼；扫描二维码，景点介绍在线播放，一边观景一边听讲，方便又有趣；景区高峰期有多少游客，通过大数据技术就能预判，有助于缓解节假日热门景点拥堵问题……这些智慧旅游新服务，正在成为越来越多景区的“标配”，给旅游者带来更好的出行体验。

资料来源：https://dhnews.zjol.com.cn/xinwenzonglan/redianxinwen/201911/t20191120_788606.shtml.

第一节 旅游体验概述

旅游与体验存在着天然的耦合关系，因此，基于体验开展对旅游相关问题的研究也就成了旅游研究的重要使命。

一、体验与旅游体验

体验这个概念来自心理学，但体验的含义远远超过了心理学的范围。《庄子・天地》中有一个故事：子贡经过汉水南岸，看见一个老翁正在抱瓮汲水浇地，问他为何不用桔槔，用力少而见效多。而老翁答道：有了机械之类的东西必定会出现机巧之类的事，有了机巧之类的事必定会出现机变之类的心思。由此呈现中国古人朴素的体验意识，即他们习惯于对自身的体悟。这里的劳作不仅仅是达到目的的手段，更是体验个人存在的过程。

（一）体验的概念

体验在哲学、心理学等学科中的含义不尽相同，这是因为体验是一个复杂的现象集合，在研究时需要在多个层次进行描述，以减少各学科间的误解或曲解。因此，如何严密、精练地表述“体验”的概念的确难度很大。

1. 西方的古希腊哲学观点有如下几种定义解释

（1）柏拉图的“迷狂”说。西方最早的有关体验或类似概念的阐述，可能就是柏拉图的“迷狂”论了。在柏拉图看来，迷狂是由于热爱智慧、渴望洞见绝对的美和绝对的善而置世俗于不顾，才被执着于尘世幸福的人说成是迷狂，实际上，它更多的是带有沉思默想、凝神观照、超然物外的性质。

（2）席勒的游戏体验。继法国启蒙思想家卢梭之后，席勒再次看到了现代社会的科学技术、工业文明对人的本性的摧残，痛感人的“完整体”正在被“分裂”为“断片”，对此，席勒提出了一个意义深远的思想：通过体验（游戏）这一绝对中介使人的被分裂的感性本能与理性本能重新融合为一个完整体。可以说，席勒的这种意识远远超过了柏拉图，超过了他的同时代人，他把体验高扬到空前高度，试图用它来解决最根本的人性问题和社会问题。

2. 心理学对体验概念的解释

在苏联著名心理学家《体验心理学》一书的作者瓦西留克那里，体验是一种旨在恢复精神的平衡过程，恢复已丧失的对存在的理解力。

3. 美学对体验概念的解释

从美学及审美角度上看，体验是我们生活中最难得而又最美妙的瞬间，能使人在一刹那超越所处的境遇而领悟到一种永恒，是一种个体带着强烈感情色彩全身心投入的、在主体和个体的相互作用中获得的一种对生命的价值与意义的综合而深刻的内心感受。

4. 经济学对体验概念的解释

从经济学的角度看，体验是一种新的经济提供物，是一种类似于工业经济下提供的商品，它借助高度发达的科技以及人们相对丰富的物质收入，从而使人们获得高度的心理精神享受。体验经济已渗透到各个行业，最为典型的实施“体验经济”的机构是美国的拉斯维加斯、迪士尼、星级好莱坞、环球影业公司、愉悦公司、可口可乐公司等。

5. 文化学对体验概念的解释

从文化学角度来讲，体验针对的是日常用品或日常消费背后的意义，如果说体验是日常生活的审美呈现，那么体验就使审美成为生活的一部分，体验是消除了距离审美的即时体验，是主体和客体的直接融合。它是通过隐藏在不同商品和服务背后的文化含义，在主客体相互作用的过程中，满足人们在精神上的需求。因此，体验所具有的这种文化特性，使人们在精神上得到了超过物质实质的深层次享受。

综上所述，体验是人类将自己的切身经历、实践，通过在情感和悟性思维引导下的身心活动去实现感悟世界与人生的一种过程与方式。这个定义有以下几层含义：体验发源于人类自身的亲身经历与事件，并在心理层面上将自己与感悟的对象融合为一而产生；体验是一种在情感和悟性思维引领下，通过身心整合去实现的；体验所追求与获得的是对世界与人生状态、情趣、意义、价值等的感悟。

（二）旅游体验的概念

旅游体验是一种以超功利性体验为主的综合性体验。在这种体验过程中，旅游者可以在风景观赏中获得审美愉悦，可以在与人交往中品味多彩人生，可以在积极模仿其他角色的过程中发现和发展自我，也可以在旅游消费过程中享受世俗之乐。这些愉悦在总体上都附着了某种超功利的色彩。旅游体验以追求旅游愉悦为目标。旅游愉悦是一种特殊的愉悦，它是旅游者在旅游过程中通过观赏、交往、模仿和消费等方式所体验到的放松、变化、经验、新奇和实在等心理快感。

二、旅游体验的内容

旅游体验是一种内容丰富的体验，既有精神享受，也有物质享受；有依附于事物表面的观察，也有沉浸于理性世界的深思。

1979年，美国数学家保罗·寇恩（Paul Cohen）曾在其著作中将旅游体验从内容上分为休闲模块、变化模块、经验模块、尝试模块和实体模块。

中国学者谢言君认为，旅游体验以追求旅游愉悦为目标，并将旅游愉悦做了进一步的分解：旅游体验从内容上包含了对旅游审美愉悦和旅游世俗愉悦两大类愉悦的体验。旅游审美愉悦，是指旅游者在欣赏美的自然、艺术品和其他人类产品时所产生的一种心理体验，是一种在没有利害感的关照中所得到的享受，是超功利的。然而，尽管旅游审美愉悦是旅游体验的基本目标，但并非所有的旅游者都能自觉地追求这种体验，也并非每一个旅游者都把这种体验视作旅游体验的唯一内容，即使是以追逐审美愉悦为目的的旅游者，其审美效果也要受到其审美能力的影响；同时，旅游者对美感以外的愉悦体验并不决然排斥，甚至宁愿将其当作旅游体验的部分或者主要目标，这就是旅游体验的另一部分内容——旅游世俗愉悦的体验。

三、旅游体验的特点

旅游体验与一般旅游商品的区别在于旅游者主动参与，在于旅游者用整个身心来体验。旅游体验既具有所有体验的特征，又具有旅游商品的特征。它是旅游商品和体验两者的融合。旅游体验具有以下特点。

（一）价值性

旅游提供者提供的旅游体验必须是富有价值的，这不仅是体验和旅游体验的必要特征之一，也是提供给旅游者的意义所在。旅游体验的价值性与以往的旅游商品提供的价值相比，能够给予旅游者更深的价值体验：一是旅游体验本身具有的精神价值特点，使旅游者在体验的过程中更能感受人生的意义，使人深刻感受人生哲理与人之为人的内涵；二是旅游者期望通过旅游改变自己的生活，或者通过旅游把握人生价值，或者通过旅游获得自己在平常生活中的缺失。同样，旅游体验对于服务人员也是富有价值的，只有旅游服务者意识到旅游体验的价值和意义，才能保证旅游体验过程中服务的质量，才能更好地实现旅游服务的价值。

（二）综合性

旅游体验的综合性在于旅游者得到的是一种综合的内心感受。旅游者在旅游体验过程中，产生的内心感受不仅涉及旅游客体，还涉及周围的环境；不仅经过感性认识阶段，还经过理性思考阶段，是理性和感性的融合。并且，对于旅游者来说，最终得到的体验是一个综合了各方面因素的结果，所以旅游体验具有综合性。

（三）深刻性

旅游体验与以往旅游经历的区别在于旅游体验加深了旅游者的印象，给旅游者留下难忘的记忆，并且通过各种纪念品使旅游者记住这次旅游体验。一直以来，人们总对美好的事情念念不忘，无非因为过去的快乐和无忧已无迹可寻，而旅游体验可以让人们再次拥有那种快乐，虽然物是人非，但新的东西也可以满足人们对快乐的需求，并给人们留下深刻的印象。

（四）服务性

服务性是服务产品特有的特征，包括无形性、生产和消费的同时性和不可储存性等。服务性是旅游体验提供者在经营体验过程中不能忽略的重要特征之一，它在旅游体验过程中起着举足轻重的作用。没有好的服务，就难以使旅游者获得美好和愉悦的体验。迪士尼游乐园的经营获得成功的重要原因之一是其为旅游者提供了宾至如归的服务。

（五）异地性

旅游体验作为一种旅游商品，必然具有旅游的特征，也就是旅游者必须通过旅行到异地才能获得旅游体验，也正是这种异地性满足了人们暂时离开现实生活、寻求新的文化生活氛围的需求。从这一点上讲，旅游给予旅游者的是另一种生活方式的体验。

（六）参与性

虽然现在旅游体验还包括被动式的体验，但是随着旅游活动中人们个性化和参与性需求的增强，旅游体验将更加趋向于旅游者的积极参与。在服务营销中，要求顾客成为良好的合作者是确保服务质量的重要前提，因为旅游者的积极参与，一方面能够确保服务的质量，另一方面能使旅游者充分发挥主观能动性，在旅游体验过程中得到意外的满足。

（七）主观性

无论旅游者的出行动机如何不同，他们从旅游体验中感受到的共性，是愉悦的旅游体验，这使旅游者得到了一种对自己富有意义的、综合性的内心感受，这种内心感受带有强烈的主观色彩。不同的主体，即使是参与同一种体验过程，其主观感受也不会完全相同。主观感受是不可复制、不可转让、非我莫属的，所以说，旅游体验带有主观性。

四、旅游体验的类型

旅游体验的类型可以按旅游者参与的主动性与投入程度划分，也可以按旅游者的动机划分。

（一）根据旅游者参与的主动性与投入程度划分

派恩与吉尔摩根据旅游者参与的主动性与投入程度，将旅游体验划分为娱乐型体验、教育型体验、逃避型体验和审美型体验4种类型，每个旅游者的旅游经历都是以上4种体验的不同程度的结合。4种体验的中心集合点就是美好的甜蜜地带，在这个地带，活动对象达到一种“畅爽”境界。

1. 娱乐型体验

消遣是人们较早使用的愉悦身心的方法之一，也是主要的旅游体验之一。游客通过观看各类演出或参与各种娱乐活动使自己在工作中变得紧张的神经得以松弛，从而达到愉悦身心、放松自我的目的。娱乐型体验渗透游客体验的整体过程。

2. 教育型体验

旅游是学习的一种方式，尤其是人文类景点，如博物馆、历史遗迹、古建筑等，其深厚的文化底蕴、悠久的历史传统、高超的建筑工艺都会令旅游者有耳目一新之感，学习型体验因此而融入旅游者旅游的全过程。Beeho和Prentice在对遗产地旅游者的旅游体验调查中发现，旅游者不仅获得了有益的学习体验，还获得了情感上和思想上的体验。近年来，在我国各地兴起的“农家乐”项目，许多父母让孩子亲自种植蔬菜、水果，亲自管理，体会种植的乐趣和收获的快乐，在潜移默化中将节约、勤劳的教育理念灌输给孩子，从而达到寓教于乐的目的。

3. 逃避型体验

工作的压力、日常生活的烦琐、人际交往的复杂令现代人在生活中很少有时间来审视自己内心的真正需求。因此，人们更渴望通过旅游活动，暂时摆脱自己在生活中扮演的各种角色，抛却大堆的日常琐事，把工作置于脑后，在优美、轻松、异于日常生活的旅游环境中获得一份宁静、温馨的体验，寻找生活中那个摆脱束缚和压力后的真实自我。

4. 审美型体验

对美的体验贯穿于旅游者的整个活动。旅游者首先通过感觉和知觉捕捉美好景物的声、色、形，获得感观的愉悦，继而通过理性思维和丰富的想象深入领会景物的精髓，身心沉醉其中，从而获得由外及内的舒畅感觉。例如，自然景物中的繁花、绿地、溪水、瀑布、林木、蓝天、白云、鸟鸣、鱼跃等；人文景物中的雕塑、建筑、岩绘、石刻等都是旅游者获得美感体验的来源。

（二）根据旅游者的动机划分

根据旅游者的动机不同，可将旅游体验划分为以下几种类型。

1. 情感体验型

根据马斯洛需求层次理论，人们对情感的需求是需求的重要组成部分之一。旅游体验中的情感体验主要是满足人们对于亲情、友情、爱情等情感的渴求。如某旅行社独家推出的“孝顺团”，让长辈们在活动中体验人间亲情，感受后辈孝顺之心，体验热情周到的导游服务。

2. 文化体验型

领略异域风情与文化是旅游者求新、求异心理体验的主要目的之一。随着旅游业的发展，具有良好教育背景和文化素质的旅游者数量呈逐年增加趋势。文化型旅游体验主要满足旅游者对于历史文化等的认知和对旅游目的地的文化、宗教等的好奇，有助于人们扩宽视野、感受多种文化。

3. 生存体验型

人类在自然面前经历了由强烈征服欲望到和谐共处思想的转变，对大自然未知的探秘，对人类自身生存能力、生命的挑战和自我实现的需求等使得生存型旅游体验应运而生。这种类型的旅游体验由旅游者自愿参加，旅游者在活动中真正认识自身和生命的价值。当然，这类体验活动的设计主要针对某些寻求刺激和具有冒险精神的人们。如亚马孙体验生存之旅、南极极限体验等。

4. 民族风情体验型

旅游者在少数民族地区浓郁的氛围中能够真切地感受当地人的生活，体验他们生活的每一个细节，了解他们对于自然和生活的不同看法，这满足了旅游者对猎奇、寻求欢乐的需求。在民族风情体验型旅游中，旅游经营者提供民族风情的旅游体验，让旅游者体验到原汁原味的民族风情。

5. 学习体验型

学习体验型旅游主要满足人们对于发展自我和丰富知识的需要，这类型的旅游使现代人在娱乐中学习，有助于人们更轻松地学习到新的知识。

6. 生活体验型

生活体验型旅游为旅游者提供了亲近旅游目的地居民、融入目的地生活文化圈的机会，这反映了旅游者对于自我完善的需求。希望通过了解他人完善自己的需求，也反映了人们对另一种生活的好奇心理。

7. 娱乐体验型

随着人们生活的变化，旅游者在娱乐中不仅仅满足于一时的新奇、刺激，只有让旅游者在娱乐中得到更多的价值，给娱乐体验赋予更深的意义，才能吸引更多的娱乐体验旅游者。

第二节 旅游体验的质量

旅游活动是个人对自身潜在需要和内在价值的一种唤起和满足，旅游过程中对美的追求也使旅游体验无时无刻不“镶嵌”在美景当中。

一、旅游体验的情境

旅游行为发生之前，客观地存在着影响这种行为的特征和取向的某种环境或情境因素。在这类环境中，一切与旅游行为相关的事实都或多或少地占据着显著的位置。这些事实即便是单独存在的，其所呈现的面貌和具有的意义也应做整体考量。

（一）旅游氛围情境——旅游世界

整个旅游世界是一个基本情境层次。旅游世界构成一个最基本的、最大的、最模糊的主观情境，这种主观情境主要是由旅游者的旅游需要、旅游动机、旅游期望这些先在情感心理因素引起的，是一种心理映照或投射，或是一种移情。所以，我们也可以把这个层次的旅游情境称为远因旅游情境。从情境的意义来理解旅游世界，旅游氛围情境主要是建构了旅游世界的总体风格和意义。

（二）旅游行为情境——旅游场

串联在旅游过程中的各级、各类节点，以其对具体旅游行为的规定和引导作用而构成了旅游行为情境，这就是旅游场。旅游行为情境的特征取决于旅游线路上各旅游目的地及其景观的自然、文化特征，这些特征虽然要依靠旅游者进行主观的识别和意识的融入，但基本上取决于客观的存在，而不是像旅游氛围情境那样主要是旅游者需要的主观映照或反映。旅游场作为约束和规定旅游行为发生的具体情境，与上一个层次（旅游世界）相比，更加缺乏总体的计划性，或者说，具有更加明显的不可预期性。

二、旅游体验的参与元素

旅游体验的参与元素既包括创造美和生产美的旅游业，也包括体验美的旅游者。

企业，被认为是体验的策划者，其不仅提供商品或服务，还提供最终的体验。它们充满感性的力量，给消费者留下难忘的愉悦记忆。

在体验经济中，消费者不仅仅是唯一的受益者，商业活动的不同参与成员也是受益者，每一个成员都有展示体验的舞台。体验既是消费的过程，又是生产的过程。

三、旅游体验过程

旅游业的服务质量主要取决于旅游者体验的结果。一个景点吸引力与客流量的大小也主要取决于旅游者体验效果的差异。体验结果是传播最快的广告，体验结果好或不好，皆能一传十，十传百，最终决定旅游景点和项目的成败。旅游者是如何体验旅游景点和旅游项目的呢？我们只有弄清体验的过程与细节，才能调整好景点和项目，从而使旅游者满意而归。旅游中主要包含以下6种体验。

（一）视觉体验

百闻不如一见，意为眼见为实。通过两眼直观体验到的视觉效果，是体验的首选。所谓“吸引眼球”，就指这点。景区的形象、色彩、层次、变幻等，每个角度稍加变换，都会形成一处景观。有的景区设计得姹紫嫣红，有的景区设计得金碧辉煌，有的景区设计得流光溢彩……这些都是视觉效果。若最终能给人以“叹为观止”的体验，那就是十分成功了。不少景区在布局与色彩上，常常画蛇添足，显得不伦不类。明明一个山清水秀的自然景观，偏要立几只人造的白鹤，或建个红亭子。这就是不懂体验文化的视觉审美。

（二）听觉体验

听觉体验就是让旅游者通过两耳，体验听觉效果。常年生活在繁华都市中的人，耳际总是充满高分贝的嘈杂的声音。他们最希望到景区获得听觉上的宁静，或聆听日常生活中不常有的“天籁之音”。“蝉噪林逾静，鸟鸣山更幽”，山风引起的松涛，泉水的叮咚，山溪的潺潺，海浪的呼啸，蜜蜂嗡嗡，秋虫唧唧，山道上的马蹄声，水上的桨声，山村中的鸡鸣狗吠，等等，皆使旅游者产生独特的听觉体验。为了体验《枫桥夜泊》的怀古意境，几乎每年都有上千日本游客，专程到苏州聆听寒山寺的新年钟声。

（三）嗅觉体验

“好风一阵送香来”，荷的芬芳，桂的馥郁，菜花的醉人，芦苇的清新，松脂的凝重，海潮带来的鲜腥，寺庙大殿中沉香的肃穆，焚香的缭绕，餐馆中酒的醇香、菜的油香，甚至马粪的腐味，牛羊的膻味，等等，不同的气味，能够引起旅游者不同的嗅觉体验，给游客留下沁人心脾的难忘记忆。

（四）味觉体验

许多旅游活动，都离不开吃喝。口味的体验令人兴奋。泉水的清甜，茶的浓苦，酒的醇厚，新鲜水果的香甜，各种菜肴的酸、甜、苦、辣、辛、麻、鲜，等等，皆是味觉体验文化的重要组成内容。有些旅游团，不注意建立旅游者的菜谱档案，尤其对于海外组团来客，总是那几道名菜。很显然，旅游者的味觉体验没有得到满足。

（五）触觉体验

通过手、足、身体及皮肤的触感来感知旅游活动中的事物，也是重要的体验。有些景点挂了许多不准触摸的牌子，其实是忽略了旅游者的触觉体验，一些石狮的爪子、铜牛的尾巴，常被旅游者摸得锃亮。春风扑面，海浪冲击，涧水洗手濯足，泡温泉，卧沙滩，睡农家土炕，踩踏古镇的卵石小路，等等，都能使旅游者获得特殊的触觉感受，并给人留下深刻印象。

（六）参与感体验

许多旅游项目，如跑马、骑骆驼、垂钓、攀岩、登山、划船、漂流、野营、野炊、狩猎、采摘、农家乐，等等，都可以使旅游者全身心地参与体验某种特殊生活。旅游者身临其境，从而获得一种参与感上的满足与享受。如著名的二胡演奏家于红梅，她到无锡小镇的沿河石块路上，在月下一边踩着不平的石块前行，一边拉《二泉映月》，为的就是能更好地体会阿炳当年沿街拉琴卖艺的坎坷心路和旋律的原创意境。

四、影响旅游体验的因素

以“体验”为经济提供物的体验经济是继农业经济、工业经济和服务经济之后的新经济形式。在体验经济时代，随着旅游者旅游经历的日益丰富，旅游消费观念的日益成熟，旅游者对体验的需求日益高涨，他们已不再满足于大众化的旅游产品，更渴望追求个性化、体验化、情感化、休闲化的旅游经历。

影响旅游体验的因素有客观因素和主观因素。

（一）客观因素

旅游活动是一种社会性活动。人类是生活在一个社会大环境中的，人类的行为方式、内心活动必然要受到外界环境的影响和制约。因此，在旅游过程中的外界环境因素，如当时的政治环境、自然环境、旅游景区的环境因素、旅游景物自身的美感度等，都将影响旅游者旅游体验的获得。只有在外界环境因素方面首先得到保证，旅游者的旅游体验才能进入高级层次乃至最高境界。

（二）主观因素

主观因素包括个人因素和心理因素两方面。

1. 个人因素

（1）受教育程度。旅游活动是一项融文学、音乐、绘画、雕塑、书法等多种艺术于一体的综合性审美活动，需要旅游者有相当的文化素养，所以说，旅游者的受教育程度影响着旅游体验的深度和层次。一般而言，旅游活动很大程度上是一种精神消费，受教育程度越高，对旅游体验的深度就越深刻。

（2）年龄因素。年龄的差别往往意味着生理特征、心理状况、个性特点、兴趣爱好等方面的差异，年龄不同，在获得体验的主动性、积极性等方面也就存在不同。例如，青年旅游者在接受数量繁多的体验感受时游刃有余，然而随着年龄增长去接受大量的体验感受就比较受限制。

2. 心理因素

（1）旅游感知与领悟力。知觉（感知）与领悟力是客观事物直接作用于人的器官，在人脑中产生的对这些事物的各个部分和属性的整体反应。知觉具有选择性、理解性和恒常性的特点，这使旅游者对同类型旅游产品的旅游体验存在差别，并且对某一旅游地形象的感知一旦形成，便不易改变。

内在的情感是人的整个生命的重要组成部分。而人自身领悟力是有高低之分的，有人在面对美景的时候，往往能够意识到美丽的真谛，容易达到一种超越，获得一种幸福感受；然而还有人视美景而不见，往往美景从眼前溜走还没有察觉，这都是由人的领悟力不同导致的。

（2）参照群体对旅游者个人心理因素的影响。一般情况下，旅游是个人进行的群体性活动，因此个人在进行旅游活动、感受旅游体验时，会受到周围群体的影响，从家庭亲属、朋友到旅游伙伴、不相识的游人，他们的言行举止都会影响旅游者个人的感受。对待同样的旅游景观，当个人没有发现其中奥妙的时候，周围群体发现的眼睛会提醒和感染旅游者个人的体验神经，由此，旅游者个人便能感受到那种个人最初无法领悟的体验感受。

（3）旅游动机。旅游体验的获得在很大程度上要依靠旅游者的旅游动机。旅游者从事旅游活动的动机多种多样，简单而言，可以分为两种：一个是为了旅游而旅游，另一个是非旅游而旅游。所谓的为了旅游而旅游，就是说旅游者从事旅游活动只是为了发现旅游的乐趣，感受旅游的无限魅力。因此，这类旅游者的心情往往是愉悦的，体验是愉悦的，旅游体验的层次也会比较容易达到高级乃至最高境界。在非旅游而旅游过程中，由于旅游的目的是出于非旅游目的，如排除工作压力、摆脱心灵的某些羁绊等。因此，出游的目的不同就会使旅游色彩不同，这些将影响旅游者旅游体验的获得。

五、旅游体验质量的要求

不管是对旅游者，还是对向旅游者提供服务和产品的旅游企业经营管理人员而言，旅游体验的质量都可以说是他们从事旅游及相关活动的生命线。高质量的旅游体验给旅游者以预期甚至超过预期的旅游满足，从而奠定了旅游企业长久获得经济效益的基础。相反，低劣的旅游体验使旅游者的美好愿望破灭，也注定要使旅游企业的经济效益受损。

（一）旅游者的满意感

旅游者的满意感包括旅游者的预期满足和旅游者的体验满足两方面。

（1）旅游者的预期满足。旅游期望会在最初的层面上以主观的力量影响旅游体验的质量。旅游预期受很多因素的影响，如旅游者个性、社会等级、生活方式、家庭生命周期阶段、过去的知识和经验、他人的经验、目的地营销和形象定位、期望以及动机等，这些因素被称为先在因子，这些先在因子很大程度上会影响旅游者的预期满意度。

（2）旅游者的体验满足。旅游者的体验满足是旅游者在旅游体验中，需要得到满足后的一种心理反应，是旅游者对产品和服务的特征或产品和服务本身满足需要程度的一种判断。旅游者的体验满足有两种情况：一种是旅游者对某次交易的满足感，即旅游者对单次消费经历的满意程度；另一种是旅游者的积累性满足感，即旅游者对旅游企业的总体及长期性的满意程度。

马斯洛认为人的需要是有层次的，并且是以高层次的需要为导向的。在他的需求层次结构当中，从基本的生理需要到最高层次的自我实现的需要，存在着阶梯式的过渡关系。以此为依据将旅游者的体验满足分为三个层面：第一层次为生理层面的满足，这是最低层次的满足，这是人类维持自身生存的最基本要求，包括饥、渴、衣、住、行等方面的要求，如果这些需要得不到满足，人类的生存就成了问题；第二层心理层面的满足，这主要以知性理解为主，它处于旅游者满意感的中间层；第三层为最高层满足，这是以超越自我为主的精神层面的满足。高级需要的满足才能产生更令人满意的主观效果，产生更深刻的幸福感。高级需要比低级需要更有价值，而生理需要是推动人们行动的强大动力。

（二）服务质量标准

美国著名营销学者潘拉索拉曼、隋塞穆尔和贝里在定性研究的基础上，设计了服务质量计量表（SERVQUAL），这个标准可以用以指导旅游行业的服务质量管理。根据服务质量评价量表，顾客感知的服务质量是由以下5类属性决定的：可靠、敏感、可信、移情、有形证据。可靠，指企业为顾客提供正确、可靠的服务；敏感，指服务人员乐意帮助顾客；可信，指企业可以信赖；移情，指服务企业能够真诚关心顾客，了解他们的实际需求，并能发现他们的潜在需求，从而给予顾客特殊的关心和个性化的服务；有形证据，指服务过程中顾客所接触到的有形工具、设备、人员和书面材料等，它是服务产品的“有形部分”，如服务人员的仪容仪表、饭店装修等。

知识链接8-1

2021年11月，中国主题公园研究院、人民日报社人民旅游、华东师范大学工商管理学院休闲研究中心、上海师范大学休闲与旅游研究中心共同发布了《2021中国主题公园竞争力评价报告》。

1. 综合评价前10名

NO.1 上海迪士尼乐园

NO.2 珠海长隆海洋王国

NO.3 深圳世界之窗

NO.4 深圳锦绣中华民俗村

NO.5 深圳欢乐谷

NO.6 北京欢乐谷

NO.7 常州中华恐龙园

NO.8 广州长隆欢乐世界

NO.9 郑州方特欢乐世界

NO.10 上海海昌海洋公园

2. 四大评价指标

第一个指标是区位竞争力，指所在城市为主题公园的发展提供资源保障、为其争夺市场的能力。

第二个指标是规模竞争力，指主题公园在占地面积、投资规模等方面形成规模效应以抢占市场份额的能力。

第三个指标是项目吸引力，指主题公园依托拥有的休闲娱乐设施等项目最大程度地满足游客休闲娱乐消费的能力。

第四个指标是发展能力，通常又称为成长能力，指主题公园通过不断整合和优化自身资源，并充分利用外部有利条件，使综合竞争力获得可持续性增强的潜在能力。

3.中国主题公园七大发展特征

第一，主题公园发展速度较快。从主题公园样本数量来看，2019年为42家，2020年为50家，而2021年增长到了64家，样本数量的增加从侧面反映了主题公园行业正在进入快速发展的阶段。

第二，整体发展水平良莠不齐。虽然从2019年到2020年再到2021年，主题公园样本数量每年都在不断增长，从整体评价指数和各个维度的评价指数来看，各主题公园分值排序不尽一致，除了像迪士尼这样品牌影响力已遍布全球之外，其余主题公园的各个维度分值几乎每年都在上下变化。

第三，体验性与互动性功能日趋凸显。主题公园发展由简单的休闲游憩到注重体验性和互动性功能为主、其他功能为辅，特色差异化发展趋势明显。许多基于文化传播的主题公园也如雨后春笋般出现。

第四，发展规模持续性增长。64家被纳入研究对象的主题公园在过去30年的时间内，数量呈现出持续增长的趋势，到2000年出现陡增。

第五，区域分布上东多西少，扩张速度呈现东、西部缓和向前、中部崛起发展态势。

第六，竞争力呈现东强西弱，中部崛起态势。就整体来看，东部地区主题公园竞争力明显强于中西部地区，其中又以长三角、珠三角和环渤海区域竞争力最强。

第七，常态化疫情影响持续，市场恢复能力强弱不均。常态化疫情成为主题公园市场结构的“试金石”。受到各地“非必要不离市”防疫建议的影响，一、二线城市的主题公园的本地市场恢复迅速，部分主题公园已经完全恢复甚至超过2019年疫情前的水平。

4. 六大发展趋势

第一，更加注重科技智能的运用。依托VR/AR、5G、AI等技术，在创新娱乐产品的同时，不断提升自身吸引力。

第二，文化逐渐成为主题公园的有力支撑。以展示丝绸之路与中国特色文化、传递经典影视文化、传播民族文化等的主题公园日渐成为人们喜爱的热点。

第三，主题公园集群效应与规模化愈发显著。东部地区主题公园市场愈发成熟，中西部慢慢崛起。

第四，品牌效应持续性增强。上海迪士尼乐园的深入人心以及方特乐园的不断扩张，都说明品牌效应对主题公园发展的强有力影响。

第五，风险能力管控愈成为重中之重。在疫情的冲击下，淘汰了一批风险管理能力不足的企业，但也成长了一批抗险能力较强的企业。

第六，主题公园受疫情影响将重新洗牌。受常态化疫情影响，市场客流不稳定导致公园整体收入下降，主题公园普遍采取“节流”方式降低人力成本和维护成本，致使顾客满意率降低，主题公园有望重新洗牌。

资料来源：https://baijiahao.baidu.com/s?id=1717464959300416987.

第三节 主题公园体验

主题公园既是提供游客体验的最佳场所之一，又是城市旅游建设中重要的组成部分，也是旅游业中发展较快的一种现代旅游资源。主题公园以其特有的方式，将科学技术、娱乐活动、休闲要素和服务接待设施融于一体，具有独特的文化内涵、较高的科技含量和强大的娱乐功能，对游客有着巨大的吸引力。

一、主题公园概述

主题公园是为了满足旅游者多样化休闲娱乐需求和选择而建造的一种具有创意性活动

方式的现代旅游场所。

（一）主题公园的起源

主题公园萌芽于欧洲节庆聚会场所的娱乐公园（amusement park）。第一个有现代公园概念的娱乐公园是美国芝加哥南部的保罗・波顿水滑道公园（Paul Boyton water chutes）。世界上第一个主题公园是1946年荷兰的马都罗丹夫妇为纪念他们在第二次世界大战中死去的爱子，将荷兰的120多个名胜古迹与现代建筑按1∶25的比例建于海牙市郊的“小人国”。1955年美国人沃尔特・迪士尼（Walt Disney）以其出色的创造力和想象力，在美国洛杉矶创造了一个理想而愉悦的世界——迪士尼游乐园（Disneyland）。迪士尼游乐园的出现，标志着世界上第一个具有现代概念的主题公园诞生。迪士尼游乐园所获得的巨大成功使主题公园这一游乐形式在世界各地普及推广，如今主题公园遍及世界各地。

随着时代的变化，主题公园的内容和形式在不断更新，大致经历了“街头娱乐场—城市花园—机械游乐园—主题公园”的发展过程。

（二）主题公园的概念

在欧美国家，主题公园的定义大致包括以下内容：为旅游者的消遣、娱乐而设计和经营的场所；围绕一个或几个主题有多种吸引物；包括餐饮、购物等服务设施；开展多种主题活动，实行商业性的经营等。国内学者普遍认同主题公园共有的一些特性：一种人工创造物；必须有一个或几个特定主题；建造的目的是满足游客的休闲娱乐需要；具有综合功能。

综上所述，主题公园是为了旅游者消遣、娱乐而设计和经营的游乐场所，它赋予游乐以某种主题，围绕既定主题来设计游乐的内容和形式，是一个由人创造而成的、舞台化的休闲娱乐活动中心。

（三）主题公园的特点

主题公园具有以下4个特点：主题的独特性、特色的大众化、效益的广泛性、参与的体验性。

1. 主题的独特性

主题的独特性是主题公园的命脉，鲜明的特色和个性独特的主题是主题公园的灵魂，也是影响旅游者休闲娱乐取向的主要因素，更是主题公园迈出通往“体验”之路的第一步。

2. 特色的大众化

主题公园具有通过“主题”解释文化和传递文化的功能，它着重满足旅游者精神生活上的需求，提供的是一种对文化的体验过程。

3. 效益的广泛性

主题公园的良性发展带来了奇迹般的高效益，这种高效益是经济、环境、社会的高度融合。成功的主题公园在大的区域范围内对创造就业、刺激消费、促进整个经济发展等作用明显。

4. 参与的体验性

主题公园内的人造景观多数由静物组成，具有一定的文化内涵和艺术欣赏价值，但作为旅游景区，该景观还应具备趣味性、娱乐性及参与体验性等基本属性，才能吸引不同层次、不同目的、不同兴趣的游客前来体验。

（四）主题公园的分类

欧洲主题公园协会副总裁克里斯·约西（Chris Yoshii）按照主题公园的规模大小、项目特征和服务半径将主题公园分为以下几种类型。

1. 大型主题公园

大型主题公园的主要特点是年游客量在500万人次以上，游客市场分为全国市场和国际市场，主题鲜明或由多个部分构成主要的品牌吸引力，有舒适的旅游住所，主要提供参与性娱乐项目，投资达10亿美元。迪士尼游乐园、环球影城等都是大型主题公园。

2. 地区性主题公园

地区性主题公园的主要特点是年游客量在150万～350万人次，具有一定主题的路线和表演，在项目设置上以观赏性的静态景观为主，有潜在的品牌，游客市场为省内市场和邻省市场，投资为2亿美元左右。

3. 主题游乐园

主题游乐园的主要特点是年游客量在100万～200万人次，位于城市周边，游客市场主要为所在城市市场，以提供机械类的参与性游乐项目为主，主题比较单一，品牌影响力有限，投资为8000万～1亿美元。

4. 小规模主题公园和景点

小规模主题公园和景点的主要特点是年游客量在20万～100万人次，位于城市周边，类型有室内或室外，游客停留时间短，主要是小规模单一主题的静态人造景观，游客市场为所在城区，有时可以覆盖整个城市，投资为300万～8000万美元。

结合我国的实际情况，目前我们将投资2.5亿人民币、占地25公顷以上、规模较大的称为大型主题公园；将投资0.5亿～1亿元人民币，占地规模较小的称为小型主题公园。

二、主题公园的现状及趋势

主题公园作为旅游资源的一个重要补充和现代旅游产品中的一个重要类型，正以其独有的文化内涵、科技含量和强大的娱乐功能，把越来越多人的目光吸引过去。

（一）国外主题公园现状

国外主题公园在长期发展过程中，优胜劣汰，一些成功的主题公园历经风雨，脱颖而出。欧洲、亚洲地区成功的主题公园也不计其数。

1. 北美旅游主题公园发展方兴未艾

美国是世界主题公园的先驱，1953年沃尔特·迪士尼确定了迪士尼游乐园的构想，希望人们在这里找到快乐和获得知识。如今，旅游主题公园的发展在美国已进入稳定成熟期，如“迪士尼”和“环球影视”就是以电影业为基础的公司。美国旅游主题公园呈现三种发展趋势：一是以家庭娱乐为中心发展，二是有巨大媒体支撑的旅游主题公园将获得蓬勃发展，三是政府将更加关注娱乐事业对社会和环境的影响。

2. 亚洲旅游主题公园发展生机勃勃

20世纪70年代，新加坡投资几十亿美元建设了圣淘沙旅游主题公园，继而建设了鳄鱼公园和世界上最大的飞禽公园；新加坡海底世界开业经营5年后，就用所获利润又在澳大利亚兴建了一个投资为12亿美元的海底世界。新加坡旅游主题公园培育了“一个昔日不毛之地的奇迹”。韩国相继建造了“雕塑公园”“爱宝乐园”等10多个旅游主题公园，同时也导入了“民俗村”概念的旅游主题公园模式。日本的主题公园设计注重独特的家庭经历，而且这种家庭经历适合亚洲人的审美，吸引物突出主题，强调顾客参与，既能让成年人喜欢，也能让家庭喜欢。1983年4月15日开幕的东京迪士尼游乐园，揭开了日本大规模发展旅游主题公园的序幕。大阪环球影城是日本访问量第二多的主题公园，每年接待约800万游客。位于长崎大村湾中的豪斯登堡主题公园，占地152公顷，面积比东京迪士尼乐园还要大两倍，是亚洲最大的休闲度假主题公园，这些都是日本知名的主题公园。

3. 欧洲主题公园发展如火如荼

1992年4月12日，迪士尼游乐园登陆欧洲，法国巴黎的“欧洲迪士尼乐园”建成开业。经过几年的经营管理扭亏为盈，现在巴黎迪士尼游乐园是欧洲最有影响力的主题公园之一。1996年，德国的“欧洲乐园”“梦幻乐园”“海德乐园”“汉莎乐园”“假日乐园”“垃圾公园”“沃内尔·布罗斯电影公司”，英国的“小伦敦城”、“艾顿游乐场”、伦敦的活动影像博物馆、温莎的“乐高乐园（Lego Land）”，法国的巴黎“法国小人国”“阿斯特里斯游乐园”“未来世界动感乐园”等51个大型旅游主题公园（年游客在100万人次以上）和45个中等规模旅游主题公园（年游客在50万～100万人次之间）均取得较大发展。英国的主题公园最初建于海滨度假区，之后向内陆发展，奥顿塔就是一个年接待游客达200多万人次的内陆主题公园，它建于20世纪80年代，是英国主题公园的鼻祖，也是英国最成熟的主题公园之一。

（二）国内主题公园现状

1989年，深圳锦绣中华引领了全国性的主题公园建设热潮，超过500家主题公园迅速发展又迅速倒闭。20世纪90年代中期以后，主题公园备受冷落，进入“主题公园恐惧症”时期。进入21世纪，主题公园进入复苏期，大型主题公园开创新局面，迎来快速发展的时代，同时，国外品牌开始进入，国内主题公园面临机遇和挑战。

知识链接8-2

国内主题公园与国外主题公园对比分析

主要问题	国内情况	国外情况
盲目开发，重复开发，无序开发，竞争严重	20年间，增加了2500个主题公园	美国50年间，增加了30个主题公园
主题公园规模与区域有效客源不匹配	人均主题到访率不足0.25，人均消费不足12美元	人均主题到访率为0.8，人均消费为46美元
主题特色不突出，粗制滥造，吸引力不足	重复模仿太多，人工痕迹太多	有专业创新研究团队，申请专利多
参与性游乐项目过少，重游率较低	顾客停留时间2～4小时	顾客停留时间6～12小时
持续创新不突出，市场影响力逐渐减弱	大部分没有后续投资	每年新内容的投资占全年总收入的4%～5%
人才不足，经营管理模式落后	专业性管理人才少	员工工资占45%～60%，以高薪留住专业性人才
收入结构单一，衍生产品不足	利润80%来自门票收入，其他商品经营只占20%	门票收入只占20%～30%，其他经营收入占大多数
营销方式落后，品牌知名度不够	有知名度的主题乐园数量少，经营营销模式落后	市场开发费用占总经营成本的9%～15%

资料来源：http://wenku.baidu.com/view.

（三）主题公园发展趋势

主题公园是高风险、高投资的项目，市场变化莫测，主题选择失误或经营策略选择不当很容易导致经营失败。

1. 世界主题公园的发展趋势

世界主题公园经营策略的变化是对市场需求的适应性的反应。游客的闲暇观发生了很大的变化，闲暇功能由原来的休息、恢复体力、消遣或消除烦恼转为个人发展与改善人际关系。人们期望对旅游产品有更大的选择余地，游客越来越关心旅游经历的质量，包括设施特性、环境状态与旅游活动对健康的影响。人们重视个人的发展，导致人们对主题公园的期望不仅停留在娱乐与休闲上，还希望通过在主题公园游乐中受到教育，实现自我提高。

因此，人们对主题公园的期望除能享受景观外，更多地强调活动经历、参与及学习。近年来，主题公园的经营者根据市场的这些变化，在经营策略上做了如下调整。

（1）重视房地产开发、商贸和短期度假市场。主题公园能够带来大量的人流，能够有效地改善周边环境，能够营造独特的文化氛围，有利于房地产的开发与房产的价值提升。反过来说，房地产的开发也可以在社区功能上为主题公园提供相应的补充，它们有一种天然的互补关系。美国迪士尼游乐园的21世纪庆典城，日本的豪斯登堡、荷兰村，以及我国深圳华侨城“波托菲诺”，都是成功的“旅游+地产”的典范。

世界上越来越多的购物中心将修建娱乐设施作为辅助设施。加拿大爱德蒙顿市的“西爱德蒙顿”是最成功的例子之一。它是目前世界最大的购物中心，年营业额达28.8亿美元，建筑面积超过50万平方米，商场的出入门达50个之多、停车位达2万个，商场内有100多家餐馆。购物中心内有各类生活日用品专卖店，各种餐馆、娱乐设施。如人造海滩冲浪、蹦极、游戏机、游乐园、WL多级溜冰场、迷你高尔夫球场、电影院、赌场、三星级宾馆，以及一些免费娱乐性服务项目。海豚表演、哥伦布发现新大陆使用的复制船、水生动物展、乐队表演等都会让消费者在购物、运动、就餐的同时，享受轻松、愉快。由于这类大型商场是全封闭式，不受外界天气干扰，加之功能齐全，能满足消费者各种不同需要，很受消费者青睐，在地广人稀的加拿大，商场内消费者熙熙攘攘，与室外见不到人的情景，形成了极大的反差。这种大型购物中心集购物、娱乐、餐饮、服务等功能于一体，表现出高度专业化与高度综合化并存的新兴商贸业态特征。

欧美国家节假日较多，除周末双休日外，还有许多国际、国家与地方的假日。欧美主题公园正积极设计适当的活动与设施吸引滞留时间在三夜以内的度假游客，这种游客在1988—1992年的年增长率达13%。为了留住游客，欧洲的主题公园也在纷纷兴建住宿设施。为了降低投资成本，有的则与比邻的旅馆联合推出游园住宿配套服务。

（2）普遍应用高科技成果，推出娱乐活动，鼓励游客参与。应用电子高科技是近年主题公园发展的普遍趋势。“梦幻现实”（virtual reality）在欧美地区产生了重大影响。“梦幻现实”是一种电子仿真技术，通过音像设备（顾客戴耳机、穿特制的服装、坐在视屏前的机动椅上）、机动椅的运动及其他传感技术，模仿人们深海探险、丛林狩猎、都市观光的经历。许多人认为这种技术将对旅游业产生革命性影响。法国普瓦蒂埃的“看未来”游乐园、加拿大的“文明博物馆”都采用了电子仿真技术，模仿大自然的各种现象，如狂风、暴雨、波涛、云雾、飞禽走兽等。

没有顾客参与的主题公园是没有生命的，主题公园的娱乐活动由原来的被动参观转为现如今的游客主动参与。一些以动物、植物为主题的公园纷纷引进儿童、成人能参与的娱乐设施，如过山车、海盗船、水滑梯、拖拽跳伞、摩托艇等，亲子同乐的娱乐设施呈增长趋势。

（3）通过滚动开发，延长生命周期。在主题公园发展过程中，长期困扰开发者的一个难题就是它的生命周期极短。许多主题公园都在经历了初期的短暂辉煌后迅速进入停滞期甚至转入衰退期。经过多年的探索，许多延长主题公园生命周期的新办法被提出，如选择可重复性的项目、增强选题的新颖性等。其中最有效的办法就是通过滚动开发新项目和对现有项目的更新改造来带动客流的持续增长。许多主题公园都开始扩大投资，增加主题公园的项目并扩大规模，以提高其客源吸引半径，同时提高门票价格，从而增加营业收入。

（4）营销渠道由单一型向多元化发展。主题公园的营销渠道由单一的直接营销向多极多层和联合化的营销渠道发展。例如，旅行社、主题公园所属的旅游集团，以及银行、超市、航空公司等企业介入主题公园产品的销售过程，与大众传媒长期合作，建立起良好的公共关系，吸引公众关注，制造轰动效应，这种促销方式惠而不费，已为许多主题公园所采用。另外，在饭店、火车站等公共场所放置印制精美的主题公园的小册子，也能吸引一部分潜在游客；积极与政府、学校及其他大型企事业单位联系，进行人员推销和营业推广，此方法针对性强，效果也很好。网络促销更是当前炙手可热的促销方式。

（5）通过资本经营和品牌经营进行商业扩张，向集团化发展。主题公园企业的经营理念由传统的靠产品经营获得效益提升为通过资本经营来实现企业资本的增值。企业以强化内部管理为基础，以优化资源配置为手段，以严格考核指标体系为规范，资本进入市场化运作，通过上市、兼并与资产重组、资本输出等方式，获得比直接的产品经营更为丰厚的利润。

主题公园发展趋向名牌化，许多主题公园致力于打造有影响力的世界品牌，以品牌带动主题公园的全面发展，以品牌和资本的输出进行商业扩张，使企业向规模化、大型化、集团化方向发展。迪士尼公司在继加州迪士尼公司成功运营后，每隔10年左右便要开办一家新乐园，进一步实现集团化经营和连锁发展。

（6）通过加强人力资源管理加大对企业无形资产的投入。市场竞争就是人才竞争，服务质量的好坏反映员工素质。企业招聘高素质人才，对员工进行全面的、深入的培训，激励员工将自身的知识和技能充分发挥，企业在这方面的付出以及发给员工的工资都是一种投资，都会在员工对企业的贡献中得到回报。知识经济时代，人力资本对企业无形资产来说是尤为重要的一部分。

2. 我国主题公园的发展趋势

世界主题公园经历了近半个世纪的发展后已经进入了同质化竞争时期，各大主题公园的经营管理者都在对现有的经营策略进行调整，主要的策略是重视房地产开发、商贸、短期度假市场，运用高科技、强调游客参与、滚动开发、多元化的营销以及集团化发展等。

公园主题的独创性和项目创新性水平不断提高。主题公园行业的竞争日趋激烈，具备鲜明特色的主题会为公园在竞争中带来巨大优势。独特的主题文化能够将公园的特色更好地呈现给游客，充分展示主题公园的独特性，给游客留下更加深刻的印象，从而吸引更多的游客，提高重游率。主题公园需要为游客持续提供新鲜感，只有根据市场需求的变化，不断在游乐项目方面进行创新，才能使主题乐园长期保持活力和竞争力，培育可持续的发展空间。

主题公园项目的科技含量日趋提升。在消费升级的大环境下，游客对游乐项目的要求也越来越高，单纯的观景项目已无法满足游客的需求。随着5G、超高清、增强现实、虚拟现实、人工智能等技术的成熟，公园中的游乐项目大量运用了特种电影、飞行模拟器、智能座椅、动感轨道车、激光道具和虚拟现实空间等技术手段和设备，以更好地满足游客在项目参与性、交互性和体验性上的需求。

依托主题公园逐步实现产业整合。随着主题公园行业从传统模式向多元化、综合化方向发展的大趋势，主题公园和文化旅游及相关投资领域不断扩大、投资项目类型也越来越宽泛，并更加注重投资质量、注重创新和文化内涵。这一发展趋势有效带动了建筑规划设计、配套系统工程及景区运营管理咨询等新型衍生业务的市场需求，为既能运营主题公园，又能向文化旅游行业提供设计、咨询等衍生服务的创新型企业提供了更大的市场机遇。

第四节　智慧旅游体验

一、智慧旅游概念

“智慧旅游”是一个全新的命题，它是一种以物联网、云计算、下一代通信网络、高性能信息处理、智能数据挖掘等技术在旅游体验、产业发展、行政管理等方面的应用，使旅游物理资源和信息资源得到高度系统化整合和深度开发激活，并服务于公众、企业、政府等的面向未来的全新的旅游形态。它以融合的通信与信息技术为基础，以游客互动体验为中心，以一体化的行业信息管理为保障，以激励产业创新、促进产业结构升级为特色。智慧旅游，就是利用移动云计算、互联网等新技术，借助便携的终端上网设备，主动感知旅游相关信息，并及时安排和调整旅游计划。简单地说，就是游客与网络实时互动，让游程安排进入触摸时代。

智慧旅游是以云计算为基础，以移动终端应用为核心的，以感知互动等高效信息服务为特征的旅游信息化发展新模式，核心是以游客为本的高效旅游信息化服务。智慧旅游的建设与发展最终将体现在旅游管理、旅游服务和旅游营销的三个层面。

从内涵来看，智慧旅游的本质是指包括信息通信技术在内的智能技术在旅游业中的应用，目标是提升旅游综合服务、改善游客体验、创新旅游管理模式、优化旅游资源利用，增强旅游行业企业核心竞争力、提高业内管理水平、扩大行业规模的数字化工程。智慧旅游的意义就是通过科技的手段，帮助旅游景区实现智慧化建设，方便景区管理运营、提高游客满意度、提高景区知名度、提高景区的工作效率和服务水平，智慧旅游使旅游业得到了全新的、更好的发展。

二、智慧旅游发展历史

江苏省镇江市于2010年在全国率先创造性提出“智慧旅游”概念，开展“智慧旅游”项目建设，开辟“感知镇江、智慧旅游”新时空。智慧旅游的核心技术之一“感动芯”技术在镇江市研发成功，并在北京奥运会、上海世博会上得到应用。中国标准化委员会批准“无线传感自组网技术规范标准”由镇江市拟定，使得镇江市此类技术的研发、生产、应用和标准制定在全国处于领先地位，为智慧旅游项目建设提供了专业技术支撑。在2010年第六届海峡旅游博览会上，福建省旅游局率先提出建设“智能旅游”概念，并在网上建立“海峡智能旅游参建单位管理系统”。福建启动了“智能旅游”的先导工程——“三个一”工程建设，即一网（海峡旅游网上超市），一卡（海峡旅游卡，包括银行联名卡、休闲充值卡、手机二维码的“飞信卡”，以及衍生的目的地专项卡等），一线（海峡旅游呼叫中心，包括公益服务热线和商务资讯增值预订服务热线）。海峡旅游银行卡于2010年已面向福建省内外游客发行；海峡旅游呼叫中心新平台于2011年1月1日也已经正式开通试运行。

2011年4月13日下午，南京“智慧旅游”建设启动仪式上，南京市旅游园林局介绍：面对越来越大的体量和越来越多的旅游产品，越来越高的需求水准和越来越激烈的市场竞争，要想把旅游产业做强，使旅游产业快速健康发展，就必须依靠现代科技的力量，采用一种低成本、高效率的联合服务模式，用网络把涉及旅游的各个要素联系起来，从而为游客提供智慧化的旅游服务；为管理部门提供智能化的管理手段；为旅游企业提供更高效的营销平台和广阔的客源市场。南京此次启动“智慧旅游”建设，将重点突出为给来宁游客提供更便捷、智能化的旅游体验；为政府管理提供更高效、智能化的信息平台；促进旅游资源活化为旅游产品、放大资源效益这三大核心目标，采用“政府主导、多方参与、市场化运作”的运作模式，联合社会各方优势资源共同推进“智慧旅游”建设，这正是顺应了现代旅游业发展的要求和趋势。

2011年9月27日，苏州“智慧旅游”新闻发布会正式召开，苏州市旅游局正式面向游客打造以智能导游为核心功能的“智慧旅游”服务，通过与国内智能导游领域领先的苏州海客科技公司进行充分合作，将其“玩伴手机智能导游”引入“智慧旅游”，大幅提升来苏游客的服务品质，让更多游客感受到“贴身服务”的旅游新体验，为提升苏州整体旅游服务水平打下了良好的基础。

2011年，黄山旅游局开始建立智慧旅游综合调度中心，主要由“旅游综合服务平台”和“旅游电子商务平台”（途马网）构成，具有“管理、服务、展示、经营”四大功能。

2011年11月，洛阳旅游体验网、洛阳旅游资讯版、洛阳旅游政务版以及英、日、法、俄、韩、德6个语种的外文版旅游网站已经建成。2011年牡丹文化节期间，市旅游局还与洛阳移动公司联合推出电子门票，开通新浪洛阳市旅游局官方微博等，形成立体交叉的互联网、物联网旅游服务体系，在吸引游客方面作用明显，初步打造出“智慧旅游”的基础设施，在现有基础上进一步提升了“智慧旅游”服务内容。

2012年初，南京旅游局全力推进“智慧旅游”项目建设。项目建成后，凡是使用智能手机的游客，来南京后会收到一条欢迎短信。游客根据短信上的网址，可下载“游客助手”平台，该平台分为资讯、线路、景区、导航、休闲、餐饮、购物、交通、酒店等九大板块，集合了最新的旅游信息、景区介绍和活动信息、自驾游线路、商家促销活动、实时路况、火车票等信息。安装后，可以根据个人需要实现在线查询、预订等服务。南京玄武区旅游局与海客科技公司合作，全力建设本区内著名旅游景点的手机端的智慧旅游。

2015年4月4日，黄山市强化“智慧旅游”营销方案，真正做到移步换景，人到声起，让游客深入了解景点的人文历史、传说故事，更实现了Google离线地图，游客可以用Wi-Fi先下载好景点数据，然后只需要打开GPS，不需要任何数据流量就可以运用自助语音导游了。另外，还有经典餐饮、娱乐、购物场所推荐。

2016年是旅游政策上下联动之年，智慧旅游建设蓄势待发，旅游消费、旅游+互联网、旅游生活、旅游金融、旅游人才等方面政策红利有望落实，智慧旅游建设热潮即将到来；2017年，《“十三五”全国旅游信息化规划》正式印发；到2020年，旅游“云、网、端”基础设施建设逐步完善，信息新技术创新应用在行业不断深化，旅游数字化、网络化、智能化取得明显进展，旅游公共信息服务水平显著提高，旅游在线营销能力全面发展，行业监管能力进一步增强，旅游电子政务支撑行业治理体系和治理能力现代化坚实有力，信息化引领旅游业转型升级取得明显成效。

三、智慧旅游体验的内容

智慧旅游的“智慧”体现在“旅游服务的智慧”“旅游管理的智慧”和“旅游营销的智慧”这三大方面。

（一）旅游服务的智慧

智慧旅游从游客出发，通过信息技术提升旅游体验和旅游品质。游客在旅游信息获取、旅游计划决策、旅游产品预订支付、享受旅游和回顾评价旅游的整个过程中都能感受到智慧旅游带来的全新服务体验。

智慧旅游通过科学的信息组织和呈现形式让游客方便快捷地获取旅游信息，帮助游客更好地安排旅游计划并形成旅游决策。

智慧旅游通过基于物联网、无线技术、定位和监控技术，实现信息的传递和实时交换，让游客的旅游过程更顺畅，进而提升旅游的舒适度和满意度，为游客带来更好的旅游安全保障和旅游品质保障。

智慧旅游还将推动传统的旅游消费方式向现代的旅游消费方式转变，并引导游客产生新的旅游习惯，创造新的旅游文化。

（二）旅游管理的智慧

智慧旅游将实现传统旅游管理方式向现代管理方式转变。智慧旅游通过信息技术，可以及时准确地掌握游客的旅游活动信息和旅游企业的经营信息，实现旅游行业监管从传统的被动处理、事后管理向过程管理和实时管理转变。

智慧旅游通过与公安、交通、工商、卫生、质检等部门形成信息共享和协作联动，结合旅游信息数据形成旅游预测预警机制，提高应急管理能力，保障旅游安全，实现对旅游投诉以及旅游质量问题的有效处理，维护旅游市场秩序。

智慧旅游依托信息技术，主动获取游客信息，形成游客数据积累和分析体系，全面了解游客的需求变化、意见建议以及旅游企业的相关信息，实现科学决策和科学管理。智慧旅游还鼓励和支持旅游企业广泛运用信息技术，改善经营流程，提高管理水平，提升产品和服务竞争力，增强游客、旅游资源、旅游企业和旅游主管部门之间的互动，高效整合旅游资源，推动旅游产业整体发展。

（三）旅游营销的智慧

智慧旅游通过旅游舆情监控和数据分析，挖掘旅游热点和游客兴趣点，引导旅游企业策划对应的旅游产品，制定对应的营销主题，从而推动旅游行业的产品创新和营销创新。

智慧旅游通过量化分析和判断营销渠道，筛选效果明显，可以确定长期合作的营销渠道。智慧旅游还充分利用新媒体传播特性，吸引游客主动参与旅游的传播和营销，并通过积累游客数据和旅游产品消费数据，逐步形成自媒体营销平台。

四、智慧旅游主要功能

从使用者的角度出发，智慧旅游主要包括导航、导游、导览和导购（简称“四导”）4个基本功能。

（一）导航

导航，即将位置服务（LBS）加入旅游信息中，让旅游者随时知道自己的位置。确定位置有许多种方法，如GPS导航、基站定位、Wi-Fi定位、RFID定位、地标定位等，未来还有图像识别定位。其中，GPS导航和RFID定位能获得精确的位置。但RFID定位需要布设很多识别器，也需要在移动终端上（如手机）安装RFID芯片，离实际应用还有很大的距离。GPS导航应用则要简单得多。一般智能手机上都有GPS导航模块，如果用外接的蓝牙、USB接口的GPS导航模块，就可以让笔记本电脑、上网本和平板电脑具备导航功能，个别计算机甚至内置有GPS导航模块。GPS导航模块接入计算机，可以将互联网和GPS导航完美地结合起来，进行移动互联网导航。

智慧导航服务可以替代传统的导航服务，旅游者在经过某个景点时，可以通过扫描二维码来了解该景点的相关内容。通过导航服务，旅游者也可以了解到附近的洗手间、饭店、休息室等位置。智慧旅游导航功能还可将位置服务加入旅游信息中，让旅游者随时知道自己的位置。当GPS确定位置后，最新信息将通过互联网主动地弹出，如交通拥堵状况、交通管制、交通事故、限行、停车场及车位状况等。随着旅游者位置的变化，各种信息也及时更新，并主动显示在网页上和地图上。

（二）导游

在确定了位置的同时，在网页上和地图上会主动显示周边的旅游信息，包括景点、酒店、餐馆、娱乐场所、车站、活动地点、朋友/旅游团友等的位置和大概信息，如景点的级别、主要描述等，酒店的星级、价格范围、剩余房间数等，活动（演唱会、体育运动、电影）的地点、时间、价格范围等，餐馆的口味、人均消费水平、优惠活动等。智慧旅游还支持在非导航状态下查找任意位置的周边信息，拖动地图即可在地图上看到这些信息。周边的范围大小可以随地图窗口的大小自动调节，也可以根据自己的兴趣点（如景点、某个朋友的位置）规划行走路线。

（三）导览

游客点击（触摸）感兴趣的对象（景点、酒店、餐馆、娱乐场所、车站、活动地点等），可以获得关于兴趣点的位置、文字、图片、视频、使用者的评价等信息，深入了解兴趣点的详细情况，供旅游者决定是否需要它。

导览相当于一个导游员。我国许多旅游景点规定不许导游员高声讲解，而采用数字导览设备。智慧旅游像是一个自助导游员，有比导游员更多的信息来源，如文字、图片、视频和3D虚拟现实，戴上耳机就能让手机或平板电脑替代数字导览设备，无须再租用这类设备。

导览功能还将建设一个虚拟旅行模块，只要提交起点和终点的位置，即可获得最佳线路建议（也可以自己选择线路），可以推荐景点和酒店，提供沿途主要的景点、酒店、餐馆、娱乐场所、车站、活动地点等资料。如果认可某条线路，则可以将资料打印出来，或储存在系统里随时调用。

（四）导购

经过全面而深入的在线了解和分析，旅游者已经知道自己需要什么了，那么可以直接在线预订（客房/票务）。旅游者只需在网页上自己感兴趣的对象旁点击“预订”按钮，即可进入预订模块，预订不同档次和数量的该对象。由于是利用移动互联网，旅游者可以随时随地进行预订。

复习思考与练习题

一、判断题

1. 智慧旅游主要包括导航、导游、导览和导购4个基本功能。（　　）

2. 主题公园划分为大型、中型、小型三类。（　　）

3. 影响旅游体验的因素有客观因素、主观因素、其他因素。（　　）

4. 旅游业的服务质量，基本上取决于游客体验的结果。（　　）

5. 游博物馆、历史遗迹古建筑等属于教育型体验。（　　）

二、单选题

1. 体验这个概念来自（　　）。

A. 哲学　B. 心理学　C. 美学　D. 经济学

2. 世界上第一个主题公园在（　　）建立。

A. 美国　B. 日本　C. 法国　D. 荷兰

3. 亚马孙体验生存之旅、南极极限体验等，属于（　　）型体验。

A. 民族风情体验型　B. 情感体验型

C. 生活体验　D. 生存体验型

4. 影响旅游体验的因素有客观因素和（　　）因素。

A. 个人因素　B. 受教育因素

C. 年龄因素　D. 主观因素

5. 马斯洛认为人的需要是有层次的，高层次的需要是（　　）层面的满足。

A. 生存需要　B. 精神需要

C. 安全需要　D. 受教育需要

三、多选题

1. 旅游体验的特点有（　　）。

A. 价值性　B. 综合性　C. 深刻性　D. 主观性

2. 旅游中的体验一般有（　　）。

A. 视觉体验　B. 听觉体验　C. 参与感体验　D. 味觉体验

3. 根据SERVQUAL量表，顾客感知的服务质量是由（　　）属性决定的。

A. 可靠　B. 有形证据　C. 敏感　D. 移情

4. 我国欢乐谷连锁品牌走向全国的前三站有（　　）。

A. 上海　B. 北京　C. 成都　D. 深圳

5. 主题公园的特点有（　　）。

A. 主题的独特性　B. 效益的广泛性　C. 旅游的季节性　D. 特色的大众化

四、名词解释

旅游体验　主题公园

五、论述题

1. 试述影响旅游体验的因素。

2. 试述主题公园的分类。

六、案例分析

迪士尼主题公园屹立不倒

2012年9月，北京昌平区“烂尾”14年的沃德兰游乐园拆迁工程悄然进行，相继一些主题公园也都关门。迪士尼主题公园经历过与其他公司的激烈竞争，但它仍然在游客心中屹立不倒。

讨论：

1. 为什么有的主题公园退出市场？

2. 调查上海迪士尼主题公园，并指出其屹立不倒的原因。

3. 结合以上案例，谈谈你对主题公园发展的看法。

七、实训拓展

实训目的及要求：使学生掌握影响旅游体验的因素和与主题公园体验相关的知识，为将来从事旅游行业工作奠定坚实的基础。

1. 分小组到某主题公园进行旅游体验。

2. 各小组派代表谈谈体验的结果，把具有建设性的意见反馈给相关的旅游管理机构，供其参考。

第九章
旅游组织与旅游政策法规

知识目标

1. 了解国际主要的旅游组织和我国的旅游组织。
2. 理解旅游组织的作用。
3. 掌握我国主要的旅游政策与法规。

能力目标

1. 掌握国际旅游组织和我国旅游组织之间的区别与联系。
2. 学会运用旅游政策与法规知识对旅游案例进行分析和处理。

素质目标

1. 使学生掌握旅游政策法规，自觉维护国家利益和民族尊严。
2. 培养学生良好的职业道德。

案例导入

联合国世界旅游组织第22届全体大会

2019年9月10日至12日，联合国世界旅游组织第23届全体大会在俄罗斯圣彼得堡召开，来自124个国家和地区的1000余名代表出席会议。中国文化和旅游部副部长张旭率团与会。

大会在圣彼得堡会展中心开幕。张旭主持了会议第一、第二项议程，审议通过了大会议程和选举大会官员。扎琳娜当选为本届大会主席。中国成功连任2019年至2023年联合国世界旅游组织执行委员会成员。会上，张旭积极宣介中国旅游业的最新情况和中国推进文旅深度融合取得的阶段性成果。张旭表示，中国愿继续深化与联合国世界旅游组织及各成员国间的旅游合作，积极参与全球旅游治理体系改革和建设，分享中国旅游业发展机遇，贡献中国智慧和方案。

资料来源：http://m.haiwainet.cn/middle/3543165/2019/0913/content_31628286_1.html.

第一节　旅游组织

随着旅游业的迅猛发展，旅游业已成为不可忽视的重要产业，世界各国政府部门都设有旅游管理机构，各国政府及许多地区都成立了旅游业的行业组织，加强对旅游业的管理。这种管理，往往是通过旅游行政组织和旅游行业组织制定的方针政策来实现的。

一、旅游组织的分类

世界旅游组织繁多，既有全球性的旅游组织，也有区域性的旅游组织；既有官方旅游组织，也有民间旅游组织。一般可将旅游组织划分为旅游行政组织和旅游行业组织两大类。

（一）旅游行政组织

旅游行政组织是指通过对旅游进行组织、领导、控制、协调和监督等一系列活动，行使旅游管理职能，实现对旅游发展进行宏观管理和调控目的的组织。旅游行政组织是非营利性的组织。我国的旅游行政组织是政府的一个组成部分，按照管理权限可以划分为国家旅游局、省（自治区、直辖市）及省以下地方旅游行政组织三个等级。

（二）旅游行业组织

旅游行业组织是指为加强行业间及旅游行业内部的沟通与协作，实现行业自律，保护消费者权益，同时促进旅游行业及行业内部各单位的发展而形成的各类组织。按地域划分为全球性旅游行业组织、世界区域性旅游组织、全国性旅游组织和国内区域组织等；按会员性质可划分为旅游交通机构或企业组织、饭店与餐饮业组织、旅行社协会组织，以及由旅游专家和研究人员组成的旅游学会等。

二、旅游组织的职能

旅游行政组织是最高旅游行政组织机构，但不属于政府部门序列，而是挂靠在某一部门。旅游行业组织是对政府官方旅游行政管理机构的补充，在旅游行业管理中，发挥着重要作用。它们的职能存在着一定的差异。

（一）旅游行政组织的职能

旅游行政组织是在全国范围内用法律约束旅游行业行为和管理旅游日常事务的一个非营利的公共服务组织，是由各级政府设置的负责本地区旅游事务的组织机构（如旅游局、观光局等）。

旅游行政组织的主要职能如下所述。

（1）确定旅游业在国民经济发展中的地位，制定旅游发展的战略目标和规划，对旅游业进行综合平衡和宏观调控。

（2）拟订旅游业发展的方针政策、行政法规和行业标准并负责组织实施，协调旅游发展的各部门之间的利益关系。

（3）运用行政职权，控制旅游业的发展规模与速度，调节市场价格，控制客流量，保持旅游服务质量。

（4）负责国内旅游市场的宏观管理和国际旅游市场的宣传促销和推广拓展。

（5）普查旅游资源，进行旅游业统计。

（6）制定和管理出入境旅游事务。

（7）检查旅游业市场，维护旅游者权益。

（8）指导和管理旅游教育和培训。

（二）旅游行业组织的职能

旅游行业具有服务和管理两种职能。旅游行业组织的管理职能不同于政府旅游管理机构的职能，它不带有任何行政指令性和法规性，其有效性取决于行业组织本身的权威性和凝聚力。

旅游行业组织具有以下基本职能。

（1）作为行业代表，与政府机构或其他行业组织商谈有关事宜。

（2）加强成员间的信息沟通，通过出版刊物等手段，定期发布行业发展的有关统计分析资料。

（3）开展联合推销和市场开拓活动。

（4）组织专业研讨会，为行业成员开办培训班和开展专业咨询业务。

（5）制定成员共同遵循的经营标准、行规会约，并据此进行仲裁与调解。

（6）对行业的经营管理和发展问题进行调查研究，并采取相应措施加以解决。

（7）阻止行业内部的不合理竞争。

三、国际性旅游组织

国际性旅游组织很多，目前大家熟知的有世界旅游组织（UNWTO）、世界旅行社协会联合会（UFTAA）、世界旅行社协会（WTAA）、国际饭店协会（IHA）、国际民用航空组织（ICAO）、国际航空运输协会（IATA）、国际旅游学会（ITSA）、国际旅游科学专家协会（AIEST）、国际汽车联合会（FIA）、欧洲旅游委员会（ETC）、美洲饭店及汽车旅馆协会（AH & MA）、欧洲运输部长会议（ECMT）、国际铁路联盟（UIC）、国际旅游联盟（AIT）、世界一流饭店组织（LHW）等。下面重点介绍以下组织。

（一）世界旅游组织（UNWTO）

世界旅游组织（World Tourism Organization，UNWTO）是联合国系统的政府间国际组织。它是世界上唯一全面涉及国际旅游事务的全球性政府间机构，同时也是当今旅游领域中最具知名度并且最具影响力的国际性组织。UNWTO主要负责收集和分析旅游数据，定期向成员国提供统计资料、研究报告，制定国际性旅游公约、宣言、规则、范本，研究全球旅游政策。它的前身是国际官方旅游联盟，1975年改为现名，总部设在西班牙首都马德里。

世界旅游组织成员分为正式成员（主权国家政府旅游部门）、联系成员（无外交实权的领地）和附属成员（直接从事旅游业或与旅游业有关的组织、企业和机构）。联系成员和附属成员对世界旅游组织事务无决策权。世界旅游组织现有正式成员159个。

1975年5月，世界旅游组织承认中华人民共和国为中国唯一合法代表。1983年10月5日，该组织第5届全体大会通过决议，接纳中华人民共和国为正式成员国，中华人民共和国成为它的第106个正式成员。1987年9月，在第7次全体大会上，中国首次当选为该组织执行委员会委员，并同时当选为统计委员会委员和亚太地区委员会副主席。1991年，中国再次当选为该组织执委会委员。

2007年11月，在UNWTO全体大会第17届会议上，中方提议将中文列为该组织官方语言。全体大会采纳了中方提议，并通过了对《世界旅游组织章程》第38条的修正案，即“本组织的官方语言为阿拉伯文、中文、英文、法文、俄文和西班牙文”。根据UNWTO章程规定，该修正案经全体大会通过后，尚需三分之二以上成员国履行批准手续后方可生效。自2007年修正案通过以来，为推动各成员国尽快履行批准手续，促成中文成为UNWTO官方语言早日生效，中方联合UNWTO做了大量工作。2021年1月，修正案批准国达到106个，符合法定数量，修正案正式生效。联合国世界旅游组织（UNWTO）和西班牙政府正式通报，自2021年1月25日起，中文正式成为UNWTO官方语言。

语言是人类观念和思想表达的工具，是文化的重要载体。随着我国综合国力的不断增强，中文的国际影响力持续扩大，中文在国际社会上得到更加广泛的认可。中文成为UNWTO官方语言，提升了UNWTO作为联合国专门机构的完整性和权威性，提高了中文在国际组织的使用地位和使用比例，有利于我国在全球国际旅游事务中发挥更加积极的作用，更好地分享中国旅游业发展经验和机遇，为实现提高国家文化软实力、推进社会主义文化强国建设的目标，为推动构建人类命运共同体作出积极贡献。

世界旅游组织确定每年的9月27日为世界旅游日。为不断向全世界普及旅游理念，形成良好的旅游发展环境，促进世界旅游业的不断发展，该组织每年推出一个世界旅游日的主题口号。

阅读资料9-1

历年世界旅游日的主题口号

1980年　旅游业的贡献：文化遗产的保护与不同文化之间的相互理解。（Tourism’s

contribution to the preservation of cultural heritage and to peace and mutual understanding.）

1981年　旅游业与生活质量。（Tourism and the quality of life.）

1982年　旅游业的骄傲：好的客人与好的主人。（Pride in travel: good guests and good hosts.）

1983年　旅游和假日对每个人来说既是权利也是责任。（Travel and holidays are a right but also a responsibility for all.）

1984年　为了国家间的理解、和平与合作的旅游。（Tourism for international understanding，peace and cooperation.）

1985年　年轻的旅游业：文化和历史遗产传承和平与友谊。（Youth tourism:cultural and historical heritage for peace and friendship.）

1986年　旅游：世界和平的重要力量。（Tourism: a vital force for world peace.）

1987年　旅游与发展。（Tourism for development.）

1988年　旅游：教育。（Tourism: education for all.）

1989年　旅行者的自由活动创造了一个共融的世界。（The free movement of tourists creates one world.）

1990年　旅游：一个还未被完全认识的产业，一项有待开发的服务。（Tourism: an unreco gnized industry, a service to be released: “the hague declaration on tourism”.）

1991年　交流、信息和教育：旅游发展的生命线。（Communication，information and education：power lines of tourism development.）

1992年　旅游：社会经济的稳定和人民之间交流的重要因素（Tourism: a factor of g rowing social and economic solidarity and of encounter between people.）

1993年　旅游业发展和环境保护：营造持续的和谐与发展。（Tourism development a nd environmental protection：towards a lasting harmony.）

1994年　高质量的服务、高质量的员工、高质量的旅游。（Quality service, quality staff，quality tourism.）

1995年　WTO：为世界旅游业提供20年的服务。（WTO: serving world tourism for twenty years.）

1996年　旅游业：宽容与和平的因素。（Tourism: a factor of tolerance and peace.）

1997年　旅游业：21世纪提供就业机会和倡导环境保护的先导产业。（Tourism: a leading activity of the twenty-first century for job creation and environmental protection.）

1998年　政府与企业的伙伴关系：旅游的开发和促销的关键。（Public-private sector partnership: the key to tourism development and promotion.）

1999年　旅游业：为新千年保护世界遗产。（Tourism: preserving world heritage for the new millennium.）

2000年　技术和自然：21世纪旅游业的双重挑战。（Technology and nature: two challenges for tourism at the start of the 21st century.）

2001年 旅游业：和平和不同文明之间对话服务的工具。（Tourism: instrument at the service of peace and dialogue between civilizations.）

2002年 经济旅游：可持续发展的关键。（Ecotourism：the key to sustainable development.）

2003年 旅游：消除贫困、创造就业和社会和谐的推动力。（Tourism: a driving force for poverty alleviation, job creation and social harmony.）

2004年 旅游拉动就业。（Tourism stimulates employment.）

2005年 旅游与交通——从儒勒·凡尔纳的幻想到21世纪的现实。（Travel and transportation—from Jules Verne's fantasy to the realities of the 21st centary）

2006年 旅游让世界受益。（Tourism Enriches.）

2007年 旅游为妇女敞开大门。（Tourism opens doors for women.）

2008年 旅游：应对气候变化挑战。（Tourism to the challenge of climate change.）

2009年 旅游：庆祝多样性。（Tourism: Celebrating Diversity.）

2010年 旅游与生物多样性。（Tourism and biological diversity.）

2011年 旅游：连接不同文化的纽带。（Tourism: the connection between different cultures.）

2012年 旅游业与可持续能源：为可持续发展提供动力。（Tourism and sustainable energy：provide the impetus for sustainable development.）

2013年 旅游与水：保护我们共同的未来。（Tourism and water: protecting our common future.）

2014年 旅游和社区发展。（Tourism and commucity development.）

2015年 十亿名游客，十亿个机会。（A billion tourists, a billion opportunities.）

2016年 旅游促进发展，旅游促进扶贫，旅游促进和平。（Tourism promotes development, poverty alleviation and peace）

2017年 可持续性旅游业如何促进发展。（Sustainable tourism to promote the development.）

2018年 旅游数字化发展。（Digital development of tourism.）

2019年 旅游业和工作：人人享有美好未来。（Tourism and jobs: a bright future for all.）

2020年 旅游与乡村发展。（Tourism and rural development.）

资料来源：http://finance.chinanews.com/life/2013/10-05/5345311.shtml.

（二）世界旅行社协会联合会（UFTAA）

世界旅行社协会联合会（Universal Federation of Travel Agent's Association，UFTAA）是世界上规模最大的非政府间国际旅游组织之一，与世界主要国家政府和民间团体进行协商以扩大旅行社利益的国际性机构，1966年11月22日在意大利罗马成立，最初总部设在比利时布鲁塞尔，1989年迁至摩纳哥，由1919年在巴黎成立的欧洲旅行社组织（FIAV）和1964年在纽约成立的美洲旅行社组织（ASTA）合并而成。

世界旅行社协会联合会主要负责国际政府间或非政府间旅游团体的谈判事宜，协调各国旅行社的活动，加强旅行社协会成员之间的团结，交换旅游情报和信息，能够解决各种影响世界旅游业的事务，代表和维护旅行社的利益，保护旅游业在经济、司法、社会、道德、职业和技术上的声誉，促进世界旅游业和可持续旅游的发展。组织机构有大会、执行委员会和秘书处等。UFTAA每年召开一次大会。1995年8月，中国旅行社协会正式加入该组织。

（三）世界旅行社协会（WTAA）

世界旅行社协会（World Travel Agent’s Association）是国际性旅游行业组织，创建于1949年，总部设在瑞士的日内瓦。协会每两年举行一次大会，该协会旨在推动旅游业的发展，收集和传播信息，参与有关发展旅游业的商业和财政活动。该协会由237家旅行社组成，其中半数以上为私营企业，分布在86个国家的208个城市。世界旅行社协会设有一个执行委员会，有9名委员。该协会总部在瑞士的日内瓦，并设常务秘书处，管理协会的行政事务。该协会把世界分成15个区，各区每年举行一次会员社会议，商讨如何解决本区旅游业务中的问题。

该协会每三年对各会员社的营业情况进行一次调查。在1983年的调查中，该协会所属旅行社的总营业额在20亿美元以上。该协会出版《世界旅行社协会万能钥匙》一刊，该刊每年一期，免费提供给各旅行社。该刊是一份提供最新信息的综合性刊物，主要刊登会员社提供的各种服务项目的价目表，还刊登各国旅行社提供的国家概况和饭店介绍等。该协会的活动经费来源有两种，一是会员社每年的捐款，二是出版发行《世界旅行社协会万能钥匙》年刊的利润。

（四）国际饭店协会（IHA）

国际饭店协会（International Hotel & Restaurant Association，IHA）是旅馆和饭店业的国际性组织，于1947年在法国巴黎成立，总部设在巴黎，下设8个委员会，分别是财务委员会、法律委员会、经济政策研究委员会、出版发行委员会、宣传推销委员会、旅行社业务委员会、旅馆专业培训委员会、会员联系事务委员会。

国际饭店协会的宗旨是：联络各国饭店协会，并研究国际旅馆业和国际旅游者交往的有关问题；促进会员间的交流和技术合作；协调旅馆业和有关行业的关系；维护本行业的利益。

该协会的会员分为正式会员和联系会员。正式会员是世界各国的全国性的旅馆协会或类似组织；联系会员是各国旅馆业的其他组织、旅馆院校、国际饭店集团、旅馆、饭店和个人。该协会的主要任务是，通过与各国政府对话，促进各国政府实行有利于旅馆业发展的政策，并给予旅馆业支持；参与联合国跨国公司委员会有关国际旅馆跨国企业方面的工作；

通过制定和不断修改来完善相关经济法律文件；协调旅馆与其他行业的关系；通过调研汇集和传播市场信息，提供咨询服务；为各会员提供培训旅馆从业人员的条件和机会。

该协会出版发行信息性双月刊《对话》、月刊《国际旅馆和餐馆》和季刊《国际旅馆评论》，以及年刊《国际旅馆指南》《旅行杂志》和《旅游机构指南》等。

（五）国际民用航空组织（ICAO）

国际民用航空组织（International Civil Aviation Organization，ICAO）是联合国的一个专门机构，1944年为促进全世界民用航空安全、有序地发展而成立。国际民用航空组织总部设在加拿大蒙特利尔，该组织制定国际空运标准和条例，是193个缔约国（截至2019年）在民航领域中开展合作的媒介。2019年9月28日，中国在加拿大蒙特利尔召开的国际民用航空组织第40届大会上再次高票当选为一类理事国。

国际民用航空组织的宗旨和目的在于，发展国际航行的原则和技术，促进国际航空运输的规划和发展，即保证全世界国际民用航空安全、有秩序地发展；鼓励用于和平用途的航空器的设计和操作技术的进步；鼓励发展国际民用航空应用的航路、机场和航行设施；满足世界人民对安全、正常、有效和经济的航空运输的需要；防止因不合理的竞争而造成的经济上的浪费；保证缔约各国的权利充分受到尊重，每一缔约国均有经营国际空运企业的公平的机会；避免缔约各国之间的差别待遇；促进国际航行的飞行安全；普遍促进国际民用航空在各方面的发展。

以上9条共涉及国际航行和国际航空运输两个方面问题。前者为技术问题，主要涉及安全方面；后者为经济和法律问题，主要是指公平合理，尊重主权。两者的共同目的是保证国际民航业安全、正常、有效和有序地发展。

（六）国际航空运输协会（IATA）

国际航空运输协会（International Air Transport Association，IATA）是一个由世界各国航空公司所组成的大型国际组织，其前身是1919年在海牙成立并在第二次世界大战时解体的国际航空业务协会，总部设在加拿大的蒙特利尔，执行机构设在日内瓦。与监管航空安全和航行规则的国际民航组织相比，它更像是一个由承运人（航空公司）组成的国际协调组织，管理在民航运输中出现的诸如票价、危险品运输等问题。

国际航空运输协会的宗旨是为世界人民的利益促进安全、正常和经济的航空运输，扶持航空交通，并研究与此有关的问题；为直接或间接从事国际航空运输工作的各空运企业提供合作的途径；与国际民航组织及其他国际组织通力合作。

（七） 国际旅游学会（ITSA）

国际旅游学会（International Tourism Studies Association，ITSA）是全球首个以中国为基地的国际旅游学术组织，由来自全球的19位成员于2006年8月15日在杭州建立，总部设立在北京大学。

作为一个非营利性的机构，国际旅游学会的目标是为东西方在旅游和接待研究领域搭建一座桥梁；为全球特别是发展中国家的旅游研究学者提供一个交流研究思想和优秀研究实践的论坛；为旅游企业传播研究成果。国际旅游学会由一个杰出专家组、一个执行委员会和一个国家代表组组成。杰出专家组的成员为学会的策略、政策和发展方向提出建议。执行委员会负责学会的日常运作，由10位从杰出专家组和国家代表组选举出的成员担任。国家代表组从参加国际旅游学会会议的同一国家的代表中选举产生。国际旅游学会的年度会议是“旅游及新亚洲国际会议”。第一次大会于2006年8月9—12日在北京召开。全世界30多个国家和地区的300多名代表参加了此次国际学术会议，会议就动态经济、亚洲地理和社会发展及它们对国际旅游产生的影响展开了深入的讨论。此次会议为全球各地的学者、政策制定者、企业同行及团体代表提供了一个以新亚洲为背景的建设性的交流平台。

四、我国的旅游组织

为了规范旅游市场，更好地促进我国旅游业的持续发展，我国一批旅游组织相继建立。目前，我国的旅游组织有文化和旅游部、中国旅游协会、中国旅行社协会、中国旅游饭店协会、中国旅游车船协会等。

（一）文化和旅游部

为增强和彰显文化自信，统筹文化事业、文化产业发展和旅游资源开发，提高国家文化软实力和中华文化影响力，推动文化事业、文化产业和旅游业融合发展，十三届全国人大一次会议表决通过了关于国务院机构改革方案的决定，2018年3月，中华人民共和国文化和旅游部批准设立。

文化和旅游部是国务院组成部门，为正部级。文化和旅游部的主要职责如下所述。

（1）贯彻落实党的文化工作方针政策，研究拟订文化和旅游政策措施，起草文化和旅游法律法规草案。

（2）统筹规划文化事业、文化产业和旅游业发展，拟订发展规划并组织实施，推进文化和旅游融合发展，推进文化和旅游体制机制改革。

（3）管理全国性重大文化活动，指导国家重点文化设施建设，组织国家旅游整体形象推广，促进文化产业和旅游产业对外合作和国际市场推广，制定旅游市场开发战略并组织实施，指导、推进全域旅游。

（4）指导、管理文艺事业，指导艺术创作生产，扶持体现社会主义核心价值观、具有导向性、代表性、示范性的文艺作品，推动各门类艺术、各艺术品种发展。

（5）负责公共文化事业发展，推进国家公共文化服务体系建设和旅游公共服务建设，深入实施文化惠民工程，统筹推进基本公共文化服务标准化、均等化。

（6）指导、推进文化和旅游科技创新发展，推进文化和旅游行业信息化、标准化建设。

（7）负责非物质文化遗产保护，推动非物质文化遗产的传承、保护、普及、弘扬和振兴。

（8）统筹规划文化产业和旅游产业，组织实施文化和旅游资源普查、挖掘、保护和利用工作，促进文化产业和旅游产业发展。

（9）指导文化和旅游市场发展，对文化和旅游市场经营进行行业监管，推进文化和旅游行业信用体系建设，依法规范文化和旅游市场。

（10）指导全国文化市场综合执法，组织查处全国性、跨区域文化、文物、出版、广播电视、电影、旅游等市场的违法行为，督查督办大案要案，维护市场秩序。

（11）指导、管理文化和旅游对外及对港澳台交流、合作和宣传、推广工作，指导驻外及驻港澳台文化和旅游机构工作，代表国家签订中外文化和旅游合作协定，组织大型文化和旅游对外及对港澳台交流活动，推动中华文化走出去。

（12）管理国家文物局。

（13）完成党中央、国务院交办的其他任务。

内设机构有办公厅、政策法规司、人事司、财务司、艺术司、公共服务司、科技教育司、非物质文化司、产业发展司、资源开发司、市场管理司、文化市场综合执法监督局、国际交流与合作局（港澳台办公室）、机关党委、离退休干部局。

直属单位有文化和旅游部机关服务局（机关服务中心）、信息中心、中国艺术研究院、国家图书馆、故宫博物院、中国国家博物馆、中央文化和旅游管理干部学院、中国文化传媒集团有限公司、国家京剧院、中国国家话剧院、中国歌剧舞剧院、中国东方演艺集团有限公司、中国交响乐团、中国儿童艺术剧院、中央歌剧院、中央芭蕾舞团、中央民族乐团、中国美术馆、中国国家画院。

主管社团有中国旅游协会、中国旅行社协会、中国旅游饭店业协会、中国旅游车船协会、中国旅游协会旅游教育分会、中国旅游协会旅游温泉分会、中国旅游报刊协会。

（二）中国旅游协会

中国旅游协会（China Tourism Association，CTA）是由中国旅游行业的有关社团组织和企事业单位在平等自愿基础上组建的全国综合性旅游行业协会，具有独立的社团法人资格。它是1986年1月30日经国务院批准正式宣布成立的第一个旅游全行业组织，1999年3月24日经民政部核准重新登记。协会接受国家旅游局的领导、民政部的业务指导和监督管理。

中国旅游协会的宗旨是：中国旅游协会遵照国家的宪法、法律、法规和有关政策，代表和维护全行业的共同利益和会员的合法权益，开展活动，为会员服务，为行业服务，为政府服务，在政府和会员之间发挥桥梁纽带作用，促进我国旅游业的持续、快速、健康发展。中国旅游协会的主要任务如下所述。

（1）对旅游发展战略、旅游管理体制、国内外旅游市场的发展态势等进行调研，向国家旅游行政主管部门提出意见和建议。

（2）向业务主管部门反映会员的愿望和要求，向会员宣传政府的有关政策、法律、法规，并协助贯彻执行。

（3）组织会员订立行规行约并监督遵守，维护旅游市场秩序。

（4）协助业务主管部门建立旅游信息网络，搞好质量管理工作，并接受委托，开展规划咨询、职工培训，组织技术交流，举办展览、抽样调查、安全检查，以及对旅游专业协会进行业务指导。

（5）开展对外交流与合作。

（6）编辑出版有关资料、刊物，传播旅游信息和研究成果。

（7）承办业务主管部门委托的其他工作。

中国旅游协会组织机构：中国旅游协会现有理事、中国旅游协会会员、中国旅游协会分会、其他专业协会。

中国旅游协会的直属单位：中国旅游出版社、中国旅游报社、时尚杂志社、旅游信息中心和中国旅游管理干部学院（2010年5月14日，中国旅游管理干部学院整建制划转南开大学，同时国家旅游局与南开大学签署了框架协议，开展全面合作）。

（三）中国旅行社协会

中国旅行社协会（China Association Of Travel Services，CATS）成立于1997年10月，是由中国境内的旅行社、各地区性旅行社协会等单位，按照平等自愿的原则结成的全国旅行社行业的专业性协会，经国家民政部门登记注册的全国性社团组织，具有独立的社团法人资格，代表和维护旅行社行业的共同利益和会员的合法权益，努力为会员服务，为行业服务，为中国旅行社行业的健康发展作出积极的贡献。协会会址设在中国首都——北京。

中国旅行社协会的主要任务有如下几个。

（1）宣传贯彻国家旅游业的发展方针和旅行社行业的政策法规。

（2）总结交流旅行社的工作经验，开展与旅行社行业相关的调研，为旅行社行业的发展提出积极并切实可行的建议。

（3）向主管单位及有关单位反映会员的愿望和要求，为会员提供法律咨询服务，保护会员的共同利益，维护会员的合法权益。

（4）制定行规行约，发挥行业自律作用，督促会员单位提高经营管理水平和接待服务质量，维护旅游行业的市场经营秩序。

（5）加强会员之间的交流与合作，组织开展各项培训、学习、研讨、交流和考察等活动。

（6）加强与行业内外的有关组织、社团的联系、协调与合作。

（7）开展与海外旅行社协会及相关行业组织之间的交流与合作。

（8）编印会刊和信息资料，为会员提供信息服务。

（9）承办主管单位委托的其他工作。

《旅行社之友》为该协会会刊，每月一期，免费送阅会员。

（四）中国旅游饭店业协会

中国旅游饭店业协会（China Tourist Hotels Association，CTHA）成立于1986年2月25日，经中华人民共和国民政部登记注册，具有独立法人资格。其主管单位为中华人民共和国旅游局[①]。中国旅游饭店业协会是中国境内的饭店和地方饭店协会、饭店管理公司、饭店用品供应厂商等相关单位，按照平等自愿的原则结成的全国性的行业协会。

中国旅游饭店业的协会宗旨是：遵守国家法律法规，遵守社会道德风尚，代表中国旅游饭店业的共同利益，维护会员的合法权益，倡导诚信经营，引导行业自律，规范市场秩序。

（五）中国旅游车船协会

中国旅游车船协会（China Tourism Automobile and Cruise Association），是由中国境内的旅游汽车、游船企业和旅游客车及配件生产企业、汽车租赁、汽车救援等单位，在平等自愿基础上结成的全国性的行业专业协会，是非营利性的社会组织，具有独立的社团法人资格。

中国旅游车船协会业务范围包括以下几方面。

（1）宣传贯彻国家有关旅游业发展的方针政策，向主管单位反映会员的愿望和要求。

（2）总结交流旅游车船企业的工作经验，收集国内外本行业信息，进行深入调查研究，向主管单位提供决策依据和积极建议。

（3）组织会员订立行规、行约并监督遵守，维护旅游市场秩序，协助主管单位加强对旅游市场的监督管理。

（4）为会员提供咨询服务，加强会员之间的交流与合作，组织开展培训、研讨、考察和新经验、新技术及科研成果的推广等活动，促进会员间的横向联合，促进行业间的业务联网。

（5）指导下设的专业委员会开展业务活动。

（6）加强与行业内外的相关组织、社团的联系与合作。

（7）开展与国际旅游联盟（AIT）等海外相关行业组织之间的交流与合作。

（8）编印会刊和信息资料，为会员提供信息服务。

（9）承办业务主管单位委托的其他工作。

---

① 2018年3月，根据第十三届全国人民代表大会第一次会议批准的国务院机构改革方案，设立中华人民共和国文化和旅游部，不再保留国家旅游局。

第二节 旅游政策法规

旅游政策是国家为了实现旅游的发展，根据社会经济条件和旅游发展的具体情况，所制定的一系列措施和办法。

一、旅游政策的内涵

旅游政策是指政党和国家在一定时期内，为实现一定旅游目标而制定的调整一定旅游关系行为的依据和准则，它主要由宏观经济政策、行业发展政策、环境影响政策三部分组成。

二、旅游法规的内涵

旅游法规是指由国家制定或认可，体现发展旅游业的意志，以国家强制力保证实施的涉及旅游活动的行为准则。在这个定义中，主要应理解以下几点。

（一）旅游法规是国家发展旅游业意志的体现

旅游法规把国家发展旅游业的意志上升到立法层面。例如，《美国全国旅游政策法》第一篇规定，全国旅游政策将“促使旅游业和娱乐业为繁荣经济、平衡国家的国际收支做出更大贡献”。

（二）旅游法规是国家制定或认可的

世界上各个国家在制定旅游法律、法规、规章的时候，都要根据该国宪法有关立法的规定，由一定的国家机关按照规定的立法程序进行。经过一定的法律程序加以认定，也是世界各国旅游规范性文件形成的一种途径。此外，旅游法规还包括各个国家为发展旅游业承认的国际旅游公约或旅游规章。

（三）旅游法规是凭借国家强制力实施的

旅游法规的强制性是以国家强制力为后盾的。一方面，各国的仲裁机关、检察机关和司法机关的仲裁、检察和审判活动是旅游法规强制性得以实现的保证；另一方面，旅游、工商、财政、税务、金融等行政管理部门的业务管理活动是旅游法规强制性得以实现的重要条件。

（四）旅游法规是旅游活动、旅游经营和旅游管理的行为准则

旅游法规具体、确切地规范旅游者、旅游经营者和旅游管理者的行为，使他们知道在

旅游活动中哪些行为是合法的、哪些行为是违法的，违法行为应当受到怎样的制裁等。旅游法规的施行使得旅游业能够持续、健康、有序地发展。

根据管辖地域的不同，可将旅游法规分为两类，即国际性的旅游政策法规和中国现行的旅游政策法规。

三、国际性的旅游政策法规

国际性的旅游政策法规是国际上公认的，下面重点介绍《国际饭店章程》《华沙公约》《海上旅客及其行李运输雅典公约》《旅游权利法案和旅游者守则》《旅行契约的国际公约》。

（一）《国际饭店章程》

1921年，国际饭店协会首次颁布了第一部饭店章程，以后该章程进行过几次修改。1981年11月2日，《国际饭店章程》在尼泊尔首都加德满都被国际饭店协会正式通过，作为国际饭店业的行业法规。《国际饭店章程》是在国际上得到一致承认的、普遍接受的有关饭店住宿合同的国际贸易管理章程。该章程向顾客和饭店业主通告各自的权利和义务，主要作为国家法律规定的合同条款的一项补充，只用于当某一国家法律内容不包括有关饭店住宿业合同的具体条款时，适用该章程的规定。

（二）《华沙公约》

《华沙公约》全称《统一国际航空运输某些规则的公约》，1929年9月12日于波兰华沙制定，1933年2月13日生效，后经多次修改。我国于1957年7月加入该公约，1958年10月该公约开始对我国生效。公约主要内容包括航空运输的业务范围、运输票证、承运人的责任、损害赔偿标准等，形成了国际航空运输上的“华沙体系”。

（三）《海上旅客及其行李运输雅典公约》

为统一各国有关海上旅客运输的法律，1957年10月10日在比利时布鲁塞尔第10届海洋法会议上，通过了《1957年统一海上旅客运输某些法律规则的国际公约》。此后，在此公约的基础上，1961年4月在布鲁塞尔第11届海洋法会议上通过了《1961年统一海上旅客运输某些规则的国际公约》。1967年5月27日，在布鲁塞尔通过了《1967年统一海上旅客行李运输的国际公约》。由于《1961年统一海上旅客运输某些规则的国际公约》规定的承运人对旅客人身伤亡赔偿责任限额过低等原因，该公约收效甚微。

为此，国际海事委员会（CMI）于1969年通过了一个公约草案，并在此基础上，由原政府间海事协商组织于1974年12月2日至13日在希腊雅典召开的国际法律会议上通过了《1974年海上旅客及其行李运输雅典公约》，该公约于1987年4月28日生效。参加该公约的有阿根廷、巴哈马、比利时、埃及、希腊、利比里亚、波兰、西班牙、瑞典、英国等十几个国家。我国第八届全国人民代表大会常务委员会第六次会议于1994年3月5日通过决议，我国加入该公约。该公约主要规定承运人对旅客人身伤亡、携带行李、其他行李以及车辆损失的赔偿责任和责任限制等。

（四）《旅游权利法案和旅游者守则》

世界旅游组织第六次一般性全体大会于1985年9月17—26日在保加利亚人民共和国索菲亚召开，会议通过了《旅游权利法案和旅游者守则》，全体大会对旅游者以及各国政府、旅游管理和服务机构、旅游供应商、旅游专业人员、旅游东道国居民等在旅游活动中的权利和义务进行了规定，对各国做出如下规定。

（1）鼓励国内和国际旅游业有条不紊地和谐发展。

（2）将旅游政策纳入各级的全盘发展策略，包括地方的、地区的、国家的和国际的，扩大双边和多边，包括同世界旅游组织在内的旅游组织合作。

（3）在根据他们国家的主次轻重和世界旅游组织工作总纲而制定和实施适当的旅游政策、规划和计划时，要充分注意《马尼拉世界旅游宣言》和《阿卡普尔科文件》的原则。

（4）鼓励采取措施，特别是通过更好地分配工作和娱乐时间，建立和改善年度带薪假期制度和错开休假日期，以及特别注意青年、老年和残疾人等旅游，使每个人都能参加国内和国际旅游。

（5）为了当前和后代的利益，保护包括人文、自然、社会和文化在内的旅游环境，因为它们是全人类的遗产。

（6）通过实施现有的联合国、国际民航组织、国际海事组织、海关合作委员会，或其他组织，特别是世界旅游组织的便利文件和条款，来鼓励国内和国际旅游者参观东道主的遗产，以不断促进旅行自由化。

（7）增强旅游意识，促进旅游者和东道主之间的交往，以增进相互了解。

（8）通过采取预防和保护措施，确保旅游者人身和财产的安全。

（9）提供最佳卫生条件和健康服务条件，以及预防传染病和事故的条件。

（10）防止任何利用旅游从事娼妓活动而剥削他人的可能性。

（11）为保护旅游者和东道国人民，加强防止非法使用毒品的措施。

（12）对待旅游者不允许采取任何歧视性措施。

（13）让旅游者及时得到行政和法律方面的服务，及时与领事代表联系并使用国内和国际的公共通信设施。

（14）在过境和逗留地，向旅游者提供信息，使之进一步了解东道国人民的习俗。

（五）《旅行契约的国际公约》

1970年4月23日，世界旅游组织（UNWTO）在布鲁塞尔制定的《旅行契约的国际公约》，比较全面地规范了旅游契约的主要内容。根据该公约的规定，旅行契约包括有组织的旅行契约和中间人承办的旅行契约两类。旅游契约的主体有三类：旅行业者、旅行业中间人和旅行者。公约中也详细规定了旅客与旅游营业人的权利与义务以及旅游营业人责任的限制与免除等。

由于《旅行契约的国际公约》是以保护旅客的权利为出发点的，其中，有些规定对于旅游营业人而言未免显得苛刻，甚至不合情理。因为该公约对其缔约国的国内相关立法有一定的强制参照作用，因此虽然已经生效，但是到现在只有十多个国家加入，我国目前仍未加入该国际公约。

在过去的二十多年里，旅游在环境保护、维护生物多样性、保护文化遗产和保持文化、民族和传统的多样性方面发挥了重要作用。在这种情况下，越来越多的国家在最近几年纷纷颁布了旅游法，以促进旅游业的发展。如1963年《日本旅游基本法》颁布、1966年《巴西旅游组织法》颁布、1967年《韩国旅游振兴法》颁布、1969年《英国旅游发展法》颁布、1979年《美国全国旅游政策法》颁布、1979年《墨西哥旅游法》颁布。各国旅游法有一个共同点，大多坚持三个关键理念，即可持续发展、服务质量和竞争力。

四、我国现行的旅游政策法规

早在改革开放之初的1982年，我国有关部门就着手起草了旅游法。遗憾的是，因当时我国旅游业刚刚起步，各个方面对旅游立法涉及的一些重要问题认识不尽一致，因此，旅游立法一直没有提上正式议程。2013年4月25日，《中华人民共和国旅游法》（以下简称《旅游法》）终于出台，并于2013年10月1日正式实施。

旅游法规调整的对象是旅游活动领域内的各种社会关系，主要包括以下4个方面。

（一）体现领导隶属关系的法律法规

在旅游活动中，体现领导隶属关系的法律法规主要有《旅行社管理条例》《导游人员管理条例》。

1. 旅行社管理法规

旅行社管理法规是指国家对旅行社进行管理的各种法规规章的总和。

1）《旅行社管理条例》

《旅行社管理条例》是我国第一部旅游行政法规，于1996年10月15日由国务院颁布。旨在加强对旅行社的管理，保障旅游者和旅行社的合法权益，维护旅游市场秩序，促进旅游业的健康发展。2009年1月21日，国务院第47次常务会议通过《旅行社条例》，自2009年5月1日起施行，原《旅行社管理法规》废止。

2001年12月26日，《旅行社管理条例实施细则》经国家旅游局局长办公会议讨论通过，自发布之日起施行。2009年4月2日，《旅行社条例实施细则》在国家旅游局第4次局长办公会议审议通过，自2009年5月3日起施行，2001年12月26日颁布的《旅行社管理条例实施细则》同时废止。

2）《旅行社质量保证金暂行规定》

《旅行社质量保证金暂行规定》及其实施细则国家旅游局令第3号通过，于1995年1月1日实施。旅行社质量保证金是由旅行社缴纳、旅游行政管理部门管理、用于保障旅游者权益的专用款项。

（1）当出现以下4种情形而旅行社不承担或无力承担赔偿责任时，依此款项对旅游者进行赔偿：旅行社因自身过错未达到合同约定的服务质量标准而造成旅游者的经济权益损失；旅行社的服务未达到国家或行业规定的标准而造成旅游者的经济权益损失；旅行社破产后造成旅游者预交旅行费损失；国家旅游局认定的其他情形。

（2）新《旅游法》第31条规定旅行社质量保证金交纳的标准和方法如下所述。

① 交纳标准。根据目前《旅行社条例》的规定，经营境内旅游业务和入境旅游业务资质的旅行社的质量保证金交纳标准统一为20万元，每设立一个分社增存5万元；经营出境旅游业务的旅行社需增存120万元，即总额为140万元，每设立一个分社增存30万元。质量保证金存期由旅行社确定，但不得少于1年，利息归旅行社。

② 交纳方法。《旅行社条例》规定了两种旅行社交纳质量保证金的方法。第一，旅行社将规定数额的资产存入国务院旅游主管部门认可的银行开设的质量保证金专门账户。旅行社取得旅行社业务经营许可后，应当到指定银行开设质量保证金专门账户，并与指定银行签订质量保证金专用账户协议，在存入、续存、增存质量保证金后7个工作日内，向做出许可的旅游主管部门提交证明文件，以及旅行社与银行达成的使用质量保证金的协议。第二，由旅行社向做出许可的旅游主管部门提交数额不低于质量保证金交纳标准的银行担保。

2. 导游人员管理法规

导游人员管理法规是指国家对导游人员进行管理的各种法律规章制度的总和。

1）《导游人员管理条例》

《导游人员管理条例》于1999年5月14日国务院第263号令发布，自1999年10月1日起施行。该条例详细注明了导游人员从业期间的法律规定，是对导游人员的一种保护和约束。条例中明确规定，导游人员实行统一的导游人员资格考试制度，经考试合格由国务院旅游行政部门或者国务院旅游行政部门委托省、自治区、直辖市人民政府旅游行政部门颁发导游人员资格证书。

原国家旅游局人事教育司发布《关于对全国导游员实行等级评定的意见》《导游员职业等级标准》和《关于试点单位导游员等级评定的实施细则》，于1994年10月6日起实施。这些规定目的是加强导游员队伍建设，提高导游员素质和接待服务水平；客观公正地评价和选拔人才，调动导游员钻研业务和努力工作的积极性；引入竞争机制，为改革全国导游员管理体制，建立导游人才市场创造条件；为旅行社服务的等级化创造人员条件。

2）《导游人员管理实施办法》

原国家旅游局2001年12月30日颁布《导游人员管理实施办法》，自2002年1月1日起施行。这是国家旅游局为适应我国入世、开展旅游市场整顿而采取的重要措施。国家对导游人员实行年度审核制度，导游人员必须参加年审。国务院旅游行政管理部门负责制定全国导游人员年审工作政策，组织实施并监督检查。省级旅游行政管理部门负责组织、指导本行政区域内导游人员年审工作并监督检查。所在地旅游行政管理部门具体负责组织实施对导游人员的年审工作。自2002年4月10日起在全国范围内对导游人员实行年度计10分制的管理。

（二）体现平等主体关系的法律法规

体现平等主体关系的法律法规主要有旅游交通管理法规、旅游安全管理法规、旅游资源管理法规等。

1. 旅游交通管理法规

旅游交通法是指调整旅游交通关系的各种法律规范的总称。目前我国还没有制定一部专门调整交通法律关系的旅游交通法，调整旅游交通法律关系的法律、法规主要散见在相关的法律、法规中。在航空运输方面主要有《中华人民共和国民用航空法》，于1995年10月30日第八届全国人民代表大会常务委员会第十六次会议通过，自1996年3月1日起施行；《中国民航旅客、行李国内运输规则》由中国民用航空局于1985年1月1日制定，1996年2月28日修订。在铁路运输方面，《中华人民共和国铁路法》于1990年9月7日第七届全国人民代表大会常务委员会第十五次会议通过，自1991年5月1日起施行；《铁路旅客运输损害赔偿规定》于1994年8月30日由铁道部发布，自1994年9月1日起施行。在公路运输方面，《中华人民共和国道路交通法》于2003年10月28日第十届全国人民代表大会第五次会议通过，自2004年5月1日起施行；交通部（现为交通运输部）发布《汽车旅客运输规则》于1988年8月1日起施行；《中华人民共和国道路交通安全法实施条例》于2004年4月28日国务院第49次常务会议通过，自2004年5月1日起施行。在水路运输方面，《中华人民共和国海上交通安全法》于1983年9月2日第六届全国人民代表大会常务委员会第二次会议通过，1984年1月1日起施行；《中华人民共和国内河交通安全管理条例》于2002年6月19日国务院第60次常务会议通过，自2002年8月1日起施行；等等。这些法律、法规对旅游交通安全起到保障作用。

2. 旅游安全管理法规

1990年2月20日，国家旅游局颁布了《旅游安全管理暂行办法》，这使我国的旅游安全管理工作初步纳入了规范化和制度化的轨道，使旅游安全管理工作有法可依。

1993年4月15日，国家旅游局颁布《重大旅游安全事故报告制度试行办法》，自1993年4月15日起实施，为及时了解和妥善处理好重大旅游安全事故，制定本办法。重大旅游安全事故是指以下几种情况：造成海外旅游者人身重伤、死亡的事故；涉外旅游住宿、交通、游览、餐饮、娱乐、购物场所的重大火灾及其他恶性事故；造成其他严重经济损失的事故。

1994年1月22日，国家旅游局颁布《旅游安全管理暂行办法实施细则》，自1994年3月

1日起施行。旅游安全管理工作指导方针是“安全第一，预防为主”。

3. 旅游资源管理法规

旅游资源是构成旅游业的三大要素之一，是一个国家或地区发展旅游业的物质基础。为了保证旅游业的持续发展，我国制定了许多开发、利用和保护旅游资源的法律、法规。

（1）《风景名胜区条例》。2006年9月6日，第149次常务会议讨论通过了《风景名胜区条例》，该条例自2006年12月1日起实施。

（2）《中华人民共和国文物保护法实施条例》。1982年11月19日，国务院第5届常务会议通过《中华人民共和国文物保护法实施条例》，经过多次修改，于2007年12月29日3次修订通过，《中华人民共和国文物保护法实施条例》是我国文物保护管理工作的基本法。

（3）《旅游景区质量等级评定管理办法》。2005年7月6日，国家旅游局局长办公会议讨论通过《旅游景区质量等级评定管理办法》，该办法自2005年8月5日起施行。

（三）体现旅游企业内部关系的法律法规

体现旅游企业内部关系的法律法规主要有旅游住宿管理法规、旅游服务质量管理法规等。

1. 旅游住宿管理法规

1988年8月，国家旅游局参照国际标准，结合中国国情，制定发布了《中华人民共和国评定旅游涉外饭店星级的规定》（以下简称《规定》）以及《中华人民共和国评定旅游涉外饭店星级标准》（以下简称《标准》），在我国开始实行了星级评定制度。1998年，根据10年来星级评定的实践，又重新修订了上述《规定》和《标准》。2010年，国家旅游局又重新修订了《旅游饭店星级的划分与评定》实施办法。

经国务院批准，1987年11月10日，公安部发布了《旅馆业治安管理办法》，这是我国旅游住宿业治安管理的基本行政法规，也是我国旅游住宿业健康发展的一个法制保障。

2. 旅游服务质量管理法规

1991年6月1日，国家旅游局发布，于1991年10月1日起实施的《旅游投诉暂行规定》，是根据我国民法、民事诉讼法、行政诉讼法、行政复议条例等法律、法规制定的。

（四）体现涉外旅游经济关系的法律法规

我国出入境管理法规有外国人出入境管理法规和中国公民出入境管理法规。

1. 外国人出入境管理法规

1985年11月22日，全国人大常委会制定了《中华人民共和国外国人出入境管理法规》，之后国务院出台了配套的行政法规。这些法律法规的实施，对规范出入境秩序、方便人员往来、服务改革开放发挥了重要作用。

2. 中国公民出入境管理法规

1985年11月22日第六届全国人民代表大会常务委员会第13次会议通过，1985年11月22日中华人民共和国主席令第32号公布，《中华人民共和国公民出境入境管理法》自1986年2月1日起施行。

五、旅游法规及条例逐步完善

我国旅游业发展的成绩有目共睹，但其中的问题也愈发凸显。现行法律制度中仍然存在着旅游法律滞后、针对性不强以及修改不及时等问题，严重制约了我国旅游业的快速发展。为此，及时建立和完善旅游法律制度尤为重要。

（一）《中华人民共和国旅游法》出台的亮点

《中华人民共和国旅游法》以下简称《旅游法》的出台是为了保障旅游者和旅游经营者的合法权益，规范旅游市场秩序，保护和合理利用旅游资源，促进旅游业持续健康发展。《旅游法》有以下三大亮点。

1. 旅行社不得安排购物

《旅游法》规定："旅行社不得指定具体购物场所，不得安排旅游者购物。"《旅游法》要求在新版旅游合同中要完全取消进店购物项目，行程表里仅有每日旅行线路、景点、交通、住宿。此外，旅行社在行程中都会留出半天或者一天自由活动时间，若是游客有购物需求，可自愿前往。

2. 旅行社取消自费项目

《旅游法》规定："旅行社不得安排另行付费旅游项目。"也就是说，旅行的景点全部费用含在团费中，游客不用再额外多掏一分钱。这样的规定，将团费更加直观而透明化，可以让游客放心消费，不再顾及导游的脸色。

3. 导游和领队不得向旅游者索要小费

《旅游法》规定："导游和领队禁止向旅游者索取小费。"《旅游法》要求在新版旅游合同中，团费里要包含境外小费、导游费、领队服务费、境外交通服务费，并标注了每日价格，以及共交付几天的小费。

《旅游法》的出台杜绝了各种违规现象，整治了旅游市场的不规范行为，在规范旅游行业的过程中，为我国旅游经济的健康和谐发展插上了腾飞的翅膀。

（二）《旅游法》出台后，相关法律法规的再度修改

近几年，随着中国旅游业的快速发展，与旅游相关的法律制度也已经初具规模，特别

是《旅游法》正式实施之后，国内的旅游市场发生了很大的变化，但在现行的法律制度当中，仍然存在着一些旅游法律滞后、针对性较弱、执行力不强等问题，这严重阻碍了中国旅游产业不断向前发展的道路。所以，对旅游法律制度的及时修改完善是一项非常重要的工作。

1.《旅行社条例实施细则》修改

为依法推进简政放权、放管结合、优化服务改革，2016年12月12日，国务院旅游主管部门发布并于同日生效的决定对《旅行社条例实施细则》（国家旅游局令第30号）部分条款进行修改，并废止《出境旅游领队人员管理办法》（国家旅游局令第18号）。

2016年12月12日，《旅行社条例实施细则》（国家旅游局令第30号）将第14条关于质量保证金修改为："旅行社在银行存入质量保证金的，应当设立独立账户，存期由旅行社确定，但不得少于1年。账户存期届满1个月前，旅行社应当办理续存手续或者提交银行担保。"

2.《导游人员管理实施办法》修改

2016年9月7日，原国家旅游局第十一次局长办公会议审议通过《关于废止〈导游人员管理实施办法〉的决定》，自本决定公布之日起，《导游人员管理实施办法》规定的导游岗前培训考核制度、计分管理制度、年审管理制度和导游人员资格证3年有效制度等停止实施，国家旅游局将根据导游管理体制机制改革工作的推进，逐步完善事中事后监管措施并加强监管。

3.《国家旅游局关于旅游不文明行为记录管理暂行办法》修订

2016年5月26日，《国家旅游局关于旅游不文明行为记录管理暂行办法》由原国家旅游局修订发布，自2016年5月26日起实施。该法规是为推进旅游诚信建设工作，提升公民文明出游意识而制定的。

2016年5月26日，原国家旅游局将《游客不文明行为记录管理暂行办法》文件名称修改为《国家旅游局关于游客不文明行为记录管理暂行办法》；第五条第五款修改为：参与赌博、色情、毒品内容的活动或者危险性活动；第六款修改为：严重扰乱旅游秩序的活动；增加"国务院旅游主管部门认定的造成严重社会不良影响的其他行为"，作为第七款。第六条修改为："'游客不文明行为记录'信息实行动态管理。'游客不文明行为记录'信息保存期限视游客不文明行为情节及影响程度确定，期限自信息核实之日起计算。"

4.《中华人民共和国野生动植物保护条例》修改

《中华人民共和国野生植物保护条例》（1996年9月30日国务院令第204号）发布，依据2017年10月7日《国务院关于修改部分行政法规的决定》（国务院令第687号修正），新法的一大亮点是强调对野生动物栖息地的保护，任何单位和个人都有保护野生动物及其栖息地的义务。新法专门将野生动物栖息地的保护明确纳入保护范围，并设定多项条款对野生动物栖息地的状况进行调查、监测和评估，禁止或限制在自然保护区域、重要的野生动物栖息地或迁徙洄游通道建设项目。同时新提出对原产我国的珍稀、濒危野生动物的遗传资源进行重点保护，建立国家野生动物遗传资源基因库。

复习思考与练习题

一、判断题

1. 旅游行业组织的管理职能和政府旅游管理机构的职能相同。（　　）

2. 世界旅游组织确定每年的8月27日为世界旅游日。（　　）

3.《导游人员管理实施办法》规定，取消导游计分管理制度。（　　）

4. “游客不文明行为记录”信息实行动态管理。（　　）

5. 旅行社在银行存入质量保证金，存期由旅行社确定。（　　）

二、单选题

1. 新旅游法于（　　）年开始实施。

A. 2014　　B. 2013　　C. 2012　　D. 2010

2.（　　）是全球首个以中国为基地的国际旅游学术组织。

A. 国际旅行社学会　　B. 世界旅行社协会联合会

C. 世界旅游组织　　D. 国际民用航空组织

3. 国际饭店协会（IHA）于1947年在（　　）成立。

A. 美国　　B. 日本　　C. 法国巴黎　　D. 加拿大

4. 世界上常见的旅游组织一般可划分为旅游行政组织和（　　）组织。

A. 全球性的旅游组织　　B. 民间旅游组织

C. 旅游行业组织　　D. 区域性的旅游组织

5. 1991年6月1日由国家旅游局发布，于1991年10月1日起实施的是（　　）。

A.《民事诉讼法》　　B.《旅游投诉暂行规定》

C.《行政诉讼法》　　D.《行政复议条例》

三、多选题

1. 属于国际性旅游政策法规的有（　　）。

A.《国际饭店章程》　　B.《华沙公约》

C.《海上旅客及其行李运输雅典公约》　　D.《旅行契约的国际公约》

2. 体现平等主体关系的法律法规（　　）。

A. 旅游交通管理法规　　B. 旅游安全管理法规

C. 旅游资源管理法规　　D. 旅游住宿管理法规

3. 在新版旅游合同中，团费里将包含（　　），并标注了每日价格，以及共交付几天的小费。

A. 境外小费　　B. 导游费

C. 领队服务费　　D. 境外交通服务费

4. 经国务院批准，（ ），公安部发布了（ ），这是我国旅游住宿业治安管理的（ ），也是我国旅游住宿业健康发展的一个法制保障。

A. 基本行政法规　　B.《旅馆业治安管理办法》

C. 1987年11月10日　　D. 重要行业法规

5. 下列属于旅游资源管理法规的有（ ）。

A.《旅游景区质量等级评定管理办法》

B.《中华人民共和国文物保护法实施条例》

C.《旅游资源保护暂行办法》

D.《风景名胜区条例》

四、简答题

1. 世界旅游组织是如何分类的？常见的旅游组织一般是如何划分的？

2. 我国旅游组织和行业组织各有哪些职能？

五、案例分析

2021年10月10日，重庆酉阳警方接到叠石花谷景区报警，称在国庆长假期间，一名女游客在游览叠石花谷景区过程中，不遵守景区文明游览相关管理规定，故意滚压景区粉黛乱子草等花草植被，被滚压的花草严重受损，该女子还将滚压破坏过程录制成视频通过抖音等方式分享。该游客的不文明行为不仅造成作为该景区主要观赏性花草的粉黛乱子草的破坏，还扰乱了景区旅游管理秩序，造成了不良的社会影响。

讨论：

1. 根据《游客不文明行为记录管理暂行办法》的有关规定，对该游客应当如何处罚？

2. 结合案例谈谈自己应该如何做一名文明的游客。

六、实训拓展

实训目的及要求：使学生掌握相关的旅游法律法规的内容，为学习后续课程储备知识。

1. 分小组调查新的旅游法律法规对旅游业发展的作用。

2. 利用学到的相关知识和调查获得的信息，各小组写出2000字文字材料。

参考文献

[1] 李天元. 旅游学[M]. 2版. 北京：高等教育出版社，2006.

[2] 谢彦君. 基础旅游学[M]. 北京：中国旅游出版社，2004.

[3] 石长波. 旅游学概论[M]. 哈尔滨：哈尔滨工业大学出版社，2004.

[4] 石强. 旅游概论[M]. 北京：机械工业出版社，2005.

[5] 张超广. 旅游学概论[M]. 北京：冶金工业出版社，2008.

[6] 赵利民. 旅游概论[M]. 北京：旅游教育出版社，2011.

[7] 姜德源. 旅游学概论[M]. 北京：北京理工大学出版社，2010.

[8] 刘住. 旅游学学科体系框架与前沿领域[M]. 北京：中国旅游出版社，2008.

[9] 查尔斯 • R. 格德纳，J. R. 布伦特 • 里奇. 旅游学[M]. 李天元，徐虹，黄晶，译. 北京：中国人民大学出版社，2008.

[10] 章必功. 中国旅游史[M]. 昆明：云南人民出版社，1992.

[11] 王健民. 旅行社产品经营智慧[M]. 天津：南开大学出版社，2008.

[12] 宋子千. 旅行社经济分析[M]. 北京：中国旅游出版社，2008.

[13] 孙宗虎，肖书民. 旅行社管理流程设计与工作标准[S]. 北京：人民邮电出版社，2008.

[14] 杜江，戴斌. 旅行社管理比较研究[M]. 北京：旅游教育出版社，2010.

[15] 马文 • 塞特龙，佛瑞德 • 德米科，欧文 • 戴维斯. 饭店与旅游业发展趋势分析[M]. 张凌云，李天元，译. 天津：南开大学出版社，2008.

[16] 罗伯特 • C. 刘易斯，理查德 • E. 钱伯斯. 饭店业营销领导：原理与实践[M]. 徐虹，译. 大连：东北财经大学出版社，2005.

[17] 克里斯 • 库珀，等. 旅游学：原理与实践[M]. 张俐俐，蔡利平，译. 北京：高等教育出版社，2004.

[18] 罗伯特 • C. 刘易斯，理查德 • E. 钱伯斯等. 饭店业营销案例[M]. 3版. 谢彦君、李森，译. 大连：东北财经大学出版社，2006.

[19] 戴斌，等. 饭店品牌建设[M]. 北京：旅游教育出版社，2005.

[20] 巫宁. 旅游信息化与电子商务经典案例 [M]. 北京：旅游教育出版社，2006.

[21] 约翰 • 沃德，乔 • 佩帕德. 信息系统战略规划[M]. 吴晓波，耿帅，译. 北京：机械工业出版社，2007.

[22] 肖江南. 旅游信息管理[M]. 福州：福建人民出版社，2007.

[23] 陈志辉，陈小春. 旅游信息学[M]. 北京：中国旅游出版社，2003.

[24] 贾鸿雁. 旅游信息管理与信息系统[M]. 北京：化学工业出版社，2007.

[25] 黄娟琴. “3S”技术在旅游业中的应用及其展望[J]. 国土资源遥感，2004（3）：1-4.

[26] 波林·谢尔登. 旅游目的地信息系统[J]. 旅游学刊，1995（4）：43-52.

[27] 保继刚，等. 旅游景区规划与策划案例[M]. 广州：广东旅游出版社，2005.

[28] 李俊清，石金莲. 生态旅游资源[M]. 北京：中国林业出版社，2007.

[29] 张超. 旅游目的地产品差异化理论与实践[M]. 北京：旅游教育出版社，2008.

[30] 张晓萍，李伟. 旅游人类学[M]. 天津：南开大学出版社，2008.

[31] 马耀峰，李天顺，刘新平. 旅游者行为[M]. 北京：科学出版社，2008.

[32] 黄翔. 旅游节庆策划与营销研究[M]. 天津：南开大学出版社，2008.

[33] 李志刚. 旅游市场监管与品质保障[M]. 北京：中国旅游出版社，2007.